—— 高等学校翻译专业研究生教材

Руководство к изучению советской и современной российской теории перевода

苏俄翻译理论导读

主　编　胡谷明

副主编　张鸿彦　刘　早　毛志文　聂　品

WUHAN UNIVERSITY PRESS

武汉大学出版社

图书在版编目(CIP)数据

苏俄翻译理论导读/胡谷明主编. —武汉：武汉大学出版社,2016.11
高等学校翻译专业研究生教材
ISBN 978-7-307-18875-4

Ⅰ.苏… Ⅱ.胡… Ⅲ.俄语—翻译理论—研究生—教材 Ⅳ.H355.9

中国版本图书馆 CIP 数据核字(2016)第 287240 号

责任编辑:叶玲利　　责任校对:汪欣怡　　版式设计:韩闻锦

出版发行：**武汉大学出版社**　(430072　武昌　珞珈山)
(电子邮件:cbs22@ whu. edu. cn　网址：www. wdp. com. cn)
印刷:湖北恒泰印务有限公司
开本：787×1092　1/16　印张:13　字数:300 千字　插页:1
版次:2016 年 11 月第 1 版　2016 年 11 月第 1 次印刷
ISBN 978-7-307-18875-4　定价:35.00 元

前　　言

“翻译理论”课程是俄语学科点翻译学方向研究生的必修课程，学生通过该课程的学习，了解俄罗斯在翻译研究方面所取得的成就，涌现的翻译名家和翻译理论流派，熟悉不同的翻译研究视角，为日后的研究打下坚实的理论基础。

本书共17章，适用于一个学期的教学，每章用时3小时，每周1章。建议先布置阅读任务让学生在课前预习材料，然后在课堂上汇报相关读书体会，围绕相关问题展开讨论。本书是作者从事本课程教学，研读了大量俄语原著和相关资料，在所写讲义的基础上成书的。我们选取了14位在苏联时期和当代俄罗斯有影响的翻译家，主要介绍他们的主要翻译思想。本书的特点是概括性强，语言通俗易懂，讲述层次清楚，每章后附有思考题。

本书由武汉大学外语学院胡谷明负责组织和统稿工作，并承担大部分的写作任务。张鸿彦负责撰写第十三章斯多布尼科夫的翻译理论和第十四章加尔博夫斯基的翻译理论；刘早负责撰写第七章什维采尔的翻译理论，第十章切尔尼亚霍夫斯卡娅的翻译理论和第十一章明亚尔-别洛鲁切夫的翻译理论；毛志文负责撰写第六章科米萨罗夫的翻译理论；聂品负责撰写第十五章维诺格拉多夫的翻译理论和第十六章阿列克谢耶娃的翻译理论；其余各章由胡谷明负责撰写。

本书用中文写成，因此它不仅适用于俄语专业翻译方向的研究生(包括学术型学位和MTI应用型翻译专业学位)，而且也适用于其他各语种翻译方向的研究生，以及对苏俄翻译理论研究感兴趣的读者。

本书的出版得到武汉大学研究生院精品课程项目经费的资助和武汉大学出版社的大力支持，在此，我们对他们表示诚挚的感谢。

由于作者的水平有限，书中一定存在不少不足之处，敬请同行们批评指正。

作　者

2016年6月

目　录

第一章　苏俄翻译理论概览

提起俄罗斯，人们首先会联想到其享誉世界的文学传统，精湛的艺术和强大的军事科学和国防工业。其实在学术研究的各个领域都有俄罗斯科学家的一席之地，其中也包括翻译学的研究。在某种程度上俄罗斯的翻译学研究丝毫不比西方发达国家的翻译研究逊色，只是由于中苏关系的波折发展而未受到足够重视，尤其是俄罗斯经济发展相对缓慢，使得俄语不能成为强势语言，也就是说，使用俄语的人不多，市场太小，因而俄罗斯翻译理论的研究成果在我国没有得到很好的推介和研究。下面我们向大家介绍一下苏俄翻译理论。“苏俄”是指苏联社会主义时期和解体后的俄罗斯时期。我们将苏俄翻译理论分为两个阶段：第二次世界大战前的翻译理论和第二次世界大战后的翻译理论。

一、第二次世界大战前的翻译理论

1. 18世纪及其之前的翻译理论

人类自从开始有民族间交往活动起就存在翻译活动，但开始研究翻译的时间各个国家都有所不同。西方最早的翻译理论家是罗马帝国时期的西塞罗（公元前106—公元前43）。他首次把翻译区分为“作为解释员”和“作为演说家”的翻译，他主张活译，反对直译，主张译作超过原作，主要著作有《论最优秀的演说家》。西方最早的译作是公元前3世纪至公元前2世纪，72名犹太学者在埃及亚历山大城，将《圣经·旧约》从希伯来语翻译成希腊语，即《七十子希腊文本》①。而俄罗斯最早的有文字记载的翻译活动是公元9世纪的基辅罗斯时代，这个时期基辅罗斯的作品主要来自保加利亚，是从希腊语翻译的古斯拉夫语译本。这些译本包括《圣经》、宗教训诫著作、记述圣徒生平事迹的传记和个别的历史著作。但对翻译理论的研究始于18世纪，18世纪初翻译的首要任务是翻译军事、科技、法律等方面的著作，随着这些专业技术书籍的出版，在俄罗斯供公众阅读的翻译文学很快拓宽了自己的领域，诗歌、小说和戏剧文本都得到了长足的发展，在这段时间里不少译者都试图确定文学作品的译本应该是怎样的，这就是早期的翻译理论。1748年亚历山大·彼得罗维奇·苏马罗科夫（Александр Петрович Сумароков，1717—1777）出版了《有关俄语的书简》（Епистола о русском языке），他在这本书里发表了自己的见解，提出在译文里转达原著的意思，用通俗易懂的现代语言，即运用本民族语的全部财富来达到这一点。此外，他还鲜明地反对逐字翻译，认为对译者和对作者

① 参见谭载喜著《西方翻译简史》（增订版），商务印书馆2004年版，第14页。

应持一视同仁的态度，把译者与作者画上等号。

18 世纪对俄罗斯译事的发展来说是一个转折时期。彼得大帝的改革引起了翻天覆地的变化，改革体现在俄罗斯生活的各个领域，尤其是在文学领域开创了崭新的局面。这个时期俄罗斯大量译介了外国科学技术文献和外国文学作品，引入了大量新的科学、技术和文化概念，但大量的逐字翻译导致了翻译质量的下降。彼得大帝本人很关心翻译事业的发展，他要求译本“文字清晰和风格优美”，“不用高雅之斯拉夫语词”，“意思表达得明白”。① 1724 年他专门为当时的翻译做了御批，他说：“译书急需译者，科技著作之翻译尤其如此。若译者不懂技术则无翻译可言。为此应早做准备，务必使通晓语言而不懂技术者去学习技术，懂技术而不通晓外语者去学习语言。务必使所有俄罗斯人、生于此地的外国人、自幼就来到此地的外国人都把我们的语言当作本国语言来学习，因为把外语译成本国语言总是易于把本国语言译成外语。”②此外，彼得大帝本人对逐字翻译持完全否定的态度。

在俄罗斯的翻译活动中有不少翻译家同时也是作家，18 世纪就有几位非常杰出的诗人和文学活动家，他们是米哈伊尔·瓦西里耶维奇·罗蒙诺索夫（Михаил Васильевич Ломоносов，1711—1765）、苏马罗科夫、特列季亚科夫斯基（Василий Кириллович Тредиаковский，1703—1769）、杰尔查文（Гавриил Романович Державин，1743—1816）等，他们对待翻译的态度特别积极，特别富有创造力。例如，在这些兼作翻译的诗人之间进行的特殊竞赛颇具典型性。参与这类竞赛的有当时俄罗斯文坛最负盛名的作家罗蒙诺索夫、苏马罗科夫、赫拉斯科夫（Михаил Матвеечич Херасков，1733—1807）、特列季亚科夫斯基等。这类竞赛通常在两三个诗人之间进行，同一部作品，由两三个诗人同时翻译。1743 年举行过一次，由罗蒙诺索夫、苏马罗科夫、特列季亚科夫斯基三人参加，他们同时翻译第 143 首圣歌。1760 年又举办一次，由罗蒙诺索夫、苏马罗科夫两人参加，翻译卢梭的《幸福颂》。他们的译作都刊登在刚刚出版的杂志上。常常是同时发表同一部作品的不同译文，不署译者的名，供“文学爱好者和同行”评判。

18 世纪还有一位剧作家值得一提，他就是弗拉基米尔·伊格纳季耶维奇·卢金（Владимир Игнатьевич Лукин，1737—1794），他经常用俄罗斯风格改编外国作家的剧本。他主张翻译外国作品时需“使之适应俄罗斯习惯”（склонение на русские нравы）。这一主张在 19 世纪上半叶得到很多作家的响应，但在后世这一主张受到大多数人的反对。

2. 19 世纪初的翻译理论

19 世纪上半叶的一个典型人物是瓦西里·安德烈耶维奇·茹科夫斯基（Василий Андреевич Жуковский，1783—1852）。他既是作家，也是翻译实践家和翻译理论家，他

① 参见 М. П. Топер. Перевод в системе сравнительного литературоведения. М.，《Наследие》，2001，стр. 53.

② 参见 М. П. Топер. Перевод в системе сравнительного литературоведения. М.，《Наследие》，2001，стр. 53.

倾向于法国18世纪的翻译观，即"完善原作说"。这种翻译方法往往会使译作与原作相去甚远。

茹科夫斯基认为，诗歌的译者在处理原作时应享有很大的创作自由，这是因为两种语言不是对应的，译者必须寻觅能充分表达主人公性格和感受的、揭示所译文本全部意义的手段。他在一篇文章中指出："……译者是'表达'的创造者，因为他拥有自己用于表达的素材，他没有任何指导、没有任何其他的参考材料，'至于原著作者的表达方式呢'，译者在本国语言中是找不到的，它们应该由译者来创造。但只有在他的头脑充满了他所译的诗歌中诗人的理想，而且把这种理想转为自己的想象时，他才能创造出来……"当时流行的看法是，作为文本来说，诗歌比散文崇高，因此，茹科夫斯基在对比散文翻译和诗歌翻译时说："译者在译散文时是奴隶，译者在译诗歌时是竞争对手。"茹科夫斯基在论述翻译时，所有笔墨都围绕着诗歌这个主题，正是在诗歌这个最"崇高"的层次上才能发展这样的思想——译者应该再现使作者受到鼓舞的那个"理想"，并根据美学原则创造自己的译文。

19世纪另一位重要的翻译家是彼得·安德烈耶维奇·维亚泽姆斯基（Пётр Андреевич Вяземский，1792—1878），他是诗人也是翻译家。他在谈到翻译方法时指出："有两种翻译方法：一种是自主的（независимый），另一种是受制的（подчинённый）。按照前一种方法，译者充分领会原著的意义和精神，然后把它们注入自己的形式；按照后一种译法，他既要尽量保留形式本身，当然同时也要考虑自己笔下惯用的诗歌语言，前一种译法有其优越之处，后一种吃力不讨好；两者之中我选择了后者。"①维亚泽姆斯基还主张以散文译诗。维亚泽姆斯基的翻译方法和原则是在形式上逐词逐句地根据原著的意义和句法"亦步亦趋"地处理，他使用俄语进行翻译试验，经常只遵守俄语基本的语法规则，而不顾它的修辞规范。但这种方法和原则没有得到普及，对俄国翻译事业没有产生进一步的影响。

米哈伊尔·尤里耶维奇·莱蒙托夫（Михаил Юрьевич Лермонтов，1814—1841）的译作不多，但在俄罗斯的翻译史上却具有独特的地位。他翻译过拜伦、席勒、海涅和歌德的诗歌。他的译风对原著而言颇具独立性，有的诗仅保留了原作的主题，表达方式则与原作迥然不同。他在译诗时对诗中的主题和细节会根据自己的需要加以增删，仅仅突出原著的典型特征。尽管如此，莱蒙托夫的翻译活动意义重大，这是因为他的译作可纳入他自己的创作轨道，与后来成为经典的俄国诗歌一样堪称佳作。这些译作的艺术成就对翻译事业的发展产生了积极的作用，同时也证明了一条原则：译本的感染力首先取决于它作为俄语作品的文学力量。在我国，林纾的译作就是如此。

亚历山大·谢尔盖耶维奇·普希金（Александр Сергеевич Пушкин，1799—1837）特别关注翻译，尽管他留下的翻译作品不多，但他是从俄罗斯文学的深度和广度来衡量翻译问题的。普希金的译作与原作在字面意义上相去甚远，几近重新创作。他作为翻译家的意义在于，在译作中他是用自己确立的俄罗斯标准语再现外国原著的；其次，他在自己创作的鼎盛时期充分体现出现实主义方法的特征——注重典型的特点，概括反映原著

① 吴克礼主编：《苏俄翻译理论评述》，上海外语教育出版社，2006，第35页。

历史特征和个性特征的技巧。托马舍夫斯基(Б. В. Томашевский)在评论普希金翻译法国诗人的作品时说:"普希金译诗的目的不是准确地转达原著,而是借用其它语言中业已存在的形式丰富自己的诗歌财富。"这一观点是十分中肯的,也适用于普希金的其他译作。17—18 世纪法国的译风以"饰文"(украшающий перевод)和"纠正"(исправительный перевод)原文为荣。这种风气遭到普希金的严厉批评,因为普希金提倡尊重外国作者的特点,同时又反对逐字死译,他认为逐字死译会导致对母语的践踏,所以他一方面要求在意义上忠实原文,另一方面应保留原著的特色。普希金认为,逐字翻译永远不可能是正确的,每一种语言都有自己的用语、自己约定俗成的修辞手段、自己惯用的表达方式,而这一切是不可能用相应的词汇译成另一种语言的。例如,把 How do you do? 逐字试译成俄语就成了 *Как ты делаешь*?(你是怎么做的?)可见普希金不是笼统地否认翻译的可能性,而是不同意逐字死译,不同意用"相应的词汇"来表达。

尼古拉·瓦西里耶维奇·果戈里(Николай Васильевич Гоголь, 1809—1852)在 1834 年 4 月 20 日写给马克西姆维奇(М. А. Максимович)的信中写道:"谈到译著,我想对你说几句,有时必须故意远离原著的词语才能更接近原著。有一些句子、表达法、用语从我们小俄罗斯人(指乌克兰人)的角度来看,如果词对词地翻译,俄罗斯人是很容易理解的,但它们有时会破坏原著一半的力量,因为在它们之间存在着鸿沟。特色鲜明而言简意赅的地方用俄语来表达几乎永远是难以理解的,因为这个地方不合俄语的精神,那时最好不要把它略去,而是使用十个词汇把它的意思和盘托出",他接着写道"在翻译时,贴近思想比贴近词汇更加重要,虽然后者非常具有诱惑力,我承认,我自己现在谈这个问题时虽然抱着冷静、公正的态度,但难保会把一个音调铿锵的词儿硬塞进俄语中去,还满以为人家都会这样理解它。你要记住,你的翻译是供俄罗斯人阅读的,因此小俄罗斯人的用语……统统滚蛋!"他的这一观点意义重大。另外,果戈里是第一个提出译者创作个性问题的人,他指出:"译者所做的一切是让你看不见他:他如同一块透明的玻璃,透明得似乎没有玻璃,但它又实实在在存在。"这一形象的说法至今还有很多人引用,也有不少争论。译者不可能凌驾于他所译作品的主观感受之上,同时他的创作个性也不以他的意志为转移,不可能不反映在译文中。

维萨里昂·格里戈里耶维奇·别林斯基(Виссарион Григорьевич Белинский, 1811—1848)是 19 世纪俄罗斯著名的文学评论家,也是当时俄罗斯文学活动中涉足译坛最多的一位。他精通法语,发表了大量论述翻译和评论译著的文章。别林斯基的翻译观与普希金非常接近,他反对逐字死译,认为翻译的语言任务在于再现原著的精神:他强调翻译选材的重要性,呼吁译者翻译那些既有思想性又具有艺术价值的作品。别林斯基特别强调建立翻译理论的重要性,他把理论理解为对实践的概括,同时又应当将理论运用于实践之中。他在评论波列伏依(Николай Алексеевич Полевой, 1796—1846)翻译的《哈姆雷特》时指出:"贴近原著不是传达原著的字面意义,而是传达原著的精神。每一种语言都有自己独特的表达法,特点和特质;这些独特之处非常突出,因此要正确转达某一形象或句子,有时必须在译文中彻底改变它们。相应的形象和相应的句子一样,不一定在于字眼表面上的一致:应该使译文的内在生命力符合原著的内在生命力。"别林斯基认为波列伏依译文的优点在于,译者竭力要完成这一任务:"……波列伏依的译笔从头到尾显得洒脱，看得出，他竭力在传递精神，而不是字面意义。因此有时他偏离原著反而忠实地表达了原著：这就是翻译的奥秘所在。”别林斯基还指出：“翻译文艺作品的规则只有一条——传达所译作品的精神，要做到这一点，只有在把它译成俄语时，译得像作者自己用俄语写的那样，如同作者是俄罗斯人。”同时他反对随心所欲地翻译，他说：“在文艺翻译里不允许有删节、增添或改动。如果原作有缺陷，也应该把缺陷原封不动地传达出来。这类译本的目的是尽可能代替原本，从而使因不通语言而无法阅读原著的人也有欣赏和评论原著的手段和可能。”这段话明白无误地告诉我们，别林斯基首先反对形形色色的“改写”派、“饰文”派，要求译者保留原著的特点，甚至包括它的缺点。其次，他认为译著是原著的真正替代品，是供广大读者欣赏的。“传达原作的精神”这一说法贯穿在别林斯基论述翻译问题的所有论著和文章中。

别林斯基在彻底埋葬“改写说”和“使之适应俄罗斯习惯说”的过程中发挥了决定性的作用。他认为，翻译作品保留原著的民族特点是翻译具有生命力的关键所在。认为翻译是各民族文化交流的中介。但民族特色与可译性的相互关系问题一直困扰着别林斯基。开始他得出结论：特色非常鲜明的作品不可能译成其他语言。继而又确信，正是这类作品对于翻译来说才最有意义，因为外国读者可以通过译著更多地了解作家所属民族的生活。

伊万·谢尔盖耶维奇·屠格涅夫(Иван Сергеевич Тургенев, 1818—1883)关于翻译的言论不多，但有特点。他指出译者必须“有天才、有创作天赋”，这种天赋可以理解成“善于诗意地再现他们心爱的诗人给他们留下印象的能力”，并以“悟性成分”为主。屠格涅夫写道：“任何翻译的主要对象都是看不懂原著的人。译者的工作不应该是为看懂原著的人们提供评论他所译的某一诗句或某一用语忠实与否的机会，而应该是为‘大众’……但是对广大读者起作用的只是美轮美奂的东西，只有天才；天才、创作天赋是译者所必备的；一丝不苟的认真和忠实是不够的。有什么东西能比银板照相更加奴隶似的忠实呢？可是一幅好的肖像画不是比任何一幅银板相片更美丽、更准确千万倍吗？”

3. 19 世纪下半叶的翻译理论

19 世纪下半叶，俄罗斯的翻译活动在数量、体裁、题材、翻译所用的语言等方面都有较大的发展，但在质量上却呈现下降的趋势，远不如 19 世纪初。究其原因，首先是 19 世纪下半叶俄罗斯社会生活和俄罗斯文学的发展所致，此时托尔斯泰(Л. Толстой)、陀思妥耶夫斯基(Ф. Достоевский)、契诃夫(А. Чехов)等一批作家活跃在俄罗斯乃至世界文坛上；翻译文学，即使是翻译莎士比亚或者歌德的作品，对俄罗斯读者和社会已经不可能产生类似于这些文豪与俄罗斯读者初次谋面时引起的那种轰动效应。车尔尼雪夫斯基的看法是“在普希金之前俄罗斯的翻译文学实在比原创文学好”。

尼古拉·加夫里洛维奇·车尔尼雪夫斯基(Николай Гаврилович Чернышевский, 1828—1889)非常重视翻译文学，高度评价了翻译文学对本土文学的影响，他在 1856 年评《俄国诗人所译的席勒抒情诗》一文中写道：“……文学历史作品若要避免极其不利的片面性，就必须让大家比现在更加关注翻译文学。”车尔尼雪夫斯基十分关注选材问题，他特别强调译者选材的责任心，竭力反对不加思考地、不成系统地、随心所欲地选材。

他反对在传达原文时追求过于贴近原文，即逐字逐句贴近原文的做法，同时也反对译者违反标准语规范而任意妄为。他写道："……以损害语言的明晰和正确为代价去追求逐字翻译，意味着有损翻译的准确性，因为原著里清楚的东西在译文里也应该是清楚的，否则要翻译干什么呢?"

尼古拉·亚历山德罗维奇·杜勃罗留波夫(Николай Александрович Добролюбов，1836—1861)是文学评论家，但他却早早地登上了译坛。他认为古典作品的翻译家首先应该是诗人，其次应该是个学者，此外应该能娴熟地驾驭自己的母语。他要求翻译不拘泥于原文，他竭力反对意义上的种种歪曲，这类歪曲或因译者对原文语言不够熟悉，或因粗枝大叶和随心所欲所致，其结果是贬低作者的风格，并使其平庸化。在杜勃罗留波夫看来，翻译的任务就是激发"读者产生原著所传递的那种情绪"。

这一时期的翻译家还有韦坚斯基(Иринарх Иванович Введенский，1813—1855)、费特(Афанасий Афанасиевич Фет，1820—1892)、米哈伊洛夫(Михайл Ларионович Михайлов，1829—1865)、皮萨列夫(Дмитрий Иванович Писарев，1840—1868)等。

4. 19 世纪末到 20 世纪初的翻译理论

这一时期俄罗斯的大作家越来越少地涉足译坛。这一时期译坛的代表人物是魏因贝格(П. И. Вейнберг)。他除了译介外国优秀文学作品之外，还在翻译理论方面有所建树。他第一次提出"优秀翻译"的思想，并把"优秀翻译"作为翻译评价的标准。优秀翻译要求充分再现原作的所有细节，包括它的所有优点和缺点，努力使不懂外语的读者产生与原作读者读原作时相同的印象。

19 世纪末俄国译坛的特点是翻译的总体水平明显降低，在翻译理论方面依然缺乏真知灼见。在 20 世纪开头的一二十年里，俄罗斯文坛上的翻译活动呈现出矛盾的性质。从 19 世纪末到 20 世纪初这个阶段，外国文学通过俄译本如潮水般涌入俄罗斯，其中有经典作品，也有同时代的作品，而且所译文学的国别也有所扩大，如西班牙文学、意大利文学、斯堪的纳维亚半岛各国的文学等。俄罗斯的知识分子了解了一大批外国文学的新人物。象征主义作家和与认同该流派观点的作家们所创办的刊物在这方面发挥了很大的作用。

这个时期俄罗斯文学与外国文学的交往激增，成为 20 世纪初俄罗斯文化生活的一大特征。但文学界普遍对散文翻译不屑一顾，没有专门人才从事这项工作，造成这个时期译著的质量低下。然而在诗歌翻译领域则呈现出另一番景象。诗歌翻译与"白银时代"的原创诗歌一起经历着高潮。俄国现代主义和象征主义代表们的翻译活动是以选材的片面性为特点的。他们痴迷西方文学，非常积极地参与诗歌的翻译。象征主义诗人对诗歌的形式情有独钟。他们在翻译时对形式精雕细刻，往往情不自禁地忘记了翻译的目的在于传达原著的形式以及内容，而错误地把形式看成是可与内容脱离而独立存在的东西。

在 20 世纪初俄罗斯翻译思想史上最引人注目的人物是瓦列里·雅科夫列维奇·勃留索夫(Валерий Яковлевич Брюсов，1873—1924)，他对翻译持一种矛盾的观点，他说："把诗人的创作从一种语言译成另一种语言是不可能的，但要放弃这一理想也是不可能的。”他认为翻译方法就是在所译的作品中挑选你认为最重要的成分。

要理解20世纪初俄罗斯文学中的翻译活动以及这一活动与本土文学的关系，亚历山大·亚历山德罗维奇·勃洛克(Александр Александрович Блок，1880—1921)是一个不可或缺的人物，因为他对翻译文学与本土文学之间关系的理解有独到之处。他的一生都与翻译问题结下了不解之缘，除了亲自翻译外，他还出版、编辑、评论、翻译书籍。勃洛克对翻译的选材十分讲究，他只挑那些与他意趣相投的作品。追求译文接近原文是勃洛克一生翻译思想的主旋律，对于勃洛克来说，再现原著的诗格是译者的最大追求。

5. 苏联翻译理论的形成

苏联立国后，俄罗斯的翻译思想进入一个新的阶段，也就是翻译理论形成的阶段。翻译理论的形成既有内部原因，也有外部原因。内部原因在于，俄罗斯自古至今已有大量的翻译实践活动，在这个过程中既有成功的经验，也有失败的教训，但从整体上看，成果丰硕，佳译连篇，对本土文学的形成和发展起了巨大的作用。此外语言学的迅猛发展也为翻译学提供了理论依据。外部原因在于，十月革命后，苏联需要了解和借鉴世界文学遗产和同时代外国优秀作家的作品，了解和学习外国的科学技术。这些活动有力地推动了翻译理论的创立。此外，苏联在十月革命后在中学和大学都开设了外语课程，当然也包括翻译课程，作为中、高等专业学校必修课的翻译课需要一个完整的体系、一套术语、一套便于教师教学和便于学生接受的可操作方法，这也促成了翻译理论体系的创建和发展。最后，翻译作为各国、各民族之间交往的桥梁，与其他活动相比最容易得风气之先，世界先进的语言学思想，以及其他社会科学的新成果，甚至科技的新成就对翻译(同声翻译、机器翻译)来说都有促进作用。

高尔基在苏联翻译理论形成的最初阶段起到了巨大的作用。他作为译著的编辑和批评家、作为翻译事业的组织者，在自己的活动中进一步创造性地发展了19世纪普希金、别林斯基、车尔尼雪夫斯基、杜勃罗留波夫形成的翻译原则和要求。

1919年，在高尔基的倡议和领导下，在列宁的大力支持下成立了国立世界文学出版社，其目的是有系统地出版外国文学中优秀作品的新译本或重新校订的新译本，不仅包括西方名著，而且包括东方著作，之后还包括苏联各兄弟民族的文学。原计划出版1 500本，但由于当时的物质困难只实现了一小部分，到1927年这项工作停止时，只出版了120本书。但作为出版社活动基础的翻译原则本身却极具意义。这些原则是：有计划地选取所译的作品和努力提高译文质量，尽量使译文准确、在艺术上真实可信，不允许任何任意妄为(произвол)或逐字翻译，使译著具有学术根据。

为了提高译文质量，展现原作的风格，高尔基在出版社中专门成立了翻译家工作室，还出版了第一本俄语翻译参考书——《文艺翻译原则》(Принципы художественного перевода)手册，阐述了散文和诗歌翻译的基本方法。

从20世纪30年代初期起，高尔基提倡的关于选材要有计划性和译著应该高质量的原则日益为译坛所接受。这一时期涌现了大量优秀的翻译家和译著，如米哈伊尔·列昂尼多维奇·洛津斯基(Михаил Леонидович Лозинский，1886—1955)、萨穆伊尔·雅科夫列维奇·马尔夏克(Самуил Яковлевич Маршак，1887—1964)等。30年代苏联开展的大规模翻译活动让读者了解了苏联各民族多样化的文学创作成果，因为该时期是苏联各少数民族文化和民族语言发展的繁荣时期。翻译文学的迅猛发展引起了对翻译实践活动的兴趣，这种兴趣很快就演变为对理论问题的兴趣。杰出的翻译大师们纷纷发表关于翻译艺术的原则性意见。其中最具影响力的是科尔涅伊·伊万诺维奇·楚科夫斯基(Корней Иванович Чуковский, 1882—1969)发表的一篇文章《散文的翻译》，后来这篇文章几经增补而加工成书。这篇文章最大的优点在于，针对翻译中的各种困难，作者都力图在实践基础上建设性地加以解决；在整个叙述过程中，他始终以生动而千姿百态的规范俄语为根据，始终以再现原作艺术特点为己任。后来他论述翻译的著作几经再版：《翻译艺术》(Искусство перевода)，1936 年；《崇高的艺术》(Высокое искусство)，1941 年。

楚科夫斯基是苏联文艺学派的奠基人之一，但他并未提出一整套系统性理论。楚科夫斯基对翻译的看法："优秀的翻译工作者……不是工匠，不是临摹画家，而是艺术家。他不是像当时大家认为的那样为原著拍照，而是创造性地再现原著。原著的文本是他复杂和灵感丛生的创作材料。翻译工作者首先是天才。要翻译巴尔扎克，他必须把自己化为巴尔扎克，哪怕是一部分也行，领会他的气质、沐浴他的激情、体验他对生活的诗意感受。"可见他把翻译视为艺术，而且是崇高的艺术。据此，他指出译者最好选择与自己性格、情趣相投的作者来翻译，否则会事与愿违。在这个前提下，译者必须追求译著的整体风格与原著相符，也就是说，译者必须把作者的思想、面貌、声音、技巧、风格等全部再现出来，即把体现原著整体风格的艺术个性再现出来。楚科夫斯基断言，文艺翻译的根本任务是再现原著的艺术特征。做到了这一点，个别词语的误译或处理不当可以忽略不计。译者应该力戒把自己的情趣、习惯和观点带入译文，应该客观地分析原著思想和风格的所有特点，尽可能准确地再现原著的艺术个性。他还强调译者在行文时应避免外国腔，应拿出符合译入语句法原则的地道译文，使读者感觉不到自己在读外国作品。即使要模仿外文句法，也不能违背译入语的句法习惯。

二、第二次世界大战后的翻译理论

第二次世界大战后翻译实践发生了巨大的变化。世界各国更加频繁的交往。联合国(1945 年)等国际组织的相继出现要求苏联培养大量的翻译干部，尤其是年轻的翻译工作者。这向苏联的高校提出了培养外语和翻译方面紧缺人才的任务。这项任务不仅要求高校尽快完善翻译教学的内容和方法，也要求翻译理论研究的突破。国际语言学界对翻译问题的关注为苏联译坛提供了新颖的理论武器。1945—1946 年，纽伦堡审判开始使用一种特殊的口译形式——同声翻译。此外，随着电子计算机的问世，机器翻译成为大家关注的热点。这些都为翻译理论的创建和发展提供了理论和实践的依托。

1. 语言学派翻译理论与文艺学派翻译理论之争

第二次世界大战后在苏联翻译界最重要的事件就是语言学派翻译理论与文艺学派翻译理论的论战。论战的导火索是费道罗夫的《翻译理论概要》(1953 年第一版)。此书一问世就引起译坛的大辩论。

首先介绍一下费道罗夫其人，他的全名是安德烈·韦涅季克托维奇·费道罗夫(Андрей Венедиктович Фёдоров, 1906—1997)，他是翻译理论语言学派最杰出的代表之一。他是第一个提出“翻译理论”概念和第一个全面系统地描述语言学翻译理论的学者。他担任过列宁格勒大学教授，长期从事文学、语言学和翻译理论的研究。他一生共著有150多篇关于翻译理论与实践的论文、随笔和各种评论文章，出版了十部专著。主要著作有《翻译的艺术》(Искусство перевода)(1930)、《论文艺翻译》(О художественном переводе)(1941)、《翻译理论概要》(Введение в теорию перевода)(1953)、《普通修辞学和比较修辞学概论》(Очерки общей и сопоставительной стилистики)(1971)、《翻译艺术和文学生活·随笔》(Искусство перевода и жизнь литературы. Очерки)(1983)等。

费道罗夫分别在不同时期分四次修订出版了同一部翻译专著，形成了自己比较完整的语言学翻译理论体系。一本专著先后修订再版四次，这在翻译史上也是少见的，而在每一次的修订中作者都采纳了文艺学派所提出的合理批评意见，从而使自己的语言学翻译理论不断得到完善。1953年他出版了第一版《翻译理论概要》(Введение в теорию перевода)；1958年出版了该书的第二版，除保留原来的书名外，增加了一个副标题，即《翻译理论概要——语言学问题》(Введение в теорию перевода — Лингвистические проблемы)；1968年出版了该书的第三版，更名为《翻译通论基础——语言学描写》(Основы общей теории перевода — Лингвистический очерк)；1983年出版了第四版，书名为《翻译通论基础——语言学问题》(Основы общей теории перевода — Лингвистические проблемы)。2002年在费道罗夫去世五周年之际，出版社再次将第四版进行了重印。

这四个版本，每一版都有新的补充和改进。该书第一版是苏联首部从语言学的角度全面研究翻译理论的专著，在国内外引起了很大的反响。作者在书中把翻译问题视为纯语言学问题，忽视了翻译理论与其他人文科学，尤其是文艺学的联系，结果引起了国内外批评界的反对。1958年费道罗夫在《翻译理论概要》第二版中对原书做了一些修改和补充，尽管也承认翻译领域的问题不能全部通过语言学方法来解释，但他仍坚持从语言学角度研究翻译问题是正确的和必须的，否则，就不可能有翻译艺术的真正理论。他强调指出，文艺翻译确有其特点，应突出其美学方面，但是文学形象是语言手段创造的，也必须用另一种语言的手段来传达，因此从语言学角度研究翻译理论是基础。费道罗夫在保留原书名的同时，增加了一个副标题“语言学问题”，其目的就是为了说明该书对翻译理论的研究仅限于语言问题。同时他还指出，这本书不是关于文艺翻译的书，文艺翻译是翻译活动的最高形式，书中只是把它作为翻译通论的一部分进行描述的。

然而，当第二版出来之后仍受到了一些人的指责，认为他的语言学翻译理论的构思中缺乏连贯性，在文艺翻译的章节中使用了一些文艺学的和普通美学的范畴等。这主要是《普通翻译与机器翻译概论》(Основы общего и машинного перевода)一书的作者列夫津(И. И. Ревзин)和罗津茨维格(В. Ю. Розенцвейг)的看法。1968年费道罗夫根据新的情况对《翻译理论概要》做了进一步的修改和补充，出版了该书第三版，并更名为《翻译通论基础》(Основы общей теории перевода)。理由是，这样可以突出翻译理论的基本原则——对各种翻译现象和各类翻译进行研究，揭示它们的共性和各自的特性，并从语言的角度进行对比。在该书中费道罗夫明确地指出，决不应忘记最终的任务是建立普通语文学翻译理论。时至今日还坚持只通过文艺学，或只通过语言学的途径来研究文艺翻译，已经过时了。当代是不同的学科，甚至是相距甚远的学科(如语言学和数学)空前密切合作的时代。而在语文学中，文艺学和语言学这两个分支之间分歧并不很大，它不是无可避免的，而是可以克服的，也就是说，可以把两者结合在一起。在第三版中费道罗夫强调翻译理论是一门学科，并且写进了书名。费道罗夫认为，语言学的研究方法是建立在比较分析两种语言文本资料的基础上的，在文本的基础上弄清各种不同的翻译手段和方法有助于把翻译作为一种过程和一种心理活动来理解。

此后，在20世纪60年代末至70年代初语言学派和文艺学派之间展开了激烈的论战。1953年费道罗夫出版《翻译理论概要》之后，1954年，诗人和翻译家安托科尔斯基(П. Г. Антокольский)等人在第三次苏联作家代表大会上联名做了专题报告，指责费道罗夫在《翻译理论概要》中没有提到作为文艺翻译理论核心问题的美学问题，他们强调翻译是艺术，因此必须从文艺学，而不是从语言学的角度去研究，并证明费道罗夫的理论观点是有害的和不能接受的。《翻译理论概要》的某些批评者们认为，这个问题的提出是用“客观地确定语际对应”这种受到限制的事实来贬低文学翻译的特点，甚至是对作为艺术家的翻译家创作权利的威胁。

自此，文艺学派以苏联作家出版社发行的《翻译技巧》(Мастерство перевода)为阵地，阐述文艺学派的观点，批驳语言学派的论点；而以巴尔胡达罗夫为主编的《翻译工作者札记》(Тетрадь переводчика)为另一方阵地，发表语言学派的看法和意见并对文艺学派加以抨击。两派唇枪舌剑，你来我往，是20世纪50年代初至60年代末苏联译坛的重要现象。

罗塞尔斯(В. М. Россельс)主编的论文集《文艺翻译问题》(Вопросы художественного перевода)和《翻译技巧》相继发表文章，对费道罗夫的论著加以批驳。这些文章的作者们认为，只有用文艺方法对待翻译问题才是合情合理和富有成效的，因此否定语言学在翻译理论中的意义，要对它加以限制，甚至否定，尽量把语言学范畴排斥在翻译理论研究之外。费道罗夫一方面撰文对以卡什金为代表的观点表示异议，另一方面也不同意索博列夫在《论以形象译形象》(О переводе образа образом)一文中提出的集中精力传达原作“形象”的说法。费道罗夫指出，形象不可能超越自己的语言体现而存在于文学之中。他认为对立派在译入语言手段的研究中看到了形式主义的危险，把语言学的研究方向与翻译实践上的形式主义和逐字翻译方法联系起来，因此他指出，这证明了文艺学派在方法论上的幼稚，因为这些担心的基础是把理论原则同有可能出现的实践结果混为一谈。

苏联翻译的文艺学派由来已久，在语言学派没有出现前，一直是文艺学派一统天下，那时即使有不同看法，甚至是完全对立的观点(如逐字翻译与任意翻译)也是文艺学派内部的分歧。苏联翻译理论第一代文艺学派代表可推高尔基、楚科夫斯基等人，“二战”以后文艺学派的主要代表有卡什金、加切奇拉泽(Гиви Гачечиладзе)等人。

卡什金的最大贡献是提出了“现实主义翻译”(реалистический перевод)的思想。这一思想是按照“现实主义文学”、“现实主义艺术”类推而成的。卡什金指出，现实主义翻译是最完善的翻译方法，同时也是一条符合规范的原则，其内涵是：“……译者在原作中首先会碰到外国的语法体系，此时对他至关重要的是冲破这重屏障，领会作者直接感受现实时的原始新鲜感。只有到那个时候，他才可能找到同样有力的新鲜语言来重新表达。苏联译者尽力看到原作语言背后的现象、思想、事物、行为和状态，并感受它们，然后忠实、完整和具体地将作者看到的这一现实再现出来……这种方法有利于译者和读者认清文字表达背后所反映的社会本质，它的矛盾和它的动态。”

卡什金提出的现实主义翻译概念引起了翻译界的兴趣，同时也引发了讨论和争议。对于卡什金关于现实主义翻译本质的言论，费道罗夫认为，其中首先引起注意的是他对作为文本、作为语言表达手段体系的原著作用明显估计不足。至于说什么“外国的语法体系”像“屏障”，什么译者应该“冲破这重屏障，领会作者直接感受现实时的原始新鲜感”云云也令人费解。接着他指出，外国语言的语法体系就像其词汇一样，屏障和障碍只是对那些不精通这一语言的人来说的，又或者是对那些天真而误以为外国的语法体系和词汇语义体系是可以机械地复制的译者来说的。费道罗夫因此强调，事实上原作的文字织体——无论是词汇还是语法结构——对于精通原作语言和忠实地评价原作语言与母语关系的译者来说并不是“屏障”，而是通向文学现实的敞开的大门，这一现实是在原作中展示的，而卡什金却建议不要在原作中寻找它，而是通过原作，在原作背后，在原作文本的背后寻找它。

然而，加切奇拉泽与其他赞同这个观点的理论工作者一样，想把这个概念发展成为一个完整的理论体系。因而他发展了这一理论。他说：“……卡什金的出发点是认为翻译应该现实地、准确地反映原作中所反映的现实这样笼统的观点。然而根据我们的意见，翻译的特殊性在于，对译者来说直接反映的客体是原作本身，即原作的艺术现实，而不是当时由原作间接反映的那个直接的具体现实。”

总结两大派的这场争论，可以归纳为以下两点：

(1)文艺学派的成员多为诗人、作家和文艺学学者，故强调文艺翻译是艺术，翻译家应是天才和艺术家。因此文艺翻译是一种富有创造性的活动，属于美学范畴。翻译的对象是形象、感情和艺术特色，对文艺翻译的要求是从整体上再现原著的艺术特点、原作的艺术个性。而语言学派的成员多为语言学家和翻译教学工作者，故希望建立一个囊括各种语体的翻译通论，把翻译视为一种语言行为，重视两种语言的对比以寻找其中的规律性对应单位，而翻译的任务是通过等值或等同的方法从整体上再现原著的语言功能。

(2)如果比较一下语言学派与文艺学派的理论在苏联外语和翻译教学中的使用情况，也不难发现，语言学派的研究成果往往很快就反映在翻译实践，翻译教学、教材和教学参考书中并能产生良好的效果，而文艺学派的观点因为缺乏教学中的可操作性所以较少反映在翻译教学里。可见，语言学派有高校的师资为其后盾并不断从那里得到补充，而文艺学派则没有。

2. 苏俄现代译论综述

综观俄罗斯翻译理论的历史，可以发现，俄罗斯翻译理论和其他国家一样，也是经历了从无到有、从零星的经验之谈到系统论述这样一个过程。可以说苏俄现代译论对世界翻译学的发展产生了积极的影响。20世纪50年代以前，文艺翻译理论曾在俄罗斯翻译理论中占主导地位。50年代起，翻译的语言学派开始崛起，并与文艺学派展开热烈的学术争论，而到了80年代，这场争论趋于平息，语言学派的翻译思想逐渐占据主导地位。

苏俄现代翻译理论是指20世纪50年代以来苏联的翻译理论，其发端的标志是费道罗夫所著的《翻译理论概要》(1953)一书。时至今日，苏俄现代译论的发展已历经50多年的时间。它在语言学派与文艺学派的论战之后，不断吸收语言学的最新研究成果，确立了以语言学研究为主导思想的现代翻译理论。在这期间涌现出一大批著名的翻译理论家，如费道罗夫、列茨克尔、加切奇拉泽、卡什金、巴尔胡达罗夫、切尔尼亚霍夫斯卡娅、利沃夫斯卡娅、什维策尔、拉特舍夫、科米萨罗夫、明亚尔-别洛鲁切夫等。

从总体上来看，翻译理论作为一门学科，在苏联和俄罗斯经历了产生、发展与确立的过程，而语言学派作为翻译理论研究的主流，在自身完善的过程中不断吸收其他科学的知识并与之进行交叉。

苏联的翻译理论是十月革命后应国内文化建设的需求而产生的，但是在20世纪50年代之前，其研究虽然取得一些成果，但一直缺乏系统性。1953年，费道罗夫的论著《翻译理论概要》出版。这是苏联第一部从语言学角度系统研究翻译理论的专著。该书一问世，便引起热烈反响。作者提出，翻译理论是语言学的一个分支，由于任何体裁作品的翻译都要借助两种语言的对比，所以翻译问题只能在语言的领域内求得解决。这一点遭到了以加切奇拉泽和卡什金为主要代表的文艺学派的反驳。他们认为费道罗夫忽略了文艺翻译中的美学问题，而这个问题是整个文艺翻译理论的核心。文艺学派认为，应当把翻译视为语言艺术的一种形式，即应当从文艺学的角度研究翻译，而不是从语言学的角度来研究。经过激烈的辩论，费道罗夫接受了一些批评，在该书的后三版中(1958，1968，1983)逐步修正原先过激的观点，承认语言学的方法不能解决翻译领域中出现的所有问题，但是他坚持该方法是翻译研究的一个必要的途径。如果说文艺翻译作为语文学中的一个特殊领域，需要语言学与文学和源语民族的历史密切配合，那么，翻译通论则要首先提出一系列语言学的问题，这些问题的解决是进行下一步研究的基础。

语言学派与文艺学派之间的争论持续了20多年。前者多为语言学家、高校翻译教学工作者，以《翻译工作者札记》这本刊物为喉舌；后者多为作家、翻译家，曾出版《文艺翻译问题》和《翻译技巧》，阐明自己的观点。到了20世纪80年代初，这场争论趋于平息。实际上，文艺学派着重强调了文艺作品的翻译，属翻译专论；而语言学派的研究则侧重于翻译通论，即研究包含文艺作品在内的所有体裁作品的翻译问题。两派论战的结果使人们认清了翻译理论需要进行综合研究，单靠某一个学科是不够的。

事实上，由于文艺学派的研究缺乏操作性，它在苏联时期就逐步让位于语言学派。

在现今的俄罗斯，翻译理论作为一门独立的学科(或称翻译学)，正是建立在语言学基础之上的。

翻译学的成立经历了一个由不完善到完善的过程。语言学派之所以能发展，得益于它吸收了语言学的一些新思想、新观点。

费道罗夫1953年在区分翻译通论与翻译分论两个概念的基础上，从翻译通论的角度出发，认为翻译理论作为一门独立的学科，应包括翻译史、翻译中语言工作的总体任务和条件、不同体裁的翻译原则和任务，从而初步勾勒出翻译学的雏形。费道罗夫更多的是从传统语言学的角度来研究翻译中的问题的，如翻译中的词汇问题、语法问题和语体问题等。

与费道罗夫相比，语言学派的另一奠基人列茨克尔在《翻译理论和翻译实践》(1974)中，除了坚持翻译研究的语言学原则、确立规律性的对应理论之外，还从实践的角度出发，利用大量篇幅论证了语言学的角度可以解决翻译中的许多具体问题，如词汇转换、句法转换、成语的翻译、情态的传达以及双语词典对译者的作用等。

继费道罗夫之后，巴尔胡达罗夫在《语言与翻译》(1975)一书中指出，翻译学是从各个角度研究翻译的综合体，但是翻译学的核心是翻译的语言学理论。他进一步论证了翻译理论在实质上是语言学的任务，确定了翻译理论在语言学学科中的地位：既属于宏观语言学，又属于应用语言学，指出翻译理论是一门以描写性为主、规定性为次的学科。巴尔胡达罗夫还借鉴普通语言学研究的成果，利用语言层级理论，划分出音位层、词素层、词层、词组层、句子层和文本层六个层面的翻译单位。另外，书中对翻译中的语义对应问题(含语言的所指意义、语用意义和语法意义)，上下文和超语言信息等对翻译起重要作用的问题做了探讨。

切尔尼亚霍夫斯卡娅的《翻译与意义结构》(1976)一书可谓是语言学派吸收语言学研究最新成果的又一部著作。该书以布拉格语言学派信息结构为理论基础，探讨了言语交际结构(主位、述位结构)及其在翻译中的转换问题。作者通过对比分析俄英两种语言的结构成分，描述了报刊政论语体俄译英的过程并归纳出十种语句的翻译模式，具有很强的操作性。

科米萨罗夫同期出版的《论翻译》(1973)、《翻译入语言学》(1980)以及后来出版的《翻译理论——语言学观点》(1990)，都论证了在语言学中划分出翻译语言学的合理性，并对这一新学科的研究对象、任务和方法作了描述，从而使翻译学的体系得到进一步完善。作者认为，翻译的语言学理论是把翻译置于跨语言交际这个广阔的背景之下，研究交际的各个方面，揭示决定交际的语言内因素和语言外因素。它不仅涉及源语文本和译入语文本，还涉及原文转换成译文的这一过程。翻译作为一种语言中介，其目的是保障操不同语言的人达成沟通，从而实现跨语言交际。换言之，可以将翻译定义为这样一种语言中介，译者借助它运用译入语创造出与原作在交际上等值的文本，而译文的交际等值指的是它在功能、内容和结构上与原作一致。科米萨罗夫将翻译视为一个特殊的跨语言交际行为，指出翻译不能仅从言语的角度、从过程的角度来研究，它更要通过分析其过程中的言语行为来研究其实现的语言基础。他将语义学、语用学等新兴学科同科学研究结合起来，探讨了等值的两大类型：情景功能等值和语义等值。前一类包括交际目的等值、交际情景等值和情景描写方式等值，后一类包括句法结构等值和最大限度等值。这一划分是对等值理论的重要贡献。不仅如此，他提出的翻译的超语用任务概念，首次涉及翻译活动中的主体因素，更为准确地反映了翻译活动的实际情况。另外，作者指出，翻译语言学的规范部分是指翻译规范，它共有五个类别：等值的规范、体裁—修辞规范、言语规范、语用规范和规约性规范。

此外，从交际功能的角度研究翻译的还有利沃夫斯卡娅。她在《翻译的理论问题》(1985)一书中将话语意义区分为语言范畴和言语(言语环境)范畴，指出翻译的等同并非是意义结构中的语义成分、语用成分和环境成分三者之间的绝对不变量，而只是语用成分和环境成分的等同。

拉特舍夫在《翻译：理论、实践和教学法问题》(Перевод：проблемы теории，практики и методики преподавания，1988)中从心理学的角度分析了翻译活动的社会性特征。他认为，译者的活动不是满足个人的需求，而是满足社会的需要，并且译者所遵循的动机也不是个人的，而是社会给他指定的。翻译的社会任务客观存在，它存在于社会意识当中，即社会认为翻译应当是什么样子的，它就是什么样子的。翻译是以促使双语交际在完整性、有效性和自然程度上尽可能地接近普通的单语交际为其社会任务的一种语言中介形式。拉特舍夫从哲学的高度论证了实现等值的可能性。书中对决定翻译行为的两个因素——原文和民族语言障碍——作了详尽的分析。

翻译的文化特性是什维策尔在《翻译与语言学》(1973)与《翻译理论》(1988)两书中都重点强调的内容。翻译不仅是语言间的相互作用，还是文化间的相互作用。翻译是语言交际的一种特殊形式。翻译理论不能局限于研究翻译的语言机制，翻译研究要在广阔的社会文化语境中进行，要考虑到各种具有决定性作用的语言外因素，如社会、文化和心理等方面的因素。作者分别探讨了翻译理论与对比语言学、社会语言学、心理语言学、话语语言学以及符号学的关系，指出翻译理论与各学科之间的紧密联系。随着语言学研究开始转向探讨语言与人的关系、语言与社会的关系，开始注重分析语言的功能，什维策尔吸收了这些思想。他特别注重翻译过程中交际效果的传达和原作中不变量的保留，以实现文本的功能等值。他借鉴符号学的三分法(句法、语义和语用)，建立起等值层面的模式：句法等值、语义等值和语用等值。什维策尔指出，语用学在翻译理论中占有重要地位。翻译过程中存在的各种语用关系可以影响翻译过程，因为要实现等值，需要以分析原文发出者的交际意图为前提。在翻译过程中，由于译者面向的是另一语言—文化中的读者，需要利用各种转换手法对原文的内容作变形处理。此外，译者自身也有着一定的交际目的，即译者作为特定文化中的具体的人，既有着他个人的特点，还有着文化传统、翻译的历史标准与现行标准所赋予他的非个人的特点，所有这些特点都会不可避免地进入翻译活动之中。此外，什维策尔还吸收话语语言学的研究成果，开始探讨话语连贯性与话语修辞等方面的问题。

进入20世纪90年代以来，随着苏联解体和俄罗斯经济状况的衰退，其翻译理论的研究虽不及七八十年代，但仍有所发展。明亚尔-别洛鲁切夫在《翻译的理论与方法》(1996)中从信息论的角度出发，分析了交际的一般特点。作者区分出不同的信息类型和语义联系，从而确立翻译理论的模式，具有一定的普遍意义。

结 语

通过上面的分析可以看出，苏俄现代翻译理论在20世纪70年代之前多从传统语言学的角度来研究翻译中的问题，而70年代之后，翻译研究不断借鉴、吸收语言学的新成果，利用语言符号学、言语交际学和信息论等理论深化并完善翻译的语言学理论，开始注重从功能、交际方面研究翻译活动。从发展的趋势看，俄罗斯现代翻译理论已不再局限于语言学的范围，它越来越朝着更为纵深的方向前进，科米萨罗夫在其著作《现代翻译学》(1999)中已经开始尝试从篇章学、文化学等其他学科角度来研究翻译了。

总的来说，苏俄现代译论从形成到发展，先后经历语际关系研究、文本间关系研究和跨学科研究。

当然，以上论述的苏俄现代翻译理论主要是指翻译通论，并没有包括翻译分论(如科技翻译、社会政治类翻译等)和翻译专论(如口译、机器翻译等)，尽管它们在这半个世纪里也取得了显著的成果。具有代表性的人物与著作有万尼科夫(Ю. Ванников)的《翻译活动的基本术语问题》(Основыне терминологические аспекты переводческой деятельности，1984)、《科技文本的类型及语言特点》(Типы научно-технических текстов и их лингвистические особенности，1985)和《科技翻译术语大全》(Тезаурус по научно-техническому переводу，1986)；切尔诺夫(Чернов)的《同声翻译的理论与实践》(1978)，希里亚耶夫(Ширяев)的《同声翻译》(1979)，明亚尔-别洛鲁切夫的《翻译通论与口译》；列夫津与罗津茨维格的《普通翻译与机器翻译原理》(Основы общего и машинного перевода，1964)。

思 考 题

1. 如何对苏俄翻译理论进行分段？各阶段有哪些翻译家值得我们去研究？
2. 19世纪俄罗斯涌现了哪些有影响的翻译思想？
3. 简述苏联翻译理论是如何形成的。
4. 怎样理解翻译中“使之适应俄罗斯习惯”的倾向？
5. 简述语言学派翻译理论和文艺学派翻译理论的论战。

第二章　苏俄翻译理论的核心问题

在俄罗斯现代翻译理论中存在着四大核心问题，即翻译本质问题、可译性问题、翻译单位问题和翻译等值问题。其中翻译本质问题与翻译的定义有关，是每个学者在研究翻译时必须先要解决的问题。可译性问题是一个古老的话题，它在俄罗斯现代翻译理论形成之初再一次得到了分析和论证。学者们的研究角度虽然不尽相同，但是对可译性问题的看法基本上是一致的。翻译单位的问题涉及翻译转换与操作，所以翻译理论家都很感兴趣。至于等值问题，则更是俄罗斯翻译理论的一个重要问题。

一、翻译的本质

不同的翻译学家在阐释“翻译”这个概念时，往往因角度的不同而有着不尽相同的结果。费道罗夫认为，所谓翻译，就是利用一种语言的诸多手段将另一种语言业已表达出来的东西准确而完整地表达出来。准确而完整的表达，这正是翻译与改写、译述、摘译等形式的不同之处。

巴尔胡达罗夫在研究翻译的本质时是从符号学的角度出发的。他认为，翻译是将一种语言的言语产品在保持内容层面（即意义）不变的情况下转换成另一种语言的言语产品的过程。

拉特舍夫把翻译视为一种社会现象，认为翻译是人类社会发展到一定阶段所必需的一种语言中介（языковое посредничество）。翻译是以促使双语交际在完整性、有效性和自然程度上尽可能地接近于普通的单语交际（одноязычная коммуникация）为其社会使命的一种语言中介形式。

什维策尔从跨语言交际的角度出发，认为翻译是一种跨语言交际行为（акт межъязыковой коммуникации）。他给翻译作了如下定义：

是一个单向的、由两个阶段构成的跨语言和跨文化的交际过程，是在对第一文本进行有目的（翻译）分析的基础上创造能够在另一个语言和文化环境中替代第一文本的第二文本；

一个以传达第一文本的交际效果为目标的过程，这个目标由于两种语言、两类文化和两个情景之间的差别而部分地发生变化。

科米萨罗夫也从跨语言交际的角度入手，指出翻译实质上不是译者的言语（书面的或口头的）行为，而是复杂的跨语言交际行为。翻译可以定义为借以在译入语中创造出与原作在交际上等值的文本的语言中介形式，而译作的交际等值指的是它在功能、内容和结构上与原作一致。

翻译的本质，实际上就是翻译的定义，是翻译通论中的核心问题。每一位翻译理论研究者必定会为翻译下定义。他们根据不同学科的理论对翻译的界说不尽相同。

二、可译性问题

俄罗斯的翻译理论家都是持可译性观点的。他们从不同的角度论证了可译性思想。

费道罗夫认为可译性是语言的本质，而翻译又是一种语言活动，总是与语言打交道，因此可译性是翻译最基本的范畴，凡是符合源语语言规范的材料都是可以翻译的。他认为：首先，人类的同一性决定了翻译的可行性。人类生存的世界有很多相同的事物和现象，人类的思维方式也有很多相同的地方，人类还有很多共享的东西，如科技成果、道德规范，社会制度等。其次，实践证明，可译性原则是现实的、可行的，尤其是在传达符合原文语言规范的材料时。但也有个别的一些成分，它们严重偏离文学语言标准而带有明显的地方色彩，如方言和行话，它们也不是不能译，可以通过其它词汇和语法的手段再现它们的作用，只不过会失去某些功能，因此可译性原则有某种局限。最后，可译性原则是针对整个作品而言的。整体是由具体成分构成的，这些成分不是单个发挥作用，也不是机械地组合在一起，而是与作品内容构成一个有机的整体，因此，在整体的系统中就有可能替代或补偿，这种可能性就为翻译提供了不同的途径。费道罗夫从语言是思想交流的工具这一观点出发，指出思想内容与表现思想的语言形式是不可分割的统一体，无法表达的思想是不可想象的，而每一种相当发达的民族语言都有可能传达另一种语言所表达出来的思想。也就是说，语言是可译的，但对语言的可译性要做辨证唯物主义的解释。费道罗夫认为，语言中不可翻译的特殊东西确实存在，比如具有鲜明地方色彩的方言和具有较强社会色彩的行话，但这并不足以从根本上推翻可译性原则，而只能说是对可译性原则的某些限制。此外，可译性原则不是针对个别语言现象，而是针对原作整体而言的。单个的词、单个的句子也许难以翻译，但词的组合、句子的组合却是完全能够翻译的。费道罗夫的这个观点，是对19世纪波铁布尼亚(А. Потебня)关于词的组合也不可译的观点的直接否定。费道罗夫坚持的是，译文与原文之间可以确立确切对等的关系。他的"确切对等"不是指形式上的逐字相对，而是指功能上的对等。确切翻译常常需要使用形式上与原文不相符合，但与译入语准则相符合，并能在整体中起相同表现作用的语言材料。任何一种高度发达的语言都是一种强有力的手段，足以传达用另一种语言手段表达的与形式相统一的内容。在这种情况下，译文语言的修辞手段不是为了复制原文语言的形式特征，而是为了传达原文语言成分的修辞功能，并且在形式上往往与原文不同。有时在个别语言成分上做不到这一点，但是却可以在整体上做到。其办法是，揭示并传达无法在形式上复制的语言单位的意义功能和艺术功能，根据各个语言成分与整体的意义联系传达这些功能。

巴尔胡达罗夫(1975)也坚持可译性原则。他认为，翻译中最大的困难在于原文所描述的情景在译入语语言集团的经验中并不存在。不过，语言之间存在意义上的差异，并不能证明译入语无法传达源语的意义，因为翻译最重要的不是某些词甚至某些孤立句子的等值，而是整个被译文本(言语产物)在整体上同整个译本的等值。

巴尔胡达罗夫还运用马列主义关于语言平等的学说，并从纯语言的角度批驳了语言不平等论，论证了把语言分成“发达”与“落后”的做法没有什么科学根据，从而进一步证明可译性原则是不受限制的，可以适用于任何两种语言之间的翻译。

拉特舍夫(1988)指出，可译论与不可译论之所以长期对立，彼此都没有驳倒对方，其原因主要有两个：一是在研究这个问题时，两派都采用了硬性的“决定论”方法；二是两派对超语言因素、民族文化因素乃至语言外经验中民族因素的交际作用，不是重视不足就是重视过头。

他认为，在双语交际的实践中，有一种情况大大增加了不可译情形的发生。这就是翻译需求的问题。某一民族的语言材料在另一民族的语言集团看来，是毫无用处的，所以根本没有必要去翻译。

除了文化上的不可译因素外，源语和译入语结构上的深层差异有时会造成翻译困难。当语言内部结构获得意义并成为内容的一部分时，翻译上的困难是人人皆知的。

译者在翻译时不仅要解决上述这些矛盾，而且要以最佳的方式来解决。等值翻译就是上述矛盾的最佳解决方式。这里的“最佳”似乎成了“等值”的同义词，因为最佳翻译总是等值的。

俄罗斯著名的翻译理论家什维策尔(1988)也认为翻译在原则上是可行的。妨碍跨语言交际进行的困难部分以及不可避免的局部损失，绝对推翻不了原则上的可译性。绝对不可译的观点是把翻译只看作是纯语言层面的活动，而翻译实际上是在言语层面上进行的。语言之间的语义差别原则上可以借助各种语境在言语中得到消除。

当然，在通往可译性的道路上会遇到各种各样的障碍，所以可译性是一个相对的概念，不是绝对的。需要区分文本局部层面上的可译性和文本整体层面上的可译性。正如完全等值是现实翻译实践理想化的结果，绝对的可译性也远非总是可以实现的理想。

科米萨罗夫(1990)在谈及可译性问题时，着重指出了不可译论的错误。他认为，任何一个文本都有自己的语言特色，都是针对有着特殊背景知识和历史文化特点的特定语言集团的，所以不可能被另一种语言绝对完整地复制出来。翻译中部分因素的缺失并不意味着这个文本是不可译的。翻译不是要创造一个恒同文本(тождественный текст)。恒同性的缺乏绝对无碍于译文行使原作的交际功能，所以拿它作为不可译论的借口是错误的。

三、翻译单位问题

翻译单位是翻译理论中最复杂的问题之一，存在着许多各不相同的观点，甚至有人完全否定翻译单位存在的可能性(如什维策尔)。俄罗斯有许多翻译学家都对翻译单位问题感兴趣，并对此发表过或详或略的看法。其中具有代表性的观点是巴尔胡达罗夫(1975)提出来的。

巴尔胡达罗夫认为，翻译单位是源语文本在译入语文本中有着对应单位的最小语言单位。他借鉴普通语言学的语言层级理论，将翻译单位划分为六个层面：(1)音位层翻译；(2)词素层翻译；(3)词层翻译；(4)词组层翻译；(5)句子层翻译；(6)文本层翻译。

在音位层上确立源语单位与译入语单位之间对应关系的翻译形式，被称作音译。例如：sprite — спрайт；player — плеер。如果对应关系是在字位层上确立的，即所传达的内容不是原词的音响形象，而是书写形式，那么这种方法就可以称作翻译转写，例如：Lincoln — Линкольн。

词素层翻译是指原文单词的每一个词素都能在译文单词中找到对应单位。例如，在将英语 tables 的译成俄语 столы 时，原词的词根 table-与俄语的词根 стол-相对应，而原词表示复数意义的词素-s 与俄语-ы 这个形式相对应。

同样，在将英语 backbencher(后座议员)译成俄语 заднескамеечник 时，也可以看出词素之间的对应情形：back-与 задне-，-bench-与-скамееч-，-er 与-ник 分别形成了对应。

同音位层翻译与词素层翻译相比，词层翻译要常见得多。词层翻译是指译文与原文的对应关系是词层上确立的，即词充当了翻译的单位。例如：My brother lives in Moscow. Мой брат живёт в Москве.（我的兄弟住在莫斯科。）

需要指出的是，整个句子都能进行词层翻译的情形很少。它们一般是结构极其简单的句子。

词组层翻译最为明显地体现在成语和固定词组的翻译上。众所周知，这些语言单位的意义并不等于其组成部分(即词)的意义之和。所以按词翻译在大多数情况下是行不通的。此时，翻译的单位是整个词组。例如：to catch fire — загореться(燃烧起来)；to come to the wrong shop — обратиться не по адресу(找错地方)。此外，自由词组也可以成为词组层的翻译单位。例如：to come late — опоздать(迟到)；to get dressed — одеться(穿戴)。

词组层翻译是一种十分常见的翻译类型。实践中经常会出现这样的情形——原文一个句子的某些部分是按词翻译的，即进行词层翻译，而其他部分则是在词组层上翻译的。

有些时候，即便是词组也无法充当翻译的单位。此时只有在句子层才能确立翻译的对应关系。这常常也是因为句子的成语性造成的，即句子的意思并不等于各个词或词组的意义之和。谚语的翻译就是属于这一类，例如：Every dark cloud has a silver lining. — Нет худа без добра.（祸福相依。）

句子层翻译也常用来翻译一些固定的“套语”或“习惯说法”。例如：

Keep off the grass. —По газонам не ходить.（不要践踏草地。）

There's a good boy. —Вот умница.（真是个聪明小孩。）

最后是文本层翻译。它指的是翻译中，句子也充当不了翻译的单位。此时能充当翻译单位的是整个所译文本。这种现象在散文翻译中看来是极少的，然而在诗歌翻译这一特殊翻译形式中却十分常见。

费道罗夫就翻译单位问题也发表过自己的看法。他在论述词的基本翻译条件时谈到了翻译单位的问题，他认为，翻译单位是多元的，不是永恒不变的。词的意义不是独立的，无论是在原文中，还是在译文中它的意义都取决于上下文。只有在上下文中词义才能明确，有经验的和细心的译者往往都能考虑到这一点。经常会有这样的情况：原文的一个词要用另一种语言的两个或几个单词的组合才能翻译，或相反，原文的两个或几个实词的组合要用另一种语言的一个词来翻译；有时原文的一个实词(甚至是术语)由于在上文已经解释清楚，在译文中常常省去或用代词来翻译。

但是，句子也不能成为永恒独立的翻译单位。句子的意义也远不是永远绝对独立的，而是常常取决于周围一些句子的内容，取决于整个段落，有时是临近几个段落的内容。经常会有这样的情况：一个句子在翻译时被分成几个短句子，或相反，原文的几个句子在译文中被融合成一个长句子。

严格说来，不仅词和句子，而且更大的篇章片段(句子链或段落)都不能认为是永恒的翻译单位，因为所有这些篇章片段(不仅是文学作品)之间的意义关系具有多变的性质。有时在原文中的不同上下文里重复的词，它们虽然相距很远，但要求在译文中用同一个词来再现，可有时译入语的上下文不允许这样做，这就要求译者必须在母语的词汇中去寻找一个适用于不同上下文的词。

如此说来，无论是原文，还是译文中的每一个词，甚至是每一个句子，它们与篇章中的许多其他成分相关联。因此，我们即使在谈论某些单个词的翻译时，也不得不考虑上下文的作用。

总之，翻译单位在本质上可以是任何语言层面的单位：从音位到整个文本。需要特别强调的是，在同一个文本范围内，翻译单位通常也是不断变化的：时而是词，时而是词组，时而是句子等。翻译的一个主要困难，恰恰就是善于在每个具体情况下找到适当的翻译单位。另外，在不同类型的翻译中，关于翻译单位的观点也不相同。

四、翻译等值思想的演变

在俄罗斯翻译理论中，等值的问题一直都占有极为重要的地位。不管是翻译理论专著，还是翻译教科书，都要对这个问题进行一番论述。

俄语 эквивалентность 一词的词根是 эквивалент。根据《苏联大百科词典》(1978：586)，俄语 эквивалент 源于晚期的拉丁语 aequivalens，是指《предмет или количество, равноценные, равнозначные или соответствующие в каком-либо отношении другим и могущие служить им выражением или заменой》(与其他物体或数量等价、等义或者在某个方面与之相对应并可用来表达或者替代它们的物体或数量)。

在俄罗斯翻译理论中，与 эквивалентность 同义的词还有 адекватность(等同)、полноценность(等价)、тождественность/тождество(相同)、соответствие(对应)等。翻译家们对这些概念的使用不完全一样，有的人对“等值”与“对等”不加区分，有的则加以严格区分；有的用“等价”表示“等值”，还有的用“对应”表示“等值”。

等值思想在苏联产生是有现实背景的。在 18 世纪的俄国翻译实践中，出现了改写原著的倾向，也就是当时所说的“使之适应我们的习惯”。在 18 世纪末至 19 世纪初的诗歌翻译中，这种风气特别普遍，甚至有人将巴黎变成莫斯科，将人物名字也完全变成了俄罗斯人名。到了 19 世纪中叶，俄国文学翻译活动中出现了两大阵营：一个是革命民主主义代表、平民出身的作家，主张艺术为人民服务；另一个是反动贵族与自由、知识界的代表，主张“为艺术而艺术”。两个阵营在翻译方法和倾向上互不相同。一些人（如费特、阿·托尔斯泰）极为注意原著形式上的特点（特别是注意原诗的特点，如节奏、韵律）及一些个别的细节。另一些人（如库罗奇金）的译本常常严重脱离原文，甚至使用了许多俄国日常生活中所特有的细节和人名。而到了19世纪末20世纪初，俄国翻译书籍的出版量虽然在日益增加，但是翻译的质量却在下降，这些译品越来越粗糙，通常都没有表达出原著的修辞特点。译品质量的下降，既表现在经常削弱原文的特征，破坏作品的内容与形式的统一，也表现为词句冗繁，从而使许多古典作品的艺术特点，连同它的思想内容都丧失了。不得不承认，俄国翻译历史上长期存在的不良翻译习气，使得翻译理论家们探索如何防止这种现象的发生成为必然，如何使翻译有标准可依据，其结果就是等值思想的产生。

等值思想产生于苏联成立以后。其演变既是俄罗斯翻译理论发展的产生，也是其不同发展阶段的标志。等值思想的萌芽时期是自20世纪30年代至50年代，其代表人物有斯米尔诺夫和列茨克尔。

斯米尔诺夫在1934年出版的《文学百科全书》（Литературная энциклопедия）中对“翻译”（перевод）下定义时，首次提出翻译对等（адекватность）的概念。他认为，等同翻译是指作者的所有意图（他深思熟虑的和无意识的）都得到传递，以从艺术上影响读者的思想、感情，并尽可能（借助准确的等值单位或理想的替换单位）保留作者运用的形象、色调、节奏等一切资源，但是保留这些资源不应该被视为目的本身，而只应该被视为达到整体效果的手段。斯米尔诺夫的这一观点在当时并没有产生很大的影响。

1950年，翻译语言学的首创者之一列茨克尔发表论文——《论翻译中规律性对应》。文中区分出如下几种对应单位：等值单位（эквиваленты）、类似单位（аналоги，在作者后来的论述中改作“选择对应”вариантные соответствия）和等同替代单位（адекватные замены）。等值单位指的是原文和译文中不受上下文限制的各种固定对应单位，尤其是单义的专有名词和固定词组，如League of Nations = Лига наций（国际联盟）。类似单位指的是一种语言的一个多义单位同另一种语言的几个单位相对应。它与等值单位的区别是受上下文制约的，如英语importance一词在俄语中共有三个对应词：важность（重要性）、значительность（意义重大）和значение（意义）。列茨克尔的等值思想在其1974年出版的专著《翻译理论与翻译实践》中得到进一步明确。他认为等值单位是指意义等价且不取决于上下文的固定对应单位。

作为等值思想的萌芽阶段，这一时期的特点非常明显。其一，术语尚未固定。斯米尔诺夫的“等同”和列茨克尔的“对应”所表达的思想，就是后来的“等值”思想。其二，认识较为粗浅。斯米尔诺夫提出的观点中关于“作者意图”的论述值得商榷，而列茨克尔的等值思想涉及的仅仅是纯语言间的关系，是静态的语义对应，没有触及话语之间的联系。俄语翻译理论中等值思想的确立与发展时期是20世纪50年代至80年代，这一时期的代表人物有费道罗夫、巴尔胡达罗夫、拉特舍夫、利沃夫斯卡娅等。

1953年，费道罗夫出版了苏联第一部翻译理论的语言学著作——《翻译理论概要》。书中介绍了翻译等值的观点，不过作者所用的术语是“等价”，而不是“等值”。作者认为，所谓等值翻译，指的是从思想内容到修辞功能与原作完全一致。等值翻译就是通过复制原文形式上的特点(如果语言条件允许的话)，或者创造功能上与原文特点相符的东西，来表达原文特有的内容与形式间的相互关系。这就是说，译者要运用这样一些语言手段，它们虽然在形式上常和原文不一致，但在整体中却能起到类似的意义功能和艺术功能。费道罗夫的观点标志着俄语翻译理论中等值思想的正式确立。但是，这一观点并不是无可非议的，科米萨罗夫在评价他的观点时指出，“遗憾的是，完全表达原作内容的观点没有得到实际验证”。

继费道罗夫之后，巴尔胡达罗夫发展了等值思想。他在 1975 年出版了《语言与翻译》。这是苏联 20 世纪 70 年代翻译语言学理论的一部代表作。他在论述翻译单位时指出，“翻译单位”这个术语在很大程度上是相对而言的，更确切的说法，应是翻译等值单位，即源语在译入语话语里具有等值单位的单位，“翻译单位”就是源语在译入语中具备对应单位的最小(最低限度)的语言单位。巴尔胡达罗夫区分出音位层翻译(作者在此作了注解：确切地说，不是“翻译”，而是“翻译等值单位”)、词素层翻译、词层翻译，词组层翻译，句子层翻译和话语层翻译。作者认为，必要的和层次足够的翻译是传达不变内容并遵循译入语的规范，这种层次的翻译是等值翻译。层次偏低的翻译是逐词翻译。层次偏高的翻译是意译。例如，尽管原文某一句子可以通过词组层以至单词层来译，表面上看，这样可以译得“更贴切”，但实际上却不如通过句子层来翻译。作者指出，意译的不足之处是缺乏可把握性：意译在传达原文的意义方面不完全准确，同时，由于对原文中本来可以不变动的地方作了过多的变动，从而使信息损失太多，所以稍有不慎，便会不知不觉地落入“自由发挥”的境地。

作者在强调翻译力求等值的同时，也指出完全等值的不可实现性：翻译各种类型和体裁的话语，不管用哪一种译法，在任何情况下译者都应力求等值翻译。更准确地说，应当是各种不同程度的等值翻译，即或多或少地接近“完全等值”，因为完全等值的翻译与其说是现实，不如说是理想。

可见，巴尔胡达罗夫的等值思想并不像费道罗夫那样绝对，他承认翻译中的损失不可避免，完全等值仅仅是一种理想。在等值的分类方面，尽管他区分了一些翻译等值单位，但是却并没有提出具体的手段来防止译者在追求较高层次的“意译”时落入“自由发挥”的误区。这就造成译者在摆脱低层次的死译而追求高层次的意译过程中有可能滑向另一极端，其结果是过犹不及。

拉特舍夫在 1981 年出版的《翻译教程——翻译等值及其实现方法》(Курс перевода: эквивалентность перевода и способы её достижения)一书中，区分了两种基本的等值类型：功能等值与功能内容等值。前者指的是原文和译文在意义内容上不完全等值，但在功能上等值；后者指的是原文和译文在功能和内容上均等值。作者的这一思想在其 1988 年出版的《翻译：理论、实践与教学法问题》中得到了进一步的发展。书中指出，翻译中的“等值”概念虽被广泛运用，但在运用时却没有足够的科学依据，等值仅仅被看做是某种先验的或直觉的东西。作者区分了“等值”与“对等”两个概念，认为翻译理论引入等值的概念并用以替代对等的概念，使得这个问题的解决与哲学课题“相同(тождество)—相等(равенство)—等值(эквивалентность)”有可能联系起来，这就使研究者可以从更高的高度来解决这个问题。拉特舍夫认为，事物(вещь)是物体(предмет)的本来面貌，而客体(объект)是人们意识中的、实践中的、与其他物体相联系的事物。在所有方面都相等的客体是不存在的。客体间的等值是指它们在某个方面的相等。从本体论角度说，等同(等值)是理想化的，但是也有客观基础。实践表明，在某些情景中，不同的事物可以表现得像"同一个事物"。总的说来，译文和原文等值要符合三个基本条件：

首先，译文和原文应当具备(相对来说)相等的交际功能特点；

其次，在前一个条件允许的范围内，译文和原文在语义—结构方面应当达到最大限度的类似；

最后，译文和原文之间尽管可以存在许多"补偿性偏差"(компенсирующие отклонения)，但是不应当出现翻译所不允许的语义—结构上的偏差。

拉特舍夫指出，要实现等值，需要解决下面两对矛盾：

其一，译文与原文既要在交际功能上等值，又要在语义—结构上一致。这两点是背道而驰的，因为前者依靠违背后者来实现。要调节这对矛盾，必须遵守翻译转换的理据性原则。所谓翻译转换是指为了达到译文与原文交际功能上的等值，而有意不去实现客观上能够实现的语义—结构上的一致，译者这么做，必须有相应的理由。

其二，由于上述原则有一定的适用范围，即受第三个条件限制——对语义—结构不可作过大的变动，因此翻译转换的理据性原则与翻译等值的第三个条件形成矛盾。其解决途径要以后者为主，即译文在进行转换时应该有一个度。

拉特舍夫还指出，交际功能中的有些成分是无法达到完全等值的。由于操不同语言的人具有不同的民族语言交际能力，所以在翻译时，译文与原文之间的某些分歧只能得到部分的调和。这些成分多种多样，如言语习惯、接受者之间存在的不同价值取向等，其中后者尤为不可调和，尽管这一点在个别情况下可通过注释来进行一定程度上的弥合。

利沃夫斯卡娅在1985年发表的专著《翻译的理论问题》中，从交际功能的角度出发，提出翻译的交际功能模式，认为翻译的中心问题是语言意义和言语含义之间相互关系的本质。其结论是：翻译中的不变量并非是一个绝对值，而是一个相对值，能够保证含义的语用要素和情景要素的不变性的翻译可视为等同翻译。

等值思想在这一时期的研究有两个主要特点：一是研究角度的更新使得"等值"的内涵不断扩大。如果说费道罗夫在提出"等值"概念之时主要是运用传统语言学的一些理论(如词汇学、句法学、修辞学)，那么巴尔胡达罗夫则引入了当时普通语言学的最新理论，根据语言层级理论将翻译等值单位划分成六种。而拉特舍夫和利沃夫斯卡娅则从交际功能的角度出发，将等值的概念由语言上的等值扩展到功能上的等值，拉特舍夫还从哲学的高度论证了等值的相对性和可行性。第二，对等值类型的细化程度还不够。尽管巴尔胡达罗夫划分出六类等值单位，但是实际可操作的对象只有词层、词组层和句子层。拉特舍夫也只是提出功能等值和功能内容等值两种类型。

从20世纪80年代开始，等值思想逐渐成熟起来。这一时期的代表人物有科米萨罗夫和什维策尔。

1980年，科米萨罗夫出版了《翻译语言学》，认为翻译的要求仅仅是原文和译文交际等值，在具体交际行为环境中可以互相替代。所谓交际等值，指的是不同文本(发出者的文本和接受者的文本)在言语交际行为中的等同。科米萨罗夫区分出五种等值类型：交际目的等值、情景等值、情景描写方式等值、句法结构等值和最大限度等值。科米萨罗夫的这一思想一直延续到其1990年出版的《翻译理论——语言学角度》和1999年出版的《现代翻译学》两部著作之中，只是在1990年版中他将上述五类等值形式进行了分类，其中前三种属情景功能等值，后两种属于语义等值。

科米萨罗夫指出，翻译区别于其他语言中介的特点是它可以完全替代原文，译文的接受者也认为它与原文完全等值。同时我们也不难发现，译文与原文的绝对等值是达不到的，但这也绝对不会妨碍跨语言交际。他认为，对翻译持交际态度是现代翻译理论的主导原则。保留交际目的是翻译等值的基础。根据译文传达原文所蕴含交际目的的层次，他把翻译等值(переводческая эквивалентность)分为五种类型：①

(1)交际目的等值：这类等值的特点是仅传达原文内容所蕴含的交际目的，译文在词汇和句法方面同原文都有很大的出入，但可以表达原文所述的内容，即虽然译文与原文"貌合神离"，但译文却表达出了"原文所述内容的目的"，例如：

Maybe there is some chemistry between us doesn't mix (字面意：或许我们之间有些化学物质不能混合。)

Бывает, что люди не сходятся характерами. (人和人的性格常常不同。)

(2)情景等值：这类等值不仅传达原文内容所含的交际目的，还应再现原文所指的语言外部情景。在保留交际目的的基础上，利用不同的手段描写同一情景，表达原作的内容，以达到"情景一致"，例如：

You are not fit to be in a boat. (你在船上不合适。)

Тебя нельзя пускать в лодку. (不能让你上船。)

(3)情景描写方式等值：保留上述两类等值条件(交际目的，指出语境)外，还保留原文的语境描写方式，例如：

Scrubbing makes me bad-tempered. (抹桌子擦地的活把我弄成坏脾气。)

От мытья полов у меня характер портится. (因为擦地板，我的脾气变坏了。)

(4)句法结构等值：在保留前三类等值的基础上，保留原作的部分句法结构意义，即除了交际目的，指出原文语境和描写语境的方法外，还保留原文中句法结构的部分意义，例如：

I told him what I thought of her. (我告诉他我是怎么看她的。)

Я сказал ему своё мнение о ней. (我告诉他我对她的看法。)

(5)最大限度的等值：译文最大限度地接近原文，即译文与原文在句法结构、词汇和内容各组成部分方面基本对应，且译文要保留原文的修辞色彩。译者通过逐词翻译尽可能复制原作词语的意义，以使译作与原作获得最大程度的接近。

I saw him at the theater. (我在剧院里看见他了。)

---

① В. Н. Комиссаров, Современное переводоведение, издательство ЭТС, 2004, См. 116-134.

Я видел его в театре.（我在剧院看见他了。）

科米萨罗夫把上述五类等值中的前三类称作情景功能等值，而把后两类称作语义等值。

科米萨罗夫指出，研究等值层面有助于确定译者在每一具体情况中所能达到的与原作接近的程度。等值的概念揭示了翻译最重要的特点，是现代翻译学的中心概念之一。

等值思想发展成熟时期的另一代表人物是什维策尔。他在 1988 年出版的《翻译理论》中，从符号学的角度出发，通过分析不变量（инвариант）的问题，建立起等值层面的模式，并严格区分了等值与对等两个概念。什维策尔借鉴符号学研究的三个方面：句法（符号——符号）、语义（符号——所指）和语用（符号——人），将等值划作三个层面：句法等值、语义等值和语用等值。

句法层面的等值是形式的替代。该层面上的翻译是用一种符号（语言单位）替代另一种符号并保持句法关系不变。

语义层面的等值包含两个层面：成分次层面（компонентный подуровень）和所指次层面（референциальный подуровень）。简单说来，成分次层面的等值可用公式 a+b+c+…+z = a+b+c+…+z 表示，其中 a，b，c，…，z 是指相同的成分；而所指次层面的等值则可表示为 a+b = c+d，其中 a，b，c，d 是不同的成分。

语用层面的等值是最高层面的等值。该层面包含一些重要的交际因素，如交际意图、交际效果、接收者等。

在这三类等值层面中，每一类较低层面的等值以较高层面的等值为前提。如句法等值的前提是语义等值和语用等值，成分等值以所指等值和语用等值为前提，而所指等值的前提是要达到语用等值。反过来则并不是必然的，成分等值不必一定要句法等值，语用等值未必要做到语义等值等。

什维策尔认为，"等值"是一个规范性的概念。选择何种层面的等值，这由具体情景的语言因素与非语言因素的组成特点决定。违反上述等值层面的等级关系会破坏翻译标准，导致死译（буквальный перевод）和任意翻译（вольный перевод）。例如，每一个较低层面的等值应当以较高层面的等值为前提，破坏这个准则就会导致死译。死译和任意翻译都歪曲了交际效果，破坏了等值性。死译是"转换不足"（недотрансформирован），而任意翻译则是"转换过头"（перетрансформирован）。

在论述等值的不同层面上，什维策尔阐明了"等值"与"对等"的关系。

"等值"指原文与译文之间的关系，是针对翻译结果而言的；"对等"针对的则是翻译的过程。这两个范畴都具有标准评判的性质（оценочно-нормативный характер），但是，"等值"要回答的问题是：译文是否与原文相符；而"对等"要回答的问题是：翻译作为一个过程是否符合一定的交际情景。"等值"的概念与"不变量"的概念紧密相关。完全等值是指完全表达原文的"交际功能不变量"（коммуникативно-функциональный инвариант），这是对翻译的最大要求。"对等"对翻译的要求是如何翻译才最为合适，翻译对等的标准是：任何偏离等值的做法是客观必需的，而不是译者的个人意愿。完全等值的翻译并非一定就是对等的翻译，反过来，对等的翻译也并非总是建立在原文和译文完全等值的基础上。"对等"是一个相对的概念，某一翻译流派认为是对等的翻译，在别的流派看来也许就不是对等的。

科米萨罗夫与什维策尔尽管从不同的角度研究等值的问题，其结果大体是一致的：科米萨罗夫的交际目的等值和什维策尔的语用等值，科米萨罗夫的情景等值、情景描写方式等值和什维策尔的语义所指等值、语义成分等值，科米萨罗夫的句法结构等值、最大限度等值和什维策尔的句法等值，它们的基本内容具有很大的相似性。

不难看出，这一时期的等值思想比较成熟，无论是等值术语的确定，等值类型的细化程度，还是等值层面的等级次序，都有了细致的研究。并且这些研究成果具有较强的可操作性，对翻译实践与译作评价都有着指导意义。

总的说来，苏俄学者在研究等值问题时采取了多角度的研究方法，如费道罗夫的传统语言学方法、巴尔胡达罗夫的普通语言学方法、拉特舍夫的交际功能与哲学的方法、利沃夫斯卡娅的交际功能之方法、科米萨罗夫的言语交际行为的研究角度、什维策尔的符号学方法等。这些方法上的不同，显示出等值研究、乃至整个俄语翻译理论研究与现代语言学的发展是密不可分的，它们随着语言学的发展而不断完善自身理论系统。

思 考 题

1. 翻译的本质是什么？
2. 如何看待可译性问题？
3. 什么是翻译单位？你是如何看待翻译单位问题的？
4. 谈谈俄罗斯翻译等值标准的演变过程。

第三章　费道罗夫的翻译理论

安德烈·韦涅季克托维奇·费道罗夫(Андрей Венедиктович Фёдоров，1906—1997)是翻译理论中语言学派最杰出的代表之一。他是第一个提出“翻译理论”概念和第一个全面系统描述翻译语言学理论的学者。他担任过列宁格勒大学教授，长期从事文学、语言学和翻译理论的研究。他一生中著有150多篇关于翻译理论与实践的论文、随笔和各种评论文章，出版了十部专著。主要著作有《翻译艺术》(Искусство перевода. 1930)、《论文艺翻译》(О художественном переводе. 1941)、《翻译理论概要》(Введение в теорию перевода. 1953)、《普通修辞学和比较修辞学概论》(Очерки общей и сопоставительной стилистики. 1971)、《翻译艺术和文学生活·随笔》(Искусство перевода и жизнь литературы. Очерки. 1983)等。其中1953年的《翻译理论概要》是一部具有划时代意义的翻译理论专著，先后四次进行修订再版，在我国也有汉语译本，它的出版曾经引起苏联翻译界的强烈反响。

费道罗夫分别在不同时期修订出版了四个版本的翻译专著，形成了自己比较完整的语言学翻译理论体系。一本专著先后修订再版四次，这在翻译史上也是少见的，而在每一次的修订中作者都采纳了文艺学派所提出的合理批评意见，从而使自己的语言学翻译理论不断得到完善。1953年他出版了第一版《翻译理论概要》(Введение в теорию перевода)；1958年出版了该书的第二版，除保留原来的书名外，增加了一个副标题，即《翻译理论概要——语言学问题》(Введение в теорию перевода—Лингвистические проблемы)；1968年出版了该书的第三版，更名为《翻译通论基础——语言学概要》(Основы общей теории перевода —Лингвистический очерк)；1983年出版了第四版，书名为《翻译通论基础——语言学问题》(Основы общей теории перевода—Лингвистические проблемы)。2002年在费道罗夫去世五周年之际，出版社再次将第四版进行了重印。

这四个版本，每一版都有新的补充和改进。该书第一版是苏联首部从语言学的角度全面研究翻译理论的专著，在国内外引起了很大的反响。作者在书中把翻译问题视为纯语言学问题，忽视了翻译理论与其他人文科学，尤其是文艺学的联系，结果引起了国内外批评界的反对。1958年费道罗夫在《翻译理论概要》第二版中对原书做了一些修改和补充，尽管也承认翻译领域的问题不能全部通过语言学方法来解释，但他仍坚持从语言学角度研究翻译问题是正确的和必须的，否则，就不可能有翻译艺术的真正理论。他强调指出，文艺翻译确有其特点，应突出其美学方面，但是文学形象是语言手段创造的，也必须用另一种语言的手段来传达，因此从语言学角度研究翻译理论是基础。费道罗夫在保留原书名的同时，增加了一个副标题“语言学问题”，其目的就是为了说明该书对翻译理论的研究仅限于语言问题。同时他还指出，这本书不是关于文艺翻译的书，文艺翻译是翻译活动的最高形式，书中只是把它作为翻译通论的一部分进行描述的。

然而，当第二版出来之后仍然受到了一些人的指责，认为他的语言学翻译理论的构思中缺乏连贯性，在文艺翻译的章节中涉及到一些文艺学的和普通美学的范畴等。这主要是《普通翻译与机器翻译概论》(Основы общего и машинного перевода)一书的作者列夫津(И. И. Ревзин)和罗津茨维格(В. Ю. Розенцвейг)的看法。1968 年费道罗夫根据新的情况对《翻译理论概要》做了进一步的修改和补充，出版了该书第三版，并更名为《翻译通论基础》(Основы общей теории перевода)。理由是，这样可以突出翻译理论的基本原则——对各种翻译现象和各类翻译进行研究，揭示它们的共性和各自的特性，并从语言的角度进行对比。在该书中费道罗夫明确地指出，决不应忘记最终的任务是建立普通语文学理论。时至今日还坚持只通过文艺学，或只通过语言学的途径来研究文艺翻译，已经过时了。当代是不同的学科，甚至是相距甚远的学科(如语言学和数学)空前密切合作的时代。而在语文学中，文艺学和语言学这两个分支之间分歧并不很大，它不是无可避免的，而是可以克服的，也就是说，可以把两者结合在一起。在第三版中费道罗夫强调翻译理论是一门学科，并且写进了书名。此后，在 20 世纪 60 年代末至 70 年代初语言学派和文艺学派之间展开了激烈的论战。费道罗夫认为，语言学的研究方法是建立在比较分析两种语言文本资料的基础上的，在文本的基础上弄清各种不同的翻译手段和方法有助于把翻译作为一种过程和一种心理活动来理解。

1983 年费道罗夫出版了《翻译艺术和文学生活》文集(Искусство перевода и жизнь литературы. Очерки)，从题为《展望另一个世界的窗口》(Окно в другой мир) 的序言中可以清楚地看出，费道罗夫通过与翻译理论文艺学派的争论，部分地接受了对方的观点，突出地表现在他在该文中提出了语言学派一向避而不谈的译者风格问题。与此同时，他认为加泽奇拉泽(Гиви Гачечиладзе)的观点很大程度上限制了语言在翻译中的作用，把语言仅仅看作技术手段，在翻译领域不信任语言，是患了一种语言恐惧症。

同年，费道罗夫仍以《翻译通论基础》(Основы общей теории перевода)为名出版了《翻译理论概要》的第四版，其中保留了第三版的主要内容和大部分材料，但参照 20 世纪 60 年代末以来国内外对翻译理论研究的成果，做了修改和补充。他建议区分不同研究倾向和理论观点。但自始至终他都认为语言是翻译活动中最重要的，他说："在任何翻译(包括文艺翻译)中语言决不仅仅是翻译的辅助手段。翻译中出现的任何任务(思想认知的任务——针对科学文献，思想美学任务——针对文艺作品)只能借助语言手段才能解决。显然，在思想上正确地阐释原文，深入理解艺术特点，译者的高素质文化水平——所有这一切都是解决任务的必要前提，而解决这一任务的手段就是语言。"

《翻译通论基础》一书共分六章。第一章：翻译理论研究的任务。在这一章中作者重点论述了"翻译"概念的内涵，翻译理论的任务，翻译理论的主要分支和它在其他语文学科中的地位。第二章：翻译史和翻译思想史。在这一章中作者重点介绍了西欧文献中关于可译性问题的争论，古罗斯时期的主要翻译文献，18 世纪俄国翻译家活动中的主要现象，19 世纪中叶俄国文学翻译的状况，19 世纪末至 20 世纪初的俄国翻译作品。并重点介绍了普希金(А. С. Пушкин)和茹科夫斯基(В. А. Жуковский)的翻译实践和翻译思想，以及革命民主主义者别林斯基（В. Г. Белинский），车尔尼雪夫斯基（Н. Г. Чернышевский），屠格涅夫（И. С. Тургенев），杜勃罗留波夫（Н. А. Добролюбов）等人的翻译批评观。第三章：马克思、恩格斯、列宁论翻译。在这一章中作者重点介绍了这几位伟人关于语言和翻译问题的论述。第四章：60年来苏联和国外翻译理论的发展及可译论研究。在这一章中作者重点介绍了苏联文艺翻译发展史上的主要里程碑，1919至1941年苏联关于翻译问题研究的重要著作，20世纪50年代至80年代苏联和西方的翻译理论著作。此外，还重点介绍了现实主义翻译方法，可译性和等值翻译等理论问题。第五章：翻译中选择语言手段的条件。在这一章中作者重点分析了翻译的普通词汇学问题，如无等值词和假等值词的翻译，民族特有事物词汇的翻译，专有名词和绰号的翻译，成语的翻译等；在语法问题上，结合英语和俄语各自的语法特点论述了翻译中的对种种语法现象的处理方法。第六章：取决于翻译材料体裁属性的翻译类型。在这一章中作者重点论述了报刊信息和专门科技文本的翻译特点，社会政治文献和演说词的翻译特点，文学作品翻译的某些专门语言学问题；同时还论述了如何在翻译文学作品时保留全部语义内涵，保留民族色彩的问题，如何在翻译时处理与创作时代相关的原文特点，如何在译文中保留原作个性特点的问题。

费道罗夫的翻译思想归纳起来主要有以下基本观点：

一、关于翻译的定义

费道罗夫认为，“翻译”这个概念所涵盖的活动范围非常广泛；“翻译”这个单词也属于大家都能理解的通用词，但是它作为表示专门的一种人类活动及其结果，需要我们作进一步的确认和进行术语上的界定。“翻译”这个词表示两层含义：1）表示以心理活动形式完成的过程，也就是把一种语言（源语）的言语作品（文本或口头话语）用另一种语言（译入语）重新创造出来；2）表示这一过程的结果，也就是用译入语写成的新的言语作品（文本或口头话语）。

“翻译”的这两个概念是相互关联的，区分这两个概念也十分重要，因为在现阶段研究人员对翻译研究的兴趣明显地有所区分：一部分人继续在早已确定的方向里分析译文与原文的关系，他们把译文和原文看成是两个彼此联系的言语作品，看成两个客观现实，并且考虑它们的特点和在具体情况下要完成的任务；另一些人主要研究翻译过程，力图使翻译过程模式化，也就是在考虑各种语言的和超语言的条件下对翻译过程的所有情况作出最概括的反映（大部分借助图示）。翻译研究的这一方向主要始于20世纪80年代初。

这两种研究方向相互并不排斥，互不矛盾，但每一方向都有自己的特点。把翻译作为人类意识完成的过程来研究，在本质上要求使用实验观察的结果以及译者自我观察的结果而对原作采取心理学的（或心理语言学）研究方法。这也吸引了心理学家和心理语言学家的注意力，但主要还是由语言学家和部分没有使用心理学数据和话语语言学材料的文艺学家们从事这方面的研究。费道罗夫在其著作中把翻译首先看成是言语作品，这一言语作品与原文有相互联系，与两种语言的特点和被译材料的题材属性有紧密联系。

在这些数据的基础上确定翻译的可能性，确定实践中所遇到的翻译手段和翻译方法，仔细研究存在于译文和原文的相互关系中，受源语和译入语特点制约，受被译材料的体裁特点和个体特点制约的规律。只有以书面形式存在的作为言语作品的文本才能充当研究的材料，而口头翻译，包括同声传译在内的特别的研究领域，需要特别的研究方法，因此不在他的研究范围之内。

可以说，翻译的定义是一个不断发展的定义，至今还没有一个完全统一的定义。通过比较费道罗夫翻译著作几个版本中的定义我们可以发现，他也在不断地完善自己对翻译的理解。他在1953年的版本中是这样说的，“翻译就是用一种语言把用另一种语言在内容与形式不可分割的统一中所业已表达出来的东西准确而完全地表达出来。”他在这里只强调原文语言的形式翻译和内容的传达，而不管读者是否能看懂，是否能完全理解作品。到了1983年的第四版中就有了很大的完善，他说：“翻译是一种心理活动过程，是把一种语言(源语)的言语作品(文本或口头的话语)用另一种语言(译入语)重新创造出来。”在这里他把翻译看成是一个心理活动的过程，这就明显地强调了译者的作用，译者不再是原文的奴隶，不是机械地复制原文的形式和传达原文的内容，而是能增加自己对原文的阐释，让读者能看到文字背后的东西，能真正理解原文，这个定义包含了译者的创造成分。

二、翻译理论研究的任务

费道罗夫认为，尽管某种翻译材料给译者提出独特的要求，尽管译者的天赋和创造能力存在差别，但对所有类型的翻译活动来说，有两条规则是共同的，那就是，1)翻译的目的是使不懂源语的读者(或听众)尽可能多地了解所译文本(或口头言语)；2)翻译就是用一种语言的手段忠实而完整地表达已经用另一种语言表达出来的东西(忠实而完整地传达是纯翻译与改编，转述或简述，与各种所谓的“改写”的区别之所在)。

在现代语文学(филология)中已经形成专门的翻译理论学科，它开始发展成为独立的、具有自己研究对象和任务的翻译学(переводоведение)。这门科学的对象就是翻译本身。翻译可以是从一种语言到另一种语言，可以是从文学标准语言到方言或从方言到文学标准语言，或从古代语言翻译成该语言的现代形式。翻译时语言的作用就如同它在社会生活中所起的作用：它是人类交往的“最重要手段”。

翻译理论作为一门独立学科，必须与作为创作实践或艺术的翻译区分开。翻译的语言学理论的任务是探索原文和译文对比中的规律，根据对翻译中各种现象的观察，做出科学的概括，帮助翻译工作者在翻译实践中寻找所需的表达手段，并从中找到论据，以解决具体问题。当然，像翻译这种实践性很强的活动，也需要自己的理论基础，就像其他类型的人类活动，如科技的活动和文艺的活动一样。

翻译和自然界和社会生活中的大多数现象一样，是一个多方位的研究客体。翻译问题可以从不同的角度来研究：从历史文化的角度，文艺学的角度，语言学的角度，心理学的角度等等。但人们往往会把一个主要的方面作为自己的研究方向。费道罗夫就是把语言学方向作为研究翻译的主要角度，这一角度是研究不同类型的翻译资料所共同的，即考虑到文学作品与其他类型的文本之间存在典型的差别。

三、理论基础

费道罗夫翻译理论的理论基础是语言学理论，他从两个方面阐述了自己翻译理论的语言学基础：

(1)由于翻译总是与语言打交道，总是意味着研究语言，因此翻译一定要求语言学的研究，研究两种语言相互关系的性质，研究两种语言的修辞手段。语言是第一性的。

(2)他运用了马克思和恩格斯关于语言的理论。马克思和恩格斯在《德意志意识形态》(Немецкая идеология)一书中把语言看成是"为他人，也是为了自我而实际存在的真正意识"，同时指出，"和意识一样，语言只是由于需要，由于与他人交往的必要性而产生的。语言是思维的直接现实，无论是思想、还是语言，它们本身不能单独构成特殊的王国，它们只是现实生活的体现"。

费道罗夫认为，翻译的过程是使用语言的过程，翻译是一种语言创作活动。翻译的过程始终离不开语言的表达形式，要翻译，必须首先从语言上了解原作，然后在译入语中寻找适当的语言表现形式。一个译品忠不忠于原作，极其重要的一个条件就是译者能不能正确地挑选语言材料。因此，在翻译中，语言问题应被放在头等重要的位置上。

四、翻译理论属于语言学研究范围

由于翻译总是与语言打交道，总是要去研究语言，因此翻译就一定要求对两种语言相互关系的性质和它们的修辞手段进行语言学的研究。甚至从文艺学的角度研究翻译也常常需要研究语言现象，分析和评价译者使用的语言手段。这也是很自然的，因为原作的内容不是孤立存在的，它存在于与形式，与表达它的语言手段的统一体中，因此在翻译时它也只可能借助语言手段，而不是借助色彩、线条、音符或自然的声音传达出来。对某一国家的文学来说，翻译的作用，在译文中对原作的重新理解或歪曲——所有这些都与使用一定的语言手段有关。高尔基关于语言是文学的"第一要素"的话也完全适用于翻译。翻译心理学也与语言和思维的相互关系，与语言形象有关。同理，研究翻译不管是在文学史和文化史层面，还是在心理学层面，不研究它的语言本质是不可能的，在所有情况下都需要有语言学基础。

以语言学的方法去研究翻译触及了翻译最本质的东西——语言，没有语言就不能实现翻译的任何功能，包括社会政治功能、文化认知功能和艺术价值等。不言而喻，正确理解原作的思想内容，深入了解原作的艺术特点以及译者良好的文化素养——所有这一切都是解决翻译任务的前提条件，但解决翻译任务的手段是语言。尽管语言服从于一定的艺术构思和思想内容，但语言本身是十分丰富和复杂的材料。虽然在译作中不需要像原作那样去寻找主题和主人公，去创造情节和进行整体结构构思等，但对于作为原文作者意图的阐释者的译者而言，对语言的锤炼是他进行创作的主要领域，也是唯一的领域。用一种语言表达的原作形象只有借助于另一语言的语言手段才能传达、再现出来。

正因为如此，语言学基础，严格考虑两种语言之间存在的规律，无论对于翻译实践还是对于翻译理论来说都是必需的。从语言学角度研究翻译，也就是研究两种语言的相互关系，使我们能够运用客观的语言事实，从而使研究工作更加具体。如果不依靠分析在翻译时使用的语言表达手段，那么各种研究和对如何在译文中反映原作的内容，如何重新创造或再现文学作品的形象所得出的结论都将是空洞的。

当然，语言学途径不可能解释翻译领域的所有个案，尤其是文艺翻译中最本质的个案，这些个案与译者对待原作内容的态度有关，与对原作的诠释，有时是歪曲(省略、增添、改变部分意思等)相关。这种情况是由译者或整个文学流派的意识形态和美学态度，也就是那些与语言学没有关系的因素所决定的。然而，分析诸如语言技巧，传达作者的个人风格等文艺翻译的重要问题要求有坚实的语言学基础：因为只有根据两种语言的标准才能确定和评价原作风格传统性和创新的程度以及译文与原文修辞接近的程度。因此，翻译研究的语言学途径不足以提出和解决翻译(包括文艺翻译)的所有问题，但毫无疑问是彻底研究这些问题所必需的。

以语言学的方法来解决翻译任务也具有十分重要的实践意义，因为只有对两种语言结构差别的深刻理解才能真正地保证任何原作的译者不犯语义错误，不犯逐词死译的错误。

在语言学方面，翻译就是分析、解释、概括翻译经验的各个因素，确立语言间的对应关系。翻译原则只能在一定范围内制定(也就是说在相对简单的情况下，比如说机器翻译)。就此而言，上下文，即具体环境起着决定性的作用。

不可否认的是，翻译问题还可以从其他许多方面来研究，如原文的知识价值、文学特征方面，译作在译文语言里所起作用方面，译者的文学观点和艺术风格方面，翻译过程的心理特性方面。但无论从哪方面来研究，都改变不了翻译理论的语言学性质，因为语言是翻译的基础，离开了它，翻译的一切作用，包括它的社会政治作用、文化知识作用和美学艺术作用，都不可能实现。只有采用语言学的研究手段，才能科学地揭示出翻译的规律和本质。费道罗夫还指出，把翻译理论纳入语言学范畴，并不等于把它和文艺学、心理学、哲学等对立起来。

五、关于可译性问题

费道罗夫认为可译性是语言的本质，而翻译又是一种言语的活动，总是与语言打交道，因此可译性是翻译最基本的范畴，凡是符合源语语言规范的材料都是可以翻译的。他认为，首先，人类的同一性决定了翻译的可行性。人类生存的世界有很多相同的事物和现象，人类的思维方式也有很多相同的地方，人类还有很多共享的东西，如科技成果、道德规范，社会制度等；其次，实践证明，可译性原则是现实的、可行的，尤其是在传达符合原文语言规范的材料时。但也有个别的一些成分，它们严重偏离文学语言标准而带有明显的地方色彩，如方言和行话，它们也不是不能译，可以通过其他词汇和语法的手段再现它们的作用，只不过会失去某些功能，因此可译性原则有某种局限；最后，可译性原则是针对整个作品而言的。整体是由具体成分构成的，这些成分不是单个发挥作用，也不是机械地组合在一起，而是与作品内容构成一个有机的整体，因此，在整体的系统中就有可能替代或补偿，这种可能性就为翻译提供了不同的途径。费道罗夫从语言是思想交流的工具这一观点出发，指出思想内容与表现思想的语言形式是不可分割的统一体，无法表达的思想是不可想象的，而每一种相当发达的民族语言都有可能传达另一种语言所表达出来的思想。也就是说，语言是可译的，但对语言的可译性要做辩证唯物主义的解释。费道罗夫认为，语言中不可翻译的特殊东西确实存在，比如具有鲜明地方色彩的方言和具有较强社会色彩的行话，但这并不足以从根本上推翻可译性原则，而只能说是对可译性原则的某些限制。此外，可译性原则不是针对个别语言现象，而是针对原作整体而言的。单个的词、单个的句子也许难以翻译，但词的组合、句子的组合却是完全能够翻译的。费道罗夫的这个观点，是对 19 世纪波铁布尼亚(А. Потебня)关于词的组合也不可译的观点的直接否定。费道罗夫坚持认为，译文与原文之间可以确立确切对等的关系。他的"确切对等"不是指形式上的逐字相对，而是指功能上的对等。确切翻译常常需要使用形式上与原文不相符合，但与译入语准则相符合，并能在整体中起相同表现作用的语言材料。任何一种高度发达的语言都是一种强有力的手段，足以传达用另一种语言的手段表达的与形式相统一的内容。在这种情况下，译文语言的修辞手段不是为了复制原文语言的形式特征，而是为了传达原文语言成分的修辞功能，并且在形式上往往与原文不同。有时在个别语言成分上做不到这一点，但是却可以在整体上做到。其办法是，揭示并传达无法在形式上复制的语言单位的意义功能和艺术功能，根据各个语言成分与整体的意义联系传达这些功能。

六、关于等同性和等值性

在对翻译进行理论描述和揭示翻译实质时，等值具有决定性意义，它是翻译理论的基本概念之一。为了界定翻译中的等值概念，首先需要明确，什么是翻译中的形式主义(формализм)。翻译中的形式主义往往是逐词确切地传达外语的话语。逐字死译表现为形式与内容脱节，致力于传达一定的形式本身而不考虑其功能，忽视整体的内容和其他形式成分。也就是说，脱离原文内容再现原文形式，或脱离整体内容和其他形式成分再现某些形式成分。译文在修辞上和意义上的不确切(误译除外)，往往是由于过分遵循原文，不加批判地复制原文的词汇意义成分和形式语法成分。从追求形式上的确切的角度看，真正的翻译实质是无法实现的。

许多翻译理论中都强调了准确的相对性，对准确性表示怀疑。近几十年来，苏联翻译理论中已经越来越少地把准确性(точность)用于文艺翻译，从根本上放弃了在两种语言的话语间建立某种绝对对应的企图，用等同性(адекватность)、等值性(эквивлентность)取代了准确性。这指的是：1)在功能上与原文相一致 2)翻译中可以对表达手段进行选择。

斯米尔诺夫(А. А. Смирнов)提出，等同翻译指的是传达作者的所有意图(包括深思熟虑的和无意识的)，这就是说对读者要起到一定的思想感情上的艺术感染，同时尽可能(通过准确的等值物或代替物)保留作者所使用的全部修辞手段，包括形象、色调、节奏等。但这并不是目的本身，而仅仅是达到总体效果的手段。毫无疑问，在这里需要选择牺牲某些次要成分。

针对上述情况，费道罗夫提出翻译的等值定义：翻译的等值意味着充分传达原文的意思内容并在功能修辞方面与原文完全一致。作者还强调，整体和局部的关系是非常重要的，因为它是由内容与形式统一的作品的特点决定的。确切地传达一个个局部的成分并不等于等值地传达整体，因为整体并不是这些成分的总和，而是某种体系。

费道罗夫在 1953 年第一版《翻译理论概要》中写道："翻译的等同性(адекватность или полноценность)就是表达原文思想内容的完全准确和在修辞作用上与原文的完全一致。翻译的等同性就是通过复制原文形式的特点(如果语言条件许可的话)，或创造在作用上与原文特点相符的东西来表达原文所特有的内容与形式间的相互关系。这就是说，要运用一些虽然在形式上与原文不相符合，但与译文语言准则相符合的语言材料，它们能在整体中起同样的表现作用。因此，表达部分、单独要素、片段文章与整体之间的相互关系，对等同性这一概念是特别重要的。等同性在整个翻译过程中并不要求在字面上同样程度地接近原文。

在 1983 年的《翻译通论概要》他基本保留了原来的思想，他说："等同性(адекватность)是一个外国术语，可以用俄语词 полноценность 代替，它意指：1)在功能上与原文对等；2)选择译文手段的确切性。"在该书的另一处他又说："翻译的等同性就是详尽无遗地传达原文的思想内容，并且在修辞功能上与原文完全一致。译文的等同性在于通过再现原文形式(如果语言条件许可的话)传达原文所特有的内容和形式的相互关系。这要求使用一些在形式上不与原文要素相符，但在整体的系统中完成类似的语义和艺术功能的语言手段。对于等同性概念来说尤为重要的是传达处于整体中的部分、单个要素或文本片段的相互关系。"

费道罗夫认为，对于文艺翻译而言，等同的概念就意味着译文与原作在美学功能上相对应，也就是说，译文本身作为语言产品如同原作一样成为艺术价值的载体。等同的原则要求译文能够完成原作所起的作用，要求译文能够成为艺术欣赏之源。

七、关于翻译单位

费道罗夫在论述词的基本翻译条件时谈到了翻译单位的问题，他认为，翻译单位是多元的，不是永恒不变的。为了避免词的模糊性或误解必须清楚地意识到实词(虚词就更不用说)也不是恒常独立的翻译单位。词的意义不是独立的，无论是在原文中还是在译文中，它都取决于上下文。只有在上下文中词义才能明确，有经验的和细心的译者往往都能考虑到这一点。经常出现这样的情况：原文的一个词要用另一种语言的两个或几个单词的组合才能翻译，或相反，原文的两个或几个实词的组合要用另一种语言的一个词来翻译；有时原文的一个实词(甚至是术语)由于根据上文已经十分明确，在译文中常常省去或用代词来翻译，或代词用实物名词来翻译。

同时，句子也不能成为恒常独立的翻译单位。句子的意义也远不是永远绝对独立的，而是常常取决于周围一些句子的内容，取决于整个段落，有时是临近几个段落的内容。经常会出现这样的情况：一个句子在翻译时被分成几个短句子，或相反，原文的几个句子在译文中被融合成一个长句子。

严格说来，不仅词和句子，而且更大的篇章片段(句子链或段落)都不能认为是恒常的翻译单位，因为所有这些篇章片段(不仅是文学作品)之间的意义关系具有多变的性质。有时在原文中的不同上下文里重复的词，它们虽然相距很远，但要求在译文中用同一个词来再现，可有时译入语的上下文不允许这样做，这就要求译者必须在母语的词汇中去寻找一个适合于不同上下文的词。

如此说来，无论是原文，还是译文中的每一个词，甚至是每一个句子，它们与篇章中的许多其他成分相关联，因此，我们即使在谈论某些单个词的翻译时，也不得不考虑上下文的作用。

八、关于形式主义和逐字死译

费道罗夫在书中把形式主义(формализм)和逐字死译(буквализм)看成是同一概念，他指出："翻译中的形式主义是指字面上准确地，逐字逐句地传达外语文本。逐字死译要么破坏原文意思，要么破坏译文语言的正确性，或者两者兼有。""形式主义是把内容与形式相脱离的概念，译者追求的是传达单个的形式成分，而不是它们的功能，不注意整体的内容和其他的形式成分，再现一个与内容相脱离的形式或者再现一些与其它形式成分相脱离，与整体内容相脱离的形式成分。"

九、关于翻译方法

费道罗夫认为，翻译的过程是使用语言的过程，要翻译，必须首先从语言上了解原作，然后在译入语中寻找适当的语言表现形式。译文是否忠于原作，极重要的一个条件就是译者能不能正确地挑选译入语的语言材料，因此，在翻译过程中译者的任务是要在译入语中寻找原文的语言对等物。他甚至在自己的著作中专门列举了在翻译中处理各种语言现象的方法。如音译(транскрипция)、仿造(калькирование)、转换(трансформация)、加词(добавление)，省略(опущение)、具体化(конкретизация)、概括化(генерализация)、引申(модуляция или смысловое развитие)、反面着笔(антонимический перевод)、补偿(компенсация)、描写(описательный перевод)等。

所有原文创作都是作者自由掌握语言后根据自己的构思运用不同词汇的结果。因此，可以说，符合语言规范是等同翻译的前提。这里有两种情况值得考虑：一是原文符合语言规范；二是原文中对语言规范的破坏，在翻译中须如何进行处理。

他在书中介绍了翻译的一般词汇学问题和语法问题。

1. 把词作为一个词汇单位来传达的基本要求

用语言手段来表达自己思想的人，除了极少数人以外，不可能自己创立新词，而是使用那些属于自己词汇储备中已存在的词。然而，有时在另一种语言中找不到相对应的词汇，这就给翻译带来很大的难度，但并非不可译。这时上下文在词汇选择中起着十分重要的作用。

翻译中传达意思时常在几种可能的翻译方案中进行选择，这里有几种典型的情况：

(1)译入语中没有与原文词汇对应的词汇；

(2)译入语与原文词汇不完全对应，也就是说，译入语词汇部分包含了外语词汇的意义；

(3)译入语中不同词汇与外语中词的不同意义相对应，可以在一定程度上准确地传达这个多义词的不同意义。

2. 无等值词汇和假等值词

原著中表示纯粹地方现象的词，在另一个民族的日常生活和概念中没有对应的现象。某些有抽象意义的术语有时不能和其他语言完全对应。

术语缺乏准确而固定的对应词汇并不意味着：

1)不可能在其上下文中转达它的意思(即使不能用一个词，也可以用几个词来表达)；

2)将来它仍然是不可译的。

科学、社会政治术语翻译的可能性会随着时间的推移越来越大。与之不同的是，一些表示日常物体的，不能与其他语言完全对应的词汇，已经找不到新的传达手段。如表示英语的"hand"和"arm"在俄语中只有一个词 рука。这样一来，这些既可表示日常生活又可表示专门术语的词汇的问题，解决时就得考虑上下文和语言的功能修辞。

除了单一意义的对应以外，还要提一下词汇的假等值(ложный эквивалент)问题。假等值是指一些词汇，它们在发音或格式上与外语词汇完全或部分一致(或相近)，因为它们之间有着共同的词源，但是它们的意义不相同，尽管它们在某一个领域有其意思的相近性。而后一种情况也正好会引起错误的翻译。如英语中的 artist 表示"从事艺术工作的人"，而俄语中同词源的词 артист 表示"演员"等。

原文中某些地方意思和修辞上的改变也会引起假等值。

现代标准语中，因为它与其他语言经常接触，所以假等值的数量相当大，因此需要找出一类新的词汇，编定"翻译'假朋友'词典"。如：accuracy—аккуратность 等。

(1) *表示社会日常生活的民族特有现实词汇的翻译*

同义词问题也出现在表达某一特定民族或国家的社会日常生活的外语的词汇学层面上。

表示民族特有事物(национально-специфические реалии)词汇准确翻译的基本条件，就是译者必须掌握相应的背景知识(фоновые знания)。不言而喻，要想正确传达原文中物体的意义和与之相关的形象就必须对原文所描写的事实有一个整体的了解。维诺格拉多夫(В. С. Виноградов)认为，在谈到研究翻译词汇问题时最好使用背景信息这个术语。背景信息是指只有某一特定民族或部族所具有的，为其大量代表人物所掌握的，并反映在该民族语言中的社会文化信息。

理解原文所描写的现实的关键(以及通过对这一现实的理解而达到对现实的理解的

关键）在于整个篇章，但是原文的这些因素（物体、状态、行为、概念）都没有直接指出来。要想寻找翻译中准确的对应就必须要有背景知识。

表示民族特有事物的词汇在每一种特定的文化中数量都很大，可以根据它们所属领域的进行特殊分类，如属于人类物质生活、精神生活领域，属于社会活动或自然界等。但这种分类属于超语言的范畴。在此应该强调一点，我们所说的是特有事物名称的翻译，而绝不是特有事物本身的翻译。

我们在翻译中所遇到的特有事物的翻译大概可以归纳为下列四种情况：

第一，部分或全部的音译或转写（транслитерация），直接使用这个表示特有事物的词汇，或者使用本族语的字母标注其词根或加上本族语的后缀。

第二，在语言中已存在的成分和形态关系基础上创造新词，复合词或词组来表示相应的事物。这主要是描写性翻译（описательный перевод）和同指转换翻译（перифрастический перевод）。

第三，使用一些表示与外语特有事物功能相近的词（即使不是完全相同的），这是一种近似的翻译，在上下文中会更加准确。

第四，上义法（гипонимический перевод）或概括近似法（обобщенно-приблизительный перевод），源语中表示种概念的词由译入语中表示属概念的词来表达。

上述四种方法在翻译中不是单独使用的，而是综合运用。单独使用某一种方法可能会导致：①译文中外来语词汇过多，完全是外国情调（转写法）；②文章篇幅加大（迂回法）；③丧失民族特色（近似法）；④实物意义（вещественный смысл），即词汇意义贫乏（概括近似法）。

（2）专有名词（绰号）的转达和翻译中的语音形式

与表示民族特有事物词汇的翻译一样，上述的翻译方法也可用于具有特定语义的历史、地理、文化（地名、绰号）等专有名词的翻译，如可以采用转写法或意译法。这里要指出一种趋势，当然它不是绝对的，即对于某些著名的地理名称使用转写法，对于一些小的地名使用意译法。

总的来说，带有一定语义的专有名词的翻译方法的选择（即转写法还是意译法），是取决于一定的传统的，即使遇到虚构的名字或绰号，译者也不得不考虑这种传统。

如果两种语言的字母体系一致，就不存在译文和原文中名字的语言形式的再现问题，只要使用转写法即可。在俄罗斯文学中存在着翻译外语专有名词的语音外壳的传统。当然，当这两种语言的语音相差很大时（如英语和俄语），其语音方面的再现只能是部分的和有条件的，通常采用一种语音翻译和书写翻译的折中方案。

（3）成语手段及其翻译

不同语言中的成语问题和词的搭配问题，对于翻译实践和翻译理论都是十分重要的。它们往往构成翻译实践中的难点，并具有巨大的理论意义。因为，在不同语言中，实物意义相同的词有不同的意思和修辞功能，不同语言中实物意义相同的词有不同的搭配。甚至可以说，只有通过翻译，才能揭示其语言在搭配方面的特点。

费道罗夫首先对成语的分类进行了综述，如：维诺格拉多夫（В. Виноградов）院士的三分法：溶合性成语（фразеологическое сращение），接合性成语（фразеологическое единство）和组合性成语（фразеологическое сочетание）；拉林（Б. А. Ларин）的三分法：可变词组（переменные словосочетания），隐喻性固定词组（устойчивые метафорические словосочетания）和惯用语（идиомы）。

费道罗夫认为，对于翻译而言，成语组成部分的语义融合程度，理据的清晰度和修辞色彩等特点是成语单位最重要的特点，因此，他认为拉林的分类更有利于翻译的研究。

a. 惯用语的翻译

人们往往认为，惯用语（идиомы）的标志就是它的不可译性，或不可直译。其实，指出这一点并没有击中要害，因为组成惯用语的各个词对于源语的使用者来说，已经失去了原有的意义。一种语言的惯用语可以在另一种语言中找到在意义上与之相同的惯用语，也就是说，两者可以互译。构成惯用语的各个词已经失去了它们原有的称名意义（或称词典意义），已经完全融化在它们所构成的惯用语中。换句话说，惯用语的意义并不是由它的所有词汇加起来的总和。例如：英语的 It rains cats and dogs（倾盆大雨，直译为：天上在下猫和狗），译为俄语的 Дождь льёт как из ведра（直译为：雨如同从水桶里倒出来一样。）

б. 隐喻性固定词组（包括谚语和俗语）的翻译

对这类词组可以采取两种方法：一是像成语一样，译为整体意义与之相同，但其各个词的直接意义相差甚远的词组，例如：英语的 The cat did it.（这是猫干的），不能译为俄语的 Это сделал кот.（这是猫干的），而应译为 Ей богу, не я（это сделал）.（真的不是我干的）。二是译为与其各个词义相近的词组，例如：法语的 Acheter chat en poche 译为俄语的 Купить кота в мешке.（稀里糊涂地购买，不看货就买）。

谚语和俗语的译法与表示特有事物词的译法相似。第一，如果译入语中没有传统的译法，则可以创造一个新的谚语或俗语；第二，对原文词组中各个词的实物意义做一定的改变，与译文语言中现有的谚语、俗语虽不一致，却可使读者产生相似的印象；第三，寻找译文语言中意思相应的谚语、俗语以及其他成语单位，其前提是，译成的谚语、俗语和其他成语不应具有强烈的民族和地方色彩。

в. 可变词组的翻译和两种语言中词的不同搭配问题

一种语言中词汇组合的规范问题至今仍是个研究较少的新问题。维诺格拉多夫称这类成语单位为"成语组合"（фразеологические сочетания），他是这样表达的："大部分词和词的意义受到自己所处的语言体系内部的语义关系的限制。这些词汇意义只有通过一定范围的概念及其文字标志才能表现出来。同时这种限制在所指事物、行为和现象的逻辑或物质性质中好像没有依据，而是由这一语言所具有的词义联系规律所确定的。如 брать 这个词与表示感情的词连用时，不能自由地与所有情感意义的词搭配。可以说 страх берёт, тоска берёт, досада берёт, злость（зло）берёт, ужас берёт, зависть берёт, смех берёт 等，但不能说 радость берёт, удовольствие берёт, наслаждение берёт 等。因此，动词 брать 与表示情感意义的词连用时其范围受到成语性限制。"

虽然说可变词组（переменные сочетания）看起来是不可预见的和没有限制的，但是它们在很多情况下，也是有限制的。这些限制有：第一，这种语言的搭配规律；第二，词组所在的语言风格体系的特点。

不同语言中词典意义相同的词的不同搭配绝不会成为翻译的障碍，解决这个问题的方法就是词语替换。如 серьёзная опасность 可以用 тяжёлая опасность 来替换。

上述问题说明，在译入语中选择与原文对应的词语，译文的缩短或加长等问题不仅取决于对词汇背后的事实的了解和词汇本身的搭配，还取决于它们所特有的语法范畴和它们所完成的句法功能。

十、翻译材料的语体类型决定了翻译的多样性

所译材料的每一种类型由于其各自特征不同，对翻译也提出了不同的要求。建构翻译通论就不能不对翻译的多样性进行分析，就不能不考虑其内部特征和它们的相互关系。

在有关翻译的论述中，一般把翻译材料分为三大类：(1)报刊信息文本、纪实性和专业学术类文本(тексты газетно-иформационные, документальные и специально научные)；(2)政论作品(произведения публицистические)；(3)文艺作品(произведения художественной литературы)。除此之外，还有一些过渡型的，或混合型的材料。例如，在文艺作品中，有些作品属于生产题材，其中运用了大量术语和实际信息资料等；有的学术著作属于普及读物，其中运用了文艺语体富有表现力的手段。

这种分类标准显然是着眼于修辞方面。

①报刊信息，公文和专业学术类材料的特点是：使用大量术语和常用的固定词组。从语法角度分析，这类材料主要是书面语，拥有大量的复合词，包括并列复合句和主从复合句，没有口语中使用的成语，在句式上多使用双部句。

②政论作品主要是指一些社会政治和哲学内容的作品，它作为影响和打动读者的一种手段，具有很强的宣传鼓动性，它涉及的问题广泛，结合了科技语体的特点(术语)和文艺语体的特点(形象性和感情色彩)。其用词特点是比较适度地使用与一般生活词汇相近的术语，广泛使用通俗易懂的常用词汇，广泛使用具有各种修辞色彩的词汇，包括成语、俗语、用于讽刺的古词语等；在此类作品中，句子的排比和词或词组的重复也比较常见。

③文艺作品，首先是作为一种艺术，广泛采用各种手段，其中书面语体和口语体兼收并蓄，词汇成分复杂多变。它与专业学术材料在词汇方面的区别在于：不用或少用术语。它的另一个特点是：广泛使用方言、行话、古旧词语、外来语、俗语等。

由此可见，译者的任务是，翻译任何题材材料时，都应当对词汇和语法手段进行选择。这一方面取决于原文总的意图及体裁，另一方面，又要遵守译文语言中相应体裁的规范。

1. 报刊信息材料

报刊信息材料中使用的术语，首先是政治名称(机关、党派、职务、组织等的名

称)以及经济和国际关系方面的术语。句子的长短要便于读者领会，因此，一般不使用特别长的、扩展的主从复合句。

2. 专业学术材料

翻译专业学术材料时，术语问题极其重要。在这类材料中术语的使用频率极高。如：英语的 engine(发动机、火车头)，德语的 lager(在机器制造业中表示“轴承”，而在地质学中表示“矿床”)。

在翻译专业和科技材料时，绝大多数情况下使用译入语中相应的现成术语。正确翻译这类材料的基本前提，是通晓专业知识。

专业学术文章翻译实践中一个重要的问题是文章的术语有两种语言的对应形式：①母语中的词；②外来语中的词，我们要根据情况进行选择。

不同语言的专业学术材料中，句子的长短是不同的。翻译时，不应拘泥于原文的语法(包括句法结构)，而应以译入语的规范为准。

总之，翻译这类材料的主导倾向是原文的某些特征要服从译入语相应体裁书面语的修辞规范。

3. 社会政治作品的翻译

社会政治内容的文章和其他学术文章一样，也包括一定数量的专业术语，要求译者准确地予以传达。但社会政论作品，首先是马列主义经典作家的著作，具有宣传鼓动目的，充满激情和论战性；所以其体裁的特点是，科技语体的成分与表达情感和形象的各种手段(包括词汇和语法)相结合。

翻译社会政治作品的基本任务的特点，不仅要再现原作的全部意思内容，其中包括起术语作用的语言手段，而且要再现原著的情感，也就是说，要对原文中的术语问题与修辞要求同等对待。

4. 报刊政论作品的翻译

这里要涉及的仅仅是狭义的政论作品，即报刊体裁的政论作品的风格及翻译问题。报刊政论报道事实，同时也鲜明地反映对事实的态度，有时还具有情感色彩。因此翻译这类文章的任务必然包括保留原文的情感特点及总的基调。具体说来包括以下四个方面：

①言简意赅，尽量避免多余的词。

②正确使用术语和名称(机关、单位、职务、党派等的名称)。译者要用母语传达新闻报道中的这些内容，并且运用已有的术语，同时避免使用原文中没有的术语。

③保留形象性词语，日常口语表达，以及具有情感色彩的地方。因为所有这一切都使得报刊文章显得更加鲜明和生动。

④句法清晰，特别是对复杂的长句，翻译时要避免含混不清。对长句可以采用断句，要避免罗嗦。

无论从理论分析上，还是从翻译实践的角度上来看，都不应忽视不同政党、不同流派的报纸之间，代表不同阶级利益的报纸之间，在语言修辞方面的差异。

5. 演说词的翻译

演说词总是具有口语形式，同时又必须是标准语，我们对当代演说家——政治家演说的了解，一般是根据报纸或单行本。这时我们看到的，一方面是口语本身所具有的特点，另一方面则是与专业学术和社会政治文章相同的特点，即口语和书面语的结合。

对演说词的翻译要有一定的语言要求，特别是韵律的要求。翻译演说词时，译者也和演说人一样，着眼于听众。这实际上是指要使演说词让人听起来舒服，在语言上不能引起误解。在这里原文的题材修辞特点直接规定翻译的实际任务。避免句子的中断和言辞累赘。

演说词的翻译同样要避免逐词传达(буквальная передача)，这里往往需要进行语法上的调整(грамматические перестройки)。

演说词的翻译也如社会政治内容的学术文章和政论文章的翻译一样，除了要遵守一定的体裁修辞条件外，还要再现与作者创作个性有关的个人特征。

6. 文艺作品翻译的某些特殊语言学问题

文艺翻译的特点：作家个人艺术手法的具体再现，时代美学和文学流派的影响，语言词组和语法手段的千变万化，书面语和口语结合的多样性，所有这些加在一起，使得文艺翻译问题变得极为复杂。

文艺翻译的主要原则是，在形式上无法传达原文的个别语言成分时，可以通过整体，或在整体的基础上再现它的美学功能。在传达功能时往往要求改变作为功能载体的成分的形式。例如：选择其他语法范畴或具有其他实物意义的词。

翻译文艺作品总要面临一项任务，即再现原作的个性特点。

研究文艺译作，必须对原作进行深入的修辞分析，从而揭示其个性特点。文艺作品还有一个特点，即内容和形式都表现出鲜明的民族色彩。

此外，还有创作作品的时代烙印，历史背景和作品中反映这一历史背景的形象间的紧密联系。

作为文艺作品特点的最后一点，那就是作家的个人创作手法、作家的个人风格以及作家运用全民语言的某些言语风格。

然而文艺作品翻译的特点，并不简单地取决于文艺作品中表现的言语风格的多样性，及其交错使用的变化多端，甚至也不取决于大量需要传达的并要求在另外一种语言中有对应词语的词汇和语法成分，这一切都只是说明问题复杂性的量的指标，而不是质的指标，还不足以从原则上说明文艺作品的翻译问题与其他材料翻译问题的不同之处，文艺翻译特点与其他类翻译在质上的不同，就在于文艺作品是艺术。因此，在研究文艺翻译时，语言形式，形象的语言特征和语言范畴的艺术思想功能等问题显得特别尖锐。

7. 文学中文艺形象的语言特征

文艺作品是形象思维的产物，而它的形象又与其他艺术的形象不同，它直接与语言有关，这就是说，文艺作品的形象是建立在一定的语言范畴之上的，在文艺中形象与语言范畴之间的联系既紧密又直接，正是这一点决定了文艺作品中内容与语言形式之间的关系，它与专业学术作品、公文、报刊信息不同，后三者的语言形式是为了表达概念，因此它起的作用不大。然而，在文艺作品中，语言形式与形象内容却非常积极地相互作用。

文学作品不仅能影响读者的思想，而且能影响读者的情感，这种能力往往不包含在某个词或词组的实物逻辑关系中，而是包含在词的某种修辞色彩中，或词的组合形式中，这就决定了在翻译时，根据语言条件不仅需要再现原文某一语法形式的意义功能，或词汇修辞特点，而且还要再现实物意义。在这种情况下寻找功能对应单位是十分复杂的，也正是在这种情况下，十分尖锐地提出了关于解决文艺翻译特有的创造性任务以及通过艺术手段(其首要因素是语言)解决翻译难点的问题。

a. 词汇色彩的作用及其传达的可能性

文艺作品中，词汇的选择可以起很大的表达作用。词汇的修辞色彩可以包含许多内容，例如：作者的讥讽或人物的讥讽、历史色彩、人物形象的地方色彩等。

文艺翻译特有的难点是既要考虑到形象的实物意义，又要考虑体现形象的语言范畴的功能特点。文艺作品的翻译困难还包括再现外来语和洋泾浜式外来语的功能。它们在译文语言中有时可以找到具有同样修辞功能的直接形式对应单位，有时可找到形式不同的对应单位。

翻译方言的困难尤其大，但决不能用译入语的方言译源语的方言。

寻找原文中俗语的等值修辞对应单位，是当前文艺翻译理论最尖锐的问题之一。有关这个问题，虽然在翻译工作者的实践以及理论探索中，都把重点放在了词汇上，但语法手段仍具有一定的意义。

6. 词的形象意义

在文艺翻译方面，由于不同语言中对应词的实物意义相同，但语法词汇范畴不同，会给翻译造成一定的困难。除此之外，实物意义相同的词在搭配方面的差异，同样会造成翻译中的问题。作者的风格愈突出，他所运用的意义搭配就会愈具特色，会把语言的形象特征发挥到极限。这种情况决定了在翻译中必须改变一些词的实物意义、减词、加词、改变语法关系等。

为了找出两种语言在语义特点方面的规律，首先必须研究两种语言各自的成语规律。在这方面，在解释为什么要改变词的实物意义或遣词造句时，决不能脱离特定的上下文。

в. 文字游戏修辞作用的传达

文学翻译的特点还包括：有时必须传达发音相同或相近的词所引起的特殊的意义效果。这种现象主要指的是飞白和所谓的文字游戏(双关语)。

首先，双关语和飞白在作品中具有鲜明的思想倾向。其次，当文字游戏代表了讲话人的言语特点及文字机智时，其作用也是很大的。最后，这种手段还可以体现作者的言语风格的特征。

这就是说，文字游戏和飞白与原文相应部分的意思内容及其整个风格之间有着密切的关系，因此必须尽可能予以再现。

8. 语言词法手段的运用

有些范畴，如名词的语法属性，在科技文章、公文、政论文，甚至在文学作品中不起什么特殊的作用，它通常是词的实物意义的伴随成分，在修辞上是中性的。然而，在文艺作品中，尤其是在诗歌中，中性修辞的语法范畴有时会获得与拟人化手法相关的积极意义，在主题展开方面起着重要的作用。

语法形式的重要语义表现功能(выразительно-смысловая функция)，即修辞功能，译为俄语时可以通过加词的方法，而不需要译者进行补充注释，同时保留原文言语风格的色彩。

叙述者或对话参与者(作者或剧中人物)对于话语内容或对于某事物的态度译为俄语时可以通过一些构词范畴来实现，如主观评价后缀等。

a. 句法联系和句法结构对传达散文节奏所起的作用

翻译时拆句往往是为了使译文更加明确，更加简洁，但同时必须考虑句法统一体对形象统一体和意义统一体的重要意义，译者必须善于保留原文的句法统一体。

每一种语言的韵律都有其特点，这与语言的内部规律(语言规律的句法规律)有关，因此绝不能把一种语言的节奏机械地移往另一种语言。

в. 必须避免在散文翻译中出现韵律和诗的形式

散文语言的特点是没有严格的和恒常的节奏组织，没有严格的节奏规律，这也是散文区别于诗歌的主要特点，因此应避免以诗译散文。

9. 文艺翻译的任务是保持文艺作品的意义内涵

文艺作品的意义内涵表现为现实主义的典型化(具体的形象具有概括性的典型意义)、寓言(形象具有程式化的抽象意义)、意义多面性的复杂形式(由于叙述时言尤未尽或叙述的多义性，由于有时乍一看是不相容的、意义错位的词义的复杂组合，对作品的意义可以有各式各样的阐释)。文艺作品这一极重要的特点往往是通过传达原文全部修辞手段的功能而再现的，这个任务的解决，要依靠译入语中那些与源语中词的称名意义和转义相应的词的直接称名意义。

翻译史上有一些实例，说明再现原文意义内涵的任务至少到目前为止仍未解决，如《死魂灵》这一书名的双重含义。

10. 文艺作品翻译中保留民族色彩问题

解决民族色彩问题的前提，是理解文学作品形式和内容组成的有机统一体。

民族色彩的传达，与翻译的全面等值密切相关。一方面，取决于传达艺术形象的确切程度(这一点与词的实体意义及语法形式有关)。另一方面，取决于翻译中使用的各种全民语言手段(不具有地方色彩的)。

11. 原文时代特征的传达问题

文艺作品中，我们经常碰到的，是在不同的历史时期创作的作品的翻译问题。这些作品的语言在不同程度上与某个民族的当代语言不同。翻译中，历史色彩的传达问题实际上比较容易解决。这是因为，翻译的基本目的是使当代读者了解古代文学作品。因此，在翻译中可以基本上使用当代语言。但同时，也挑选一些在一定情况下可以保持必要的历史色彩的词汇和语法成分。

12. 翻译中原著个性特点的传达问题

作者风格的个性特点，反映在作家的全部创作或个别的作品中。它也如文学作品的民族特点、历史色彩一样，并不构成某种单独的形式成分，而是由相互交织在一起的各种特点组成的复杂体系。它涉及作品的整个结构，并通过语言形象表现出来。

创作的个性特点反映在使用语言手段的体系上，它是直接与作者的世界观、审美观、流派和时代的审美观联系在一起的。

在翻译原著个性特点中的正确做法是：充分地考虑原文的一切主要特点和译入语的要求，等值地传达原文的个性特点，具体办法是：再现原文中占主要地位的，决定对语言手段(既包括典型的、重要的，也包括次要的)进行取舍的体系。

从对上述三大类体裁作品翻译问题的分析中，我们可以看出某些规律。第一，是一些普遍性的规律——经常需要放弃逐词准确(дословная точность)的做法。翻译中，每个成分的选择取决于它在上下文中的功能，而不取决于语言成分在形式上直接对应的程度。第二，是具体的、局部性的规律——揭示术语的单义性；在传达源语的特有成分时，使用译入语语法结构特有成分的具体形式；在翻译报刊信息材料时，使用该语言通用的固定词组等。

有这样的一些规律存在，并不等于可以在翻译的某些场合中使用某些标准化的解决方案，恰恰相反，翻译的普遍性规律之一，就是不可能有标准化的解决方案。必须考虑材料的具体条件，个性特点及翻译任务。当然，个别的局部性翻译规律可以表现为，在原文语言内的一些成分和译文的语言手段之间有固定对应单位，但是这类规律的范围是比较有限的，而且也要以上下文为条件。

十一、关于文本整体在翻译中的重要性

费道罗夫强调在翻译中文本整体的重要性。只有把单个的词句放到整个文本，甚至文本以外(包括同一作家的不同作品以及作家区别于其他作家的特点等)的环境中去理解，我们才能获得真正意义上的等值译文。他说：“翻译——这并不是简单地或机械地复制原文内各单独要素的总和，而是一个复杂的、有意识地选择表达原文各要素的各种手法的过程。因此翻译就应该从原文的整体出发，而不应该从原文的各单独要素出发。而要表达整体，就需要有意识地牺牲一些东西。只有这种牺牲才能把原文中更加重要的

特点表达出来，并把原文作为一个整体复制出来。换言之，正是为了更加切合原文，所以翻译技巧的前提不仅是要善于保持某些东西，而且还要善于牺牲某些东西。”

十二、关于翻译学科的建设

费道罗夫认为，翻译理论由三部分组成：翻译史、翻译通论和翻译分论。翻译通论(общая теория переода)是指从具体翻译现象的研究中总结出来，并加以系统化了的一般翻译理论。它的具体任务是：(1)根据语言作为交流工具和语言的全民性标准对翻译提出的要求，来研究翻译在语言上的总的任务和条件；(2)根据翻译材料体裁上的特点，如政论作品、科技作品、文艺作品等等的特点，来研究翻译的任务和条件，并阐明如何再现原作所有语言材料的总原则。翻译分论(частная теория перевода)是指涉及两种具体语言互译的特指性理论。费道罗夫的这一见解对日后的翻译理论研究产生了深远影响。

费道罗夫在谈到翻译理论在其他语文学科中的地位及其与相邻语文学科的关系时指出，在语言学体系中，翻译一方面与普通语言学相关联，另一方面还和词汇学、语法学、修辞学、个别语言的历史等所有的具体方面相联系。翻译理论从中吸取关于某些语言的事实、定义或结论，但是关于该语言与其他语言的对应关系则是翻译理论讨论的问题。翻译理论的不同分支的内容在于：(1)研究不同风格材料的翻译；(2)阐述一系列不同风格作家表达手段的共同之处；(3)研究个别具体翻译原则。翻译理论区别于对比语言学，有以下两点特征：(1)在不同语言层面上对整体因素进行经常性对比；(2)考虑语言相互关系，对语言现象采取一种整体性的态度。在上述列举的语言学学科中与翻译理论关系最近的是修辞学。

从理论的角度看，修辞学的定义实际上是直接属于翻译问题的，而翻译理论和语言学学科的基本任务在修辞学的观点中阐述得最清楚。

从实践的观点来看，把语言风格与语言现象区别开来理解也是非常正确且重要的，问题在于，语言现象和语言风格的混淆必然导致实践中把语言放在它的意义和修辞功能之外进行解释和理解，也就是导致逐字翻译，翻译理论的任务也正是，一方面界定语言现象的形式；另一方面界定它的意义和修辞功能。

研究翻译时不仅可以，而且必须使用强有力的修辞分析手段——这种手段被称为修辞实验。别什科夫斯基(А. М. Пешковский)首先提出了修辞实验的定义，他是这样讲述修辞实验的：“就是人为地想出对于文章的修辞方案”，这里的文章也就是文艺作品，然后用下列方法来确定这种方案的意义：“因为所有的文艺作品都是用一定方式组合起来的许多相关因素的体系，所以所有的这些关系的混合，所有的具体因素的改变都会让人强烈地感觉到，并有助于评价和确定各变化因素的作用。”

翻译修辞实验，就是人为地想出多种翻译的修辞方案，然后放入上下文的语言中进行比较，从而得出最好的方案。

结 语

《翻译理论概要》的发表不仅是苏联语言学派翻译理论的开拓性文献，也是整个西方现代翻译学中最早的重要著作之一。费道罗夫的翻译思想不仅对俄罗斯的翻译理论研究，而且对全世界的翻译理论研究都产生了深远的影响。可以说，该书的问世，标志着真正翻译理论研究的开始。它之所以重要，是因为它作为苏联第一本从语言学角度系统地探讨翻译理论的专著，阐述了翻译作为一门单独学科的性质、特点、任务及其与其他学科的关系，追述了翻译史，回顾了苏联建国以来的翻译状况，并对翻译的实践问题进行了全面论述，对苏联翻译研究的蓬勃发展起了巨大的推动作用。作者明确提出翻译理论是语言学的一个分支，翻译问题只能在语言学领域内求得解决，因为任何体裁作品的翻译都要借助于两种语言的对比。书中规定了"翻译"概念的内容，翻译理论研究的对象、内容等，分别论述了翻译的词汇问题，语法问题和修辞问题。这本书使费道罗夫成了翻译理论语言学派的奠基人。它在苏联翻译界，特别是翻译教学界受到了广泛的重视，至今这本书仍然是翻译研究与教学的基础性著作，但它也引起了与翻译理论界文艺学派的激烈争论。

从建立统一的翻译理论的角度来说，把语言学翻译理论和文艺学翻译理论结合起来是最好的方法，而绝不应当把两者对立起来。从这一意义上讲，费道罗夫的理论有很强的实用性，原因是：(1)任何作品的翻译首先是与语言打交道，离开语言就无所谓翻译；(2)语言学翻译理论便于建立全面的统一的翻译理论(即翻译通论)，它包括所有的语体在内，文学作品的翻译只是其中的一个语体，基于它的特殊性，可以在这一部分中增加一些文艺学的内容，构成一个翻译分论。如同普通语言学下面分心理语言学、社会语言学、模糊语言学、认知语言学、语用学等一样；(3)语言学翻译理论也强调了修辞手段的重要性，而修辞手段是表达各种艺术形象的方法，是传达原作艺术性和美感的保证，换言之，原作的艺术性和美学价值是通过语言表现出来的，它最终还要通过语言体现在译文中，因为文学是语言的艺术，这是不可置疑的事实，而这一点与文艺翻译理论也并不矛盾。

值得注意的是，费道罗夫的理论于1953年提出后，他自己在1958、1968和1983年的版本中先后作了修正。主要的一处修改是，他在后来的著作中不再强调只能从语言学角度加以研究的观点，而是认为各种理论可以独立存在，无须一种理论从属于另一种理论。他在1966年发表的"争取翻译理论中各种意见的综合"(За синтез мнений в теории перевода)一文中明确指出："现在仍然坚持在文艺翻译的理论中只有走文艺学的路子或只有走语言学的路子才是恰当的，这种提法已经过时了，落后了。当代是各门科学空前协作的时代……"①

费道罗夫的理论研究不仅在翻译理论方面，而且在对比修辞学方面也有所建树，他于1971年出版了专著《普通修辞和比较修辞概论》(Очерки общей и сопоставительной

① 转引自蔡毅等编译的巴尔胡达罗夫《语言与翻译》，第30页。

стилистики)，全面论述了修辞与普通语言学、翻译理论和美学的关系，论述了对比研究层面上的修辞现象，修辞实验和作者的个人风格等问题。

从费道罗夫的研究道路来看，他始于翻译的文艺学研究，继而开拓了翻译的语言学研究领域，在与文艺学派的论战中又接受了对方的部分意见，最终试图以翻译通论来结束自己的翻译理论探索。他关于翻译通论的思想为后来的语言学派或称翻译理论工作者开展翻译的语言学研究奠定了很好的基础。我们从中不难看出，费道罗夫所谓的翻译通论与后来的翻译学有所不同。他始终认为文艺作品的翻译是非常重要的，是翻译的最高形式，而翻译的语言学研究是翻译理论的根本依托。而翻译学则把文艺翻译视为一种体裁。费道罗夫的这种观点显然与他的经历有关。他的理论既受到文艺学派的抨击，又受到语言学派的批评，这并非偶然，但无论如何都无法否认他作为翻译理论的开山鼻祖的地位。

思考题

1. 谈谈《翻译理论概论》一书四个版本的区别以及它在翻译研究领域的影响。
2. 简述费道罗夫翻译思想的进化过程。
3. 费道罗夫是如何看待可译性问题的？
4. 费道罗夫是如何对翻译理论分类的？
5. 费道罗夫是如何看待翻译单位问题的？
6. 费道罗夫如何看待等同性和等值性的？
7. 费道罗夫认为翻译方法有哪些？
8. 费道罗夫认为如何在译文中保留原文文化特有文化现象？

第四章　巴尔胡达罗夫的翻译理论

列昂尼德·斯捷潘诺维奇·巴尔胡达罗夫(Леонид Степанович Бархударов, 1923—1985)是20世纪苏联著名的翻译理论家，语言学派的代表人物之一，苏联语文学博士、莫斯科多列士外国语师范学院(现名莫斯科语言大学)翻译教研室主任，多年从事翻译教学和翻译理论研究。1963年创办丛刊《翻译工作者札记》(Тетради переводчика)并担任主编，该刊集中发表苏联翻译理论界语言学派的观点，与文艺学派针锋相对，成为语言学派的理论园地。《语言与翻译》(Язык и перевод. М. , 1975)是巴尔胡达罗夫的代表作，也是其翻译理论方面的主要著作。在我国有译本出版。该书系作者本人在莫斯科多列士外国语师范学院等高等学校多年开设《翻译的语言学理论》讲座讲稿的基础上编写的，其翻译通论的思想即体现于该书中。该书的某些章节曾作为论文于1962年至1972年发表在学术性刊物上，但在收入该书时均作了大量修改，书中大部分材料系第一次发表。全书由作者的话、正文(含五章：第一章　翻译的实质；第二章　语义与翻译；第三章　翻译中的语义对应；第四章　翻译单位问题；第五章　翻译转换法)、结束语以及参考文献组成。该书主要论点如下：

(1) 翻译理论是一门语言学学科。这与费道罗夫的基本思想一脉相承，也是巴尔胡达罗夫翻译理论的核心所在。

(2) 翻译理论的主要任务是描写。但不能因此得出结论说，翻译理论中就完全没有规定性的一面，任何一门应用科学都有某种程度的规定性。

(3) 语义问题必须从所指意义、语用意义和语言内部意义三方面加以研究和传达。在语义问题上，作者并没有提出实质性的新内容，类似的观点雅可布逊和奈达等人在20世纪50年代末和60年代初就提出过。但巴尔胡达罗夫的阐述更加详尽、更加充实，在某些方面更加具有概括性，因此也有一定的贡献。

(4) 在音位(字位)层、词素层、词层、词组层、句子层和话语层这六个层次上建立等值翻译。英国翻译理论家卡特福德在他的《翻译的语言学理论》一书中也使用过类似的概念，但其论述不够深入，而巴尔胡达罗夫则把语言等级系统中的六个层次更加系统地运用于翻译理论，明确指出它们是几个不同层次的基本翻译单位并对这六种基本翻译单位逐一进行了解释。

除《语言与翻译》一书之外，巴尔胡达罗夫的翻译理论思想还体现在下列公开发表的学术论文当中：

1. 翻译理论的普通语言学意义(Общелингвистическое значение теории перевода,《翻译理论与实践》, 1962, 圣彼得堡：国立列宁格勒大学出版社)

2. 关于诗歌翻译中的词汇对应(论布宁译朗费罗的《海华沙之歌》)(О лексических

соответствиях в поэтическом переводе,《翻译工作者札记》, 1964, 第二期)

3. 从语言学角度看翻译过程(Процесс перевода с лингвистической точки зрения,《高校语言学与教学法》, 1964, 第4期)

4. 语言等级系统的层次与翻译(Уровни языковой иерархии и перевод,《翻译工作者札记》, 1969, 第6期)

5. 语义与翻译(Языковые значения и перевод,《翻译教学的理论问题与方法》, 1970, 莫斯科)

6. 论翻译中的语法意义及其传达问题(К вопросу о граммтических значениях и их передаче при переводе,《外语教学》, 1972, 第3期)

7. 关于师范学院及高校外语系的新课程——翻译理论与实践(О новом курсе《Теория и практика перевода》в пединститутах и на факультетах иностранных языков,《翻译工作者札记》, 1973, 第10期)

8. 译者应当知道什么(Что нужно знать переводчику,《翻译工作者札记》, 1978, 第15期)

9. 又见"黄金国"(И снова —《Эльдорадо》,《翻译工作者札记》, 1982, 第19期)

10. 英诗俄译的若干问题(Некоторые проблемы перевода английской поэзии на русский язык,《翻译工作者札记》, 1984, 第21期)

巴尔胡达罗夫翻译理论的基本观点：

1. 关于翻译理论研究的对象

翻译的语言学理论是对翻译这一语际转换过程给予科学的描述，这种转换过程就是把一种语言的话语改变为与之等值的另一种语言的话语的过程。换言之，翻译的语言学理论的任务就是把上述意义的翻译过程模式化，为翻译过程提出某种科学的图式，能比较准确地反映这一过程的重要方面，这里特别需要强调两点：

(1)翻译理论同任何其他的理论模式一样，它所反映的只是其研究对象的一些最主要的特点，而不是一切特点。翻译理论要研究的不是原作语言和译作语言之间的一切关系，而是两者之间带有规律性的关系，即典型的、反复出现的对应关系。把原文和译文加以对比分析便可看出，两者之间除了具有规律性的关系外，还有大量非普遍性的、无规律而仅仅见诸某个具体情况的关系(对应现象)。由于这些无规律的对应现象无法加以归纳总结，翻译的语言学理论自然也就不能将之纳入自己的研究范畴之内。然而，正是这些无规律的对应现象构成翻译实践中最大的难点。而善于找出理论还没有归纳的这类非普遍性的对应关系，正是翻译活动的创造性之所在。另一方面，随着翻译理论的发展，许多原来被视为非普遍性的、不规律的现象又会逐渐被纳入总的模式中，获得解释，成为翻译理论研究的对象。

(2)翻译理论也同其他任何学科的理论一样，它规定的不只是一种模式，而是许许多多的模式，这些模式以不同的方式反映翻译过程及其各种特性。由于翻译本身是个错综复杂的过程，因而不可能建立一种统一的"万能"模式，反映翻译过程的错综复杂的一切方面。因此，现代翻译理论中有许许多多的“翻译模式”，每个模式都反映翻译过程的某个方面，而且并不互相排斥。这些模式在很多方面是一致的，并且有一部分是互相交叉的，它们只有合在一起，才能给翻译这样一个错综复杂的过程提供一个全貌。

2. 关于翻译的实质

翻译是把一种语言的言语产物在保持内容方面也就是意义不变的情况下改变为另外一种语言的言语产物的过程。在这里必须作两点极为重要的补充：

(1)“内容”或“意义”这个概念应从最广义上理解，它指的是语言单位的各类关系。不应把“意义”这一概念仅仅归结为通常所谓的“实物—逻辑”意义或“外延”意义。因此，为了正确理解翻译过程的实质，首先要仔细研究语义学。

(2)保持内容不变只是相对而言。在语际转换中不可避免地会有所失，也就是说，未能充分传达原文的全部意义。所以，译文绝不可能是原文完美无缺的绝对等值物。译者只能争取尽可能的等值，即争取把损失减少到最低限度。要求译文与原文的意义百分之百的相符是不现实的。翻译理论的任务之一，是根据意义的重要性规定其传达顺序，即在翻译中主要应传达哪些意义，哪些意义可以“牺牲”，务使语义的损失减到最小限度。

翻译中最大的难题之一，是原文中描述的情境在译文语言中没有，也就是说遇到了特有事物。在这种情况下，翻译起来固然有困难，但也并不是毫无办法。因为任何一种语言都不会只能描述已知的情境，而不能描述未知的情境，否则语言就不成其为认识的工具，人类也就不可能进步了。描述未知的、不熟悉的情境是任何一种语言都必然具备的特性。

翻译是把一种语言的话语变换为另外一种语言的话语的过程，翻译的对象并不是语言体系，而是话语。就翻译来说，重要的并不是各个词的等值，甚至不是各个单个句子的等值，而是全文的等值。因此，两种语言在语义上的差异并不能成为翻译中不可克服的障碍。翻译中必须严格遵守的一项原则是：局部服从整体，较小的语言单位服从较大的语言单位。

3. 翻译理论在其他学科中的地位

翻译理论为了完成自己的任务，即反映翻译中的重要规律，必须首先明确源语和译入语中表达同一意义在方法上的异同，并在此基础上找出处理其不同之处的最典型的方法(翻译技巧)。这一任务就其实质来说，是语言学的任务。翻译理论既然承担这个任务，它就只能是一门语言学学科。实际上，翻译理论与对比语言学是密切相关的。对比语言学是翻译理论的直接理论基础。但翻译的语言学理论并不等于把两种语言进行对比研究。对比语言学同一般的语言学一样，研究的是语言体系，它的任务是揭示两种语言体系在语音、词汇和语法结构上的异同。而翻译研究的对象是具体的话语。对翻译理论来说，最主要的是研究对比在语言中，在话语结构中语言现象的相互联系，相互作用。

还必须指出，现代语言学总的发展趋势是：从研究语言的抽象体系转向研究语言在言语中的功能。这一趋势还表现在以下三个方面：首先，人们对从心理语言学方面研究言语活动问题的兴趣增加了；其次，根据句子在言语中的功能，探讨所谓“实际切分句法”和“句子功能切分法”方面的问题；最后，语言学出现了一门新科学——“话语语言学”。在语言研究方面的这些流派都与翻译理论有极密切的联系。

确定了翻译理论是一门语言学学科之后，还要进一步确定它在各语言学学科中的地位。

现代语言学分为两大类：微观语言学和宏观语言学。微观语言学指的是狭义语言学，它只研究语言本身，而不问超语言或“语言外”事实。微观语言学包括语言学的一些传统学科，如语音学、音韵学、语法学、词汇学、语义学。宏观语言学，即广义语言学，它联系超语言现象，即语言本身之外的因素来研究语言。宏观语言学包括心理语言学、社会语言学、人种语言学、语言地理学等。

除了上述划分法之外，语言学学科又可分为理论语言学学科和应用语言学学科。应用语言学学科包括直接研究人们在各种活动中如何实际运用语言的一些语言学学科，如语言教学法、信息论等。

翻译理论属于宏观语言学，同时又属于应用语言学。翻译的语言学理论是一种兼有描写性和规定性两个方面的学科，其中以描写性为主，规定性为辅，但后者也起着非常重要的作用。

翻译是人类一种多方面的活动，因此它是各种学科而不是一种学科的研究对象。从各个不同角度研究翻译的各门学科，可以总称之为翻译学。翻译学的核心部分是翻译的语言学理论，围绕这一理论还有翻译研究中的其他一些流派，如文艺学派、心理学派等。当代是各门科学空前协作的时代。因此，我们认为，无论是翻译的语言学理论，还是翻译的文艺学理论（翻译的其他理论也一样），不仅完全可以，而且应当在共同的综合性科学——翻译学的范围内进行协作，因为翻译学是运用各门科学的方法从各个方面研究同一对象——翻译。

4. 语义与翻译

语言是一种特殊的符号系统，是人类社会中现在的各种符号系统中最复杂、包罗万象的符号系统。现代符号学中把符号的关系分为三大类，意义也相应分为三大类型：

(1)首先是符号和该符号所标志的实物之间的关系。符号所标志的现实生活中的实物、过程、性质、现象，一般称作符号的所指事物，而符号和它的所指事物之间的关系，一般称作符号的所指意义。

(2)第二种类型的关系是符号和使用该符号的人之间的关系。运用于语言则是语言符号同言语过程的参与者（说话者或写作者和听者或读者）之间的关系。使用符号，包括使用语言符号的人，决不是对符号漠不关心的，他们会在符号中加上自己对该符号的主观态度，而通过符号也表现出自己对该符号标志所指事物本身的主观态度。这种主观的（带感情色彩的、富有表情的、修辞的）态度称作语用关系。相应地我们把这第二种类型的意义称作符号的语用意义。

(3)最后，任何符号，其中也包括语言符号，都不是孤立存在的，而是作为某个语言体系的组成部分而存在。符号与同一符号系统的其他符号之间的关系称作语言内关系。相应地我们把语言符号的意义也称作语言内部意义。

因此，符号的语义内容是由三部分组成的，即所指意义、语用意义和语言内部(更广泛地说，是符号内部)意义。在符号系统的科学——符号学中有三大分支，分别研究这三种类型的意义：语义学，研究符号所指意义；语用学，研究符号的语用意义；符号关系学，研究语言内部(符号内部)意义。

译者的任务是尽可能充分传达各种类型的语义，包括所指意义、语用意义和语言内部意义。翻译时，语义不可避免地会有所走失，也就是说，原文中表达的意义在译文中保留得不完全，只能传达一部分。翻译时保留的首先是所指意义，其次是语用意义，而源语中表达的语言内部意义则全部消失(或仅保留极小一部分)。虽然意义传达的先后顺序的最普遍的原则可归纳为：指称意义——语用意义——语内意义，但有时也不得不违反这一原则，尤其是当语用意义或语内意义成为原文的主要意旨时更是如此。总之，要想为适用于任何类型、任何体裁的话语规定一个意义传达顺序的统一公式，从原则上来说是不可能的。尽管如此，但译者仍要根据具体情况来决定意义取舍的先后顺序，把话语中主要信息的损失程度降至最低。

5. 所指意义的传达

两种不同语言中的意义单位——词素、词、固定词组——的所指意义在一切范围内完全一致的情况是不存在的。以词为单位，两种语言之间所指意义的对应可归纳为三大类型：1)完全对应；2)部分对应；3)不对应。

(1)完全对应——所指意义完全对应的情况比较少见，通常是一些单义词(专名和地理名称、科技术语、月份、数词等)。完全对应词不造成翻译困难。

(2)部分对应——指一个词在译入语中有几个语义等值单位，可分为两种情况：①源语中词的意义范围比译入语中相应的词的意义范围更广(或相反)。两种语言中词之间这种不完全等值关系称作“内包关系”。② 源语和译入语中的两个词既有一致的又有不一致的意义。两种语言词之间的这种关系称为“交叉现象”。与部分对应有所不同的是部分等值——一种语言的一个词表达比较广泛(非区别性)的概念，而在另一种语言中与之相应的可以是两个或几个词。如俄语 рука 这个词相当于英语里的两个词：arm 和 hand，arm 指从肩到手的上肢，hand 则指手。但是俄语的 рука 却指人体从肩头到指间的整个上肢。多数情况下依靠狭义或广义的上下文的提示可以作出正确的选择：Он держал в руке книгу .（他手里拿了一本书)，翻成英语时要用 hand 这个词，而 Она держала в руках ребёнка.(她手里抱了一个小孩)翻成英语时就要用 arm 这个词。

(3)不对应——指一种语言的词汇单位在另一种语言的词汇中完全没有对应单位。通常称之为无等值物词汇。主要有以下几类：① 专名、地理名称、机关团体、报刊等的名称；② 民族特有事物：俄语有 щи(汤)，сарафан(萨拉凡，无袖长衫)等；英语 sundae(圣代)，primaries(初选候选人)等。③ 被称作“偶然的空白点”(случайные лакуны)的词汇单位，如英语中没有俄语名词 кипяток(开水)、именинник(过命名日者)等对应物，俄语中也没有英语词 glimpse(闪光)、floorer(受意外打击)等这些对应词汇。“无等值物词汇”并不意味着某个词汇不可译。翻译实践中传达无等值词汇的方法有下面几种：①形译和音译——形译是通过译入语的各种手段传达源语词的字符，音译则是传达它的声符。这种方法广泛用于翻译特有事物：know-how（技术秘密）—— ноу-хау，等。英语中也有 sovkhoz（国营农场），等俄语音译词。②仿造法—— 指用译入语中的直接对应词代换无等值物词汇的组成部分（词素或词）：如 backbencher（后坐议员）→ заднескамеечник。③描述性翻译——通过译入语的释义来揭示出源语的词汇单位的意义。如，landslide——победа на выборах с большим перевесом голосов（竞选中以压倒优势取胜）。④近似翻译——指源语的词汇单位在译入语中因没有确切的对应词语而寻找的近似对应词语。如 техникум（中等技术学校）译成 junior college 等。⑤转换翻译——指调整句子的句法结构，运用词汇代换法，完全改变原文词的意义，或两种方法同时并用，即运用词汇—语法的转换法。词的所指意义是词与所指事物之间的关系。在话语中语言符号往往标志一个具体的实物，称之为外延。翻译是同言语打交道，翻译时两种语言符号之间的对应单位不是建立在所指事物的层次，而是建立在外延的层次上。由于外延相同在言语中就可以利用语言体系中所指意义不同的词作为等值单位从而达到翻译的等值性目的。

6. 语用意义的传达

语用意义指符号和使用该符号的人之间的关系。它包括交际过程的参与者对某些语言单位和言语产物的理解程度不同，以及参与交际的人根据自己的实际经验对它们作出不同的解释等方面的一切有关因素。词的语用意义可有如下分类：

（1）词的修辞特征——有些词只能用于一定体裁和类型的言语中。词固定于一定言语体裁的这种特征，便成为他们语用意义的组成部分。词的修辞特征分为中性、日常会话、书面、诗歌、术语几种。

（2）词的语域——指决定某些语言手段，其中包括词汇单位选择的一定的交际条件和环境。语言中存在着亲昵的、随便的、中性的、正式的和庄严的五种语域。大多数词属于中性语域，它们可以用于从亲昵到庄严的任何一个言语领域。

（3）词的感情色彩——指成为词的语义结构组成部分的说话人对该词所示实物或概念的感情。即对词所标志的那些实物、现象、行为、性质所持的肯定或否定的评价。在修辞特征、语域和感情色彩之间存在着密切的联系。此外，语言成分在句子结构中承担的“交际功能任务”也当归入语用意义。这是指句子结构中的“已知”和“新知”信息，它们是由交际活动参与者双方对句中所传达的信息的了解程度、对句中所描述的环境的态度所决定的。正确传达句子的交际功能切分是求得翻译等值不可或缺的条件。这种类型的语用意义本质上属于句法范畴，即它代表的不是语言的个别符号，而是整个表述。在对比不同语言的词汇单位时，语用意义的差异比所指意义的差异更为常见。当源语词汇在译入语中没有直接实用对应物时，传达语用意义的方法可有补偿法、描述性翻译法、比喻法。属于词的语用意义的还有含义，指的是词在使用某种语言的人的意识中引起的补充联想。所指意义属于某个词汇单位，而语用意义（修辞特征、语域、感情色彩）表征整段话语、整个言语产物。

7. 翻译的语用方面

语用性概念不单是指语言单位的语用意义，它还包括交际过程的参与者对某些符号不同的理解程度以及根据自己的语言和超语言经验(即背景知识)对它们作出的不同解释等。在翻译那些被列为无等值物的词汇范畴时，考虑语用方面最为重要。一般可有以下几种方法来保证源语信息的正确传达：(1)加词，...for dessert you got Brown Betty, which nobody ate...(……甜食，你上的是“褐色贝蒂”，谁也没吃过……)(塞林格《麦田里的守望者》)...на сладкое —《рыжую Бетти》, пудинг с патокой, только его никто не ел...(甜食——你上的是“褐色贝蒂”，一种水果布丁，不过谁也没吃过……) 例中加词揭示了俄国读者不懂的一个名称“褐色贝蒂”的含义。(2)减词，...There were pills and medicine all over the place, and everything smelled like Vicks' Nose Drops. ...Везде стояли какие-то пузырьки, пилюли, все пахло каплями от насморка. (……到处都是小药瓶、药丸，什么东西都带一股伤风的药水味儿。)(塞林格《麦田里的守望者》)译文减去了 Vicks 一词，它是药水的商标，对俄国读者来说毫无意义，无足轻重，可以不予理睬。替换法 Chamberlain spoke a few words from a second-storey window in Number 10.(张伯伦在唐宁街十号二楼的窗口向他们讲了几句话。) Чемберлен произнёс несколько слов из окна на втором этаже своей резиденции. (张伯伦从自己官邸二层楼的窗口向他们讲了几句话。)任何一个英国人都知道唐宁街十号是什么地方，但俄国人可能不知道，因此俄译用“自己的官邸”作了替换。(3)概括化，...a swept yard that was never swept — where johnson grass and rabbit-tobacco grew in abundance. ...〈чистый〉двор, который никогда не подмедался и весь зарос сорной травой. (……清洁的庭院，从来没有打扫过，到处长满了野草。)(哈波·李，《杀死一只知更鸟》) “约翰逊草”和“家兔烟草”之类的植物为美南部各州尽人皆知的野草名称，但俄国读者未必知道这类植物。况且，重要的不是庭院里长的什么植物，而是它长满了草没人管，所以译者采用了概括化的方法。(4)具体化，用意义比较窄、比较具体、能揭示某种现象实质的一个词或几个词替换某个词。最后为了说明某些译入语读者不懂的现象、特有事物，译者还可借助于注释。运用上述翻译技巧时译者需掌握分寸。翻译过程中滥用各种替换法会导致在意义上或修辞上歪曲原作。翻译的等同性概念要求译入语与源语的话语等值，其前提是对语用因素和语义因素一视同仁。正常情况下不应为了取语用因素而牺牲语义因素。

8. 语言内部意义的传达

语言内部意义指的是某个语言符号同该语言系统中另外一些符号之间的关系。包括词之间声音(韵脚、头韵、元音叠韵等)相同的关系、词素结构相同的关系(同根词组)、语义相同的关系(词义场)、语义相异的关系(反义关系)、结构中词的搭配关系等。总的说来，翻译中语言内部意义的传达起从属作用。只是在一定的体裁范围内语言内部意义承担很大的功能任务。比如诗歌翻译中韵脚、头韵就具有重要的作用，翻译时必须予以传达以及其他体裁包括各种双关语、俏皮话、贯顶诗、回文诗、绕口令等。因为这类话语的手法特点正是建立在词与词之间语言内部关系上的。

9. 翻译中的语法意义传达

语言系统的另外一个方面——语法结构的各个成分：词缀、词形变化形式和句法结构，同样属于语言符号，并且同词汇单位一样具有所指意义、语用意义和语言内部意义。词汇意义和语法意义的区别首先是表达方法上的不同。一种语言中的词汇意义(通过词汇单位表达的意义)在另一种语言中可以是语法意义(即通过非词汇手段来表达)，或与此相反。例如俄语中动词有完成体和未完成体两种形式，而英语动词系统中没有完成体和未完成体形式之分，因此在使用英语动词时往往不能从形式上表达行为的完成和未完成，此时相应的信息可以从上下文中获得。如：① Every Saturday he went to the cinema.(每逢星期六他都去看电影)一句中 went 应当译成未完成体：Каждую субботу он ходил в кино；② When he had finished his work last night, he went to the cinema.(昨天晚上他做完工作后看电影去了)句中的 went 却要译成完成体：Вчера вечером, окончив работу, он пошел в кино. 这是因为行为过程的性质这个信息在英语句子中不包含在动词本身的形式之中，而是包含在限定行为的状语中：句①中 Every Saturday 表示行为的重复，只能使用未完成体动词；而句②中 When he had finished his work 表示过去某一行为结束后又开始另一行为，只能用完成体。至于句法意义的传达，对翻译极为重要的是：同一深层结构可以体现在不同的表层结构中。句法关系的性质在表层结构和深层结构中是有原则区别的。表层句法中一般分为主从联系、并列联系和述语性联系三种类型。确定表层结构中的句法联系类型首先是根据它的表达形式，而深层句法关系的确定则是根据它的语义、它的内容特征。深层句法关系包括：行为—行为者；行为—行为的客体；行为—行为施受者；最广义的限定关系，即实体及其特征的关系。在深层句法联系的基本类型中还可分出一些细类，如，在限定关系中又可分出时间关系、空间关系、因果关系等。翻译过程中深层句法关系应当保持不变。同一深层结构体现在不同的表层结构上，所指意义虽无区别，但它们表达的语用意义(修辞特点、语域、交际功能切分)却往往有所区别。

10. 翻译中的上下文和情境

上下文一般是指该语言单位的语言情境。可分为：狭义上下文——指句法上下文和词汇上下文。广义上下文——指该单位的超出句子范围的语言情境，也称话语上下文。即该单位周围与之毗连的各个句子中的语言单位的总和。它可以是句群、段落、章节甚至是整个作品。上下文在解决语言单位的多义性问题上起着重要的作用，是排除某个多义单位中其他意义而只保留一个意义的一种手段。如 burn 译为俄语，可以是 гореть(燃烧)，也可以是 жечь(点燃)。这时对应词语的选择完全取决于该英语词的句法上下文：The candle burns. 这时 burn 是不及物结构，译为：Свеча горит；He burns the papers. 此时 burn 是及物结构，当译为：Он сжигает бумаги. 至于语用意义的确定及传达起决定作用的是广义的上下文，这不仅涉及话语的修辞特征、语域和感情色彩，而且在很大程度上也涉及句子的交际功能切分。翻译的对象并不是孤立的语言单位，而是作为言语产物统一的整个话语，因此对广义上下文的作用不可低估。有时连最广义的上下文对多义语言单位选择等值词语也没有任何提示时，就得求助于超语言环境（指交际环境、通报主题、交际参与者三种因素）。在翻译过程中，排除语言单位的多义性和选定翻译等值词语取决于一系列因素：狭义上下文、广义上下文和超语言情境。不考虑这些因素的相互作用，就不能理解言语产物，因而也就不能进行翻译。

11. 关于翻译单位

翻译单位指在译文中能够找到对应词语的原文单位：源语在译入语中具备对应词语的最小的语言单位。现代语言学一般把语言等级体系分为如下层次：音位层——词素层——词层——词组层——句子层——话语层。根据翻译单位所属的层次，可相应地分为：音位层翻译、词素层翻译、词层翻译、词组层翻译、句子层翻译和话语层翻译。音位层翻译：源语单位与译入语单位之间的对应建立在音位层面上的这种翻译叫音译。如：英语 Heath →俄语 Хит。对应建立在字位层上，即，传达的不是声符，而是原文单词的书面形式（字符）则叫形译。如 Lincoln→Линкольн 即是用俄语字位代替英语字位。音位层翻译仅在传达专有名词和地名等极为有限的范围内使用。词素层翻译：即原文词的每个词素在译入语的对应词中都有一定的相应的词素。如，英语 backbencher 译成俄语 заднескамеечник 可看到这种词素的对应：back-bench-er；задне-скамееч-ник 不同语言在语义上的等值词的形态结构方面往往不一致，因此这种翻译现象比音位层翻译更少见。词层翻译：指的是译入语中的几个词（或整个词组）与源语中的一个词相对应。试比较：Jane and her mother were sort of snubbing her.（珍妮和她的母亲对她很冷淡。）Джейн и её мать относятся к ней свысока.（琼和她的母亲瞧不起她。）这里与英语动词 snub 相对应的是俄语词组 относятся свысока. 一般说来，翻译时句子里只是一部分词可以按词对应。在翻译结构比较复杂的句子时，由于各种语法和词汇因素的原因，不能采用词层翻译；即使采用，也要减至最低限度。词组层翻译：采用这种翻译最明显的例子是习语或固定词组的翻译。但不能据此认为词组层翻译单位只能是固定性或成语性词组，这是运用极为广泛的一种翻译形式。句子层翻译：指翻译的对应只能建立在整个句子层上，因为其句意不等于各个词和词组的意义的总和。这往往是含有习语性质的句子，如谚语等。话语层翻译：以整个话语为翻译单位，这种翻译形式主要用于诗歌翻译。任何一个语言层次单位——从音位层到整个话语层——都可以成为一个翻译单位。翻译的难点之一，就是如何能在每个具体情况下，从语言等级体系中找到相应的层次作为翻译单位。根据具体情况在语言等级体系的相应层次中准确选择一个翻译单位，这对评价翻译质量具有决定意义。

（1）必要和足够层次的翻译——指翻译单位选择在为了完整地传达原著话语中所含的全部信息，并遵循译入语规范所必要和足够的层次上。这种层次的翻译是等值翻译。

（2）层次偏低的翻译——指比传达不变内容和遵循译入语规范所必要的层次为低。这种层次的翻译是逐词翻译。这种译法或歪曲原文所含信息，或破坏译入语规范，在实践中不足取。

（3）层次偏高的翻译——指比传达不变内容并遵循译入语规范所足够的层次为高。这种层次的翻译是意译。

12. 翻译转换法

翻译过程中运用的各种转换法分为四大类：

（1）移位法——即在译入语中变动源语成分的位置。移位这种翻译转换法很常见，可以移位的成分一般是词、词组、复合句的分句和话语中的独立句。移位法还包括：把一个词的位置从一个句子移到另一个句子中去；变动复合句中主句和从句的顺序。

（2）替换法——一种最常见、形式最多样的翻译转换法。分为语法替换和词汇替换。可替换的或是个别语言单位，或是整个结构。①词形替换——指语法形式的替换：名词的数、动词的时等。②词类替换——用代词替换名词；用名词替换形容词等。最典型的是用人称动词替换动名词。③句子成分替换——最常见的例子是用俄语的主动结构替换英文的被动结构，并且是可逆的；以及英语句中的主语译成俄语时用状语替换等。④复合句中的句法替换——有以下几种：用复合句替换简单句；用简单句替换复合句；用从属句替换主句或相反；用并列句替换主从句或相反；用无连接词句替换有连接词句或相反。⑤词汇替换——指原句中的词汇单位用译入语中并不是它们等值词语的词汇单位替换。有三种情况：具体化、概括化和因果替换。⑥反面着笔——广泛运用的一种综合性词汇—语法替换法，即把肯定结构变换成否定结构或相反：I'm not kidding→ Я вам серьёзно говорю.（我严肃地对您说。）把形容词或副词替换成形容词或副词的比较级和最高级的原级或相反。It wasn't as cold as it was the day before. → Стало теплее，чем вчера.（气温比昨天暖和些了。）⑦补偿法——达到等值翻译的特殊替换手法。当译入语中没有源语某些成分的等值成分也无适当的表达手段时，可利用其他的手段在另一处传达该信息，以补偿源语中在这一处失掉的语义：He made a speech that lasted about ten hours. →Он отгрохал речь часов на десять.（他的演讲持续了近 10 个小时。）用带有修辞和语域标志的词 отгрохал（凑合）替换中性词 made（准备）补偿了其他地方所失掉的相应的修辞和语域特征。补偿法这一技巧表明，翻译的等值不是靠原文的各个成分，而是靠原文的整个话语层来保证的。

（3）加词法——最常见的加词原因是译文不能在形式上表达原文词组的各个词义成分。翻译时常要“复原”原文中省略的潜在词，这是需要加词的原由。

（4）减词法——即减掉词义上多余的词。这种现象的例子之一是英语中所特有的“对偶同义词”在翻译时必须减词，即用一个词替换两个词：just and equitable treatment →справедливое отношение（公正的态度）。

上述划分只是大致的、相对的划分。很多情况下这四种基本的转换法是交织在一起的。译者的任务是：把属于某种符号系统，按一定规则排列并带有一定信息的一连串语言单位——话语，改变成另一种语言中与之等值的话语。由于原文和译文单位的形式结构和语义结构有所不同，因此必须进行大量的、复杂的变换。为避免信息受损，译者应力求合理地将变换限制在译文语言规范（词汇、语法、修辞）和超语言的语用因素允许的范围内。

结 语

《语言与翻译》一书的问世，在苏联翻译界引起广泛的反响，被认为是苏联20世纪70年代语言学派翻译理论的一部代表作。它把苏联20世纪50年代初期兴起的语言学派翻译理论推向一个新的高度。该书的最大特点是把翻译理论同当时世界上语言学的最新成就紧密地联系在一起，提出了翻译的语言学理论就是对比话语语言学，以及正确地传达句子的功能切分乃是求得等值翻译必不可少的条件等一系列崭新的论点。这是一本理论与实践结合比较紧密的著作，书中对翻译问题的阐述观点明确、通俗易懂。该书广泛运用现代语言学的概念和观点说明翻译过程的特点，这种翻译研究的语言学方法无疑具有重要的理论意义。此外，书中对例证材料的成功选择大大加强了其理论观点的说服力。

要建立翻译理论，首先要研究属于语言学范围的有关问题，因此，该书不可能不涉及一些严格说来并不属于语言学总论和语言学分论范围的问题，首先是语义学的问题，因为在作者研究翻译的观点中等同语义理论是不可少的，所以本书中有很多篇幅用来阐述作者对语义学问题的观点，而且本书所持的观点与现代语言学中流行的观点(至少与苏联编写的大部分著作中所持的观点)不同。作者清楚地知道，这样做的结果会使本书的重点有所转移，即从纯翻译问题转向与普通语言学和对比语言学有关的问题。但在翻译的语言学理论发展的目前阶段看来，这是不可避免的。

该书也有其不足之处。作者对翻译所下的定义简化了现实的翻译过程，且定义中“内容不变”的提法有失恰当。尽管作者对翻译定义的不足作了两点重要的补充，但所谓“内容不变”的含义仍然不够清晰。此外，有关等值层次的划分，作者忽略了重要的一点，即究竟如何确定“必要和足够的层次”。而且，作者在划分翻译等值层次的同时并未提出具体的手段来防止译者在追求较高层次的“意译”时落入“自有发挥”的误区，这就可能造成译者在摆脱低层次的死译而追求高层次的意译过程中有可能滑向另一个极端。

思 考 题

1. 巴尔胡达罗夫的主要翻译著作的名称是什么？他是怎样阐述翻译的实质和翻译研究对象的？
2. 巴尔胡达罗夫是如何论述翻译学在其他相关学科中的地位的？
3. 简述巴尔胡达罗夫的翻译等值思想。
4. 巴尔胡达罗夫是如何论述语义与翻译问题的？
5. 介绍巴尔胡达罗夫关于翻译转换的论述。

第五章　加切奇拉泽的翻译理论

吉维·拉日吉诺维奇·加切奇拉泽(Гиви Ражденович Гачечиладзе, 1914—1974)是格鲁吉亚著名的文学家、翻译家，文艺学派翻译理论的一代宗师。在长期的翻译实践活动和理论思考中，他继承并发展了卡什金关于翻译中“现实主义风格”(реалистический стиль)的思想，并且在他的博士论文《现实主义翻译问题》(Проблема реалистического перевода, 1961 年)中，将这一思想发展成了完整的理论，因此这篇论文具有划时代的意义。

加切奇拉泽的观点先后在两部书中得以确立和丰富，一部是《文艺翻译理论问题》(Вопросы теории художественного перевода, 1959)，1964 年出版了俄文版本。另一部是《文艺翻译理论导论》(Введение в теорию художественного перевода, 1966)，1970 年出版了俄文版本。

《文艺翻译与文学交流》(Художественный перевод и литературные взаимосвязи, 1972)一书是加切奇拉泽翻译观的进一步发展，它最为完整地体现了加切奇拉泽的翻译思想，集中阐述了前苏联文艺学派翻译理论的主要观点。该书共分为前言、传统和现代、几个基本问题、翻译是文学交流的形式、散文翻译：意思—语调—节奏—句法、写诗和译诗、代结束语七个部分。

全书的开头部分“吉维·拉日吉诺维奇·加切奇拉泽”主要是俄罗斯著名翻译理论家托佩尔对加切奇拉泽及其翻译思想的评价。加切奇拉泽在格鲁吉亚诗歌史及诗歌理论的研究方面颇有建树，并且也研究英国作家的相关著述。但其成就最高的领域当属诗歌翻译，他为丰富文学翻译理论所做出的贡献更是为他带来了全苏联乃至全世界的声誉。托佩尔高度评价了加切奇拉泽的博士论文《现实主义翻译问题》的理论价值，并指出《文艺翻译与文学交流》是其翻译观的进一步发展。加切奇拉泽的活动促进了苏联翻译文艺学派的建立和发展。

“前言”部分指出了本书的题旨，即文艺翻译是各民族交流的主要形式之一，还指出了著此书的目的在于确立文艺翻译中的创造性原则，没有它文艺翻译便无法在文学交流中起到应有的作用。

正文的第一部分“传统与现代”主要是立足于格鲁吉亚文艺翻译的历史进程来展开论述的，由于格鲁吉亚特殊的历史和地理位置，它长期以来一直是个双语国家，然而格鲁吉亚语却未因此而受到扭曲，倒是格鲁吉亚文学和俄罗斯文学通过翻译而越来越接近彼此。在格鲁吉亚，外国作品的翻译从来都不是“机械的认识过程，而是再创造和适应自身口味及情趣的过程”。正因如此，格鲁吉亚的翻译家们一直受自由翻译传统的影响，他们从本人的审美需求出发，缩减或增加文本。由于翻译文学是文学产品中非常大众化的一部分，所以译者可能给本族语言的发展带来积极的影响，也可能带来消极的影响，这都取决于译文的质量。

第二部分“几个基本问题”主要探讨了翻译理论中最基本问题，例如，逐词对译和自由翻译，“等同翻译”的概念，语言上的对应和艺术上的对应等。

在第三部分“翻译是文学交流的形式”中，加切奇拉泽首先试图理清翻译的定义，进而将文艺翻译中的创造性原则提到了空前的高度，并且坚决捍卫译者的个性。在阐述现实主义翻译理论时，他敏锐地指出译者所要再现的是原文的艺术现实。

第四部分“散文翻译：意思—语调—节奏—句法”主要论述了散文翻译的特点和译者应该关注的主要问题。而诗歌这种体裁有其区别于散文的特点，关于这一点在第五部分“写诗和译诗”中进行了阐述，加切奇拉泽认为，译诗的准备工作应该是研究不同语言的构诗法。

在最后一个部分“代结束语”中，加切奇拉泽总结了文艺翻译的特点和文艺翻译理论的研究方向。

概括起来加切奇拉泽的翻译理论有如下几点：

1. 文艺翻译的基本理论问题

逐词准确的翻译（дословная точность）和艺术上等值的意译（художественно полноценный, вольный перевод）是文艺翻译中存在的一对无法调和的矛盾，但因此否认可译性是唯心主义者的态度。翻译是可能的，翻译理论的建立也是必要的。而关于翻译理论中的一些基本概念，学者们却是众说纷纭。

费道罗夫（А. Фёдоров）认为翻译理论是语言学的一个分支，它包括翻译通论（общая теория перевода）和翻译分论（частная теория перевода），分论就是研究某两种语言的对比规律。费道罗夫是翻译入语言学派的奠基人之一。而楚科夫斯基（Корней Чуковский）虽然没有建立一套系统的翻译艺术理论，但他却正确地指出，翻译是一门艺术。确实，和在文学创作过程中一样，在文艺翻译过程中，语言因素只起从属作用，因此，在建立文艺翻译理论的过程中，不应该把语言因素提到首位。

在《文学翻译的方法》（Методика литературного перевода）这一词条①中，斯米尔诺夫（А. Смирнов）对“等同翻译”（адекватный перевод）定义如下：“作者的所有意图（他深思熟虑的和无意识的）都得到传递，艺术上影响读者的思想、感情，并尽可能（借助准确的等值单位或理想的替换单位）保留作者运用的形象、色调、节奏手段，但保留这些手段本身不应该视为目的本身，而只应该视为达到整体效果的途径。……翻译时不得不有所选择地牺牲原文的某些次要成分。”斯米尔诺夫的定义的不严密之处在于，传达原作者的“一切手段”是不可能的，因此最好说“一切基本手段”；另外，“传达作者的全部意图”（其中包括“无意识的”）这一提法可能会助长译者的主观主义，因为译者可以根据自己的理解，在译文中以“完整的”形式（законченный вид）来表达作者的“无意识”意图。事实证明，艺术上的等同翻译可以在语言上、语言的各个因素上不等同，不同的语

① 见《文学百科全书》第 8 卷，1934 年，第 526~531 页。

言中的艺术形象是通过不同的语言因素塑造的，因而它们的对应可以通过不同的手段来达到。

费道罗夫在分析了斯米尔诺夫提出的"等同性"(адекватность)这一定义的基础上，又提出了一个具有语言学性质的定义："翻译的等值性(полноценность перевода)意味着详尽无遗地传达原作的思想内容并在功能、修辞上和原文完全一致。"该定义涵盖所有翻译种类，其中包括文艺翻译。它正确引导读者注意作品形式和内容的统一，但也有不完备之处，甚至比斯米尔诺夫的定义更抽象。此外，费道罗夫还将译者的创作降低为寻找"准确的对应单位"(точные соответствия)和"等同替换"(адекватные замены)的技术过程，这主要是因为，他认为语言学观点是研究文艺翻译的唯一基础，文艺翻译的美学原则不甚重要。这样就会导致语言上准确而艺术上平庸的逐词翻译，因为根据语言学观点，决定性的因素不是译者对原作所持的创造性态度，而是语言对应的原则。虽然找出语言对应的规律是非常必要的，但这不是文艺翻译的研究范畴，在文艺翻译中应当寻求原作的美学价值。因此，翻译标准应该是译文和原文艺术性的相符，而语言上的对应必须服务于艺术上的对应。卡什金指出文艺翻译是一种文学现象，他主张将语言学观点和文艺学观点结合起来，创立一门普通语文学。

鉴于斯米尔诺夫从文艺学角度为"等同翻译"所下的定义不够完整，而费道罗夫的定义又局限于语言学观点且自相矛盾，因此需要对"文艺翻译"创立一个新的定义："文艺翻译是文艺创作的一种形式，在这里，它同原著在创作中要表现的生活现实这一功能相似。译者按照自己的世界观反映自己选择的作为形式和内容统一体的作品中的艺术真实。"这个论断的中心思想是，原作之于译者正如现实生活之于原作者。但是，译者所要反映的原作并不是词和词组构成的死的、静止的对象，而是原作的艺术现实，艺术现实是原作形式和内容的统一体，因此，译者不仅应该看到作者说什么，还应该看到他是怎么说的。

长期以来，"意译"(вольный перевод)和"直译"(буквальный перевод)这一对矛盾之所以得不到解决，主要是人们仍然将仅仅翻译理解为改变原作的语言外壳。其实它们只是翻译的表面特征，翻译实质上是用另一种语言反映原作的艺术现实，也就是再现原作形式和内容的统一体。现实(действительность)才是第一性的，文词(слово)只是第二性的。

2. 文艺翻译的创造性原则

文学作品是形式和内容的统一体，其中内容永远起主导作用。文艺翻译是一种特殊形式的文学创作，作者和译者都遵循创造性原则，他们之间的原则性区别在于，作者在客观现实中有最广泛的选择自由，而译者则只能局限于原作固定的艺术现实。任何一部作品本身都是历史现实的艺术反映，但是，作为原作，它在译者面前却成了被反映的对象，此时原作是第二性的、特定的艺术现实，译者是按照他自己的创作方法加以反映的。在译者用一种新的语言创造出一个活生生的整体之后，才能把作者和译者的精神创造性地结合起来，只有这样的译文才富有生命力。

翻译中要反映原作的艺术现实，最重要的是译作在美学上与原作相符，而在语言修辞上与原作相符只起辅助作用。真正有创造性的译者所要考虑的不是原作中的文词而是形象，译者需要文词只是为了揭示形象，他使用的文词并不一定与原作中的文词相对应。归根结底，翻译的创造性就是译者想用自己的语言按照原文创造一部等值的文艺作品，其中对原作艺术上的忠实是主要的，而语言修辞上的忠实则处于从属地位。所谓"高度的艺术性和高度的准确性相结合"只是一种理想，事实上艺术上的忠实和文字上的忠实是不可能同时存在的。

原作中的民族特色(национальная специфика)问题在译文中得以解决就是一个文学创造性的问题，正是这种特色在翻译中的解决可以体现出翻译的创造性原则。

3. 关于译者个性

使用中的语言即风格，风格即人，而人就有个性，译者如果仅仅会使用有限的翻译技巧，那他只能算个翻译匠(переводчик-ремесленник)；真正的译者在再现原作美学价值的时候，必然会表现出自身的创作个性，而且事实表明，译者一般都不能摆脱自己所属流派的影响，总要表现出文学时代的风格。

毋庸置疑，文艺翻译应该关心最大限度的等同，因此，应当把客体和主体在反映过程中的相互影响视为翻译创作的基本规律，正是依靠这一规律，我们才能创作一部新的文艺作品，这部新的文艺作品和独特的原著不仅在语言上不同，而且还带有译者独特的创作个性。

然而，乌克兰学者科普季洛夫对此却持不同意见，他提出了纯语言学的而不是综合的翻译理论，否定译者的创作个性(творческая индивидуальность переводчика)，因为从语言学的观点来看，强调译者的创作个性就是偏离原文。他不承认译者有权摆脱原文，并认为偏离原文就是"译者个人同原作者对立起来"。科普季洛夫的这一论点忽视了译者有对原作进行阐释的权利。创作个性这个问题如果从文艺学的角度来讲，就上升为某种创作原则，是对待翻译的一种态度，因而也是一种方法。译者的创作个性是实际存在的，我们要研究它，并确定它在翻译方法论体系中的客观地位。

科普季洛夫对译者个性持否定态度，他认为，翻译不是两种创作个性的结合。但他只注意到了译者与作者不同的方面，事实上译者和作者也有接近的方面：第一，同一作品不同译文的区别首先正说明了不同译者的创作个性；第二，从不同译文的区别中也可以找到传达作者写作风格上的区别；第三，译者通过自己对原作的总的态度，实际上还是解释了所描绘的现象(以及整个原文)。科普季洛夫否认译者的创作个性，因而也就否认了译者的民族特性，而民族特点存在于每种民族语言和民族心理特征或思维之中。

4. 现实主义翻译理论

"现实主义翻译"的思想最早是卡什金提出的。他规定翻译的任务就是用一种新的语言来传达原作中真正可能传达的一切，以及作者感受的原始的新鲜感(первоначальная свежесть)。卡什金(Иван Александрович Кашкин，1899—1963)指出，译者的创作和原作者的理解性质相同，因此将文学中的现实主义传统引入翻译理论，并且将翻译定义为原作现实的再现。这一观点推动了人们从方法论上去阐释作为一种创作特殊形式的文艺翻译。这要求译者在翻译的范围内进行创作，也就是再现原文的业已确定的艺术现实。

现实主义是一种最客观的反映方法，作为一种创作方法，它已经武装了苏联的文艺翻译学派。现实主义译者，遵循现实主义艺术规律(反映原作形式和内容中一切特殊的和典型的东西，再现原作形式和内容的统一)，反映原作的艺术现实；而与原作在文字上一致，更确切地说，在修辞上一致仅有助于达到忠实，但不应让这一点来左右自己的意志。忠于原作的艺术现实，这才是现实主义译者的目标。

那么，原文的艺术现实究竟指什么呢？首先，它包括内容，我们根据内容可以在自己的想像中再现作者记录下来的生活现实中的现象；其次，还包括作者赋予自己所反映现象的形式；甚至还包括文艺作品特有的形式和内容的有机统一。也就是说，翻译过程始于想象作者作品中所反映的东西。译者思维中出现的想象不仅包括原文中所讲的，即内容，而且还包括原文是怎么讲的，即形式。所有这一切都是一个有机统一体，并且有机统一地反映在译者的思维中。这就是说，译者在自己的视阈中再现原文的艺术现实时，有权使用可能在原文中找不到词汇等值单位的文词，这并不影响再创作过程中的真实性。可以有条件地说，译者似乎是向听众“转述”原文，用听众能听懂的语言“再现”原文。

翻译中再现原文的形式和内容的问题，从根本上说是传达原文的民族特色问题。现实主义翻译既考虑到翻译过程中所碰到的两种语言的民族特色及其修辞手段，又能消除它们在两种民族体系(原文和译文)、两种创作个性(作者和译者)的创造性结合中的矛盾，这也是翻译的辩证法。修辞在任何情况下都应服务于原文的艺术任务，它永远是以创造性原则为前提，译者如果只沉湎于寻找修辞对应单位，势必会造成在新的修辞水平上的逐词死译。

现实主义翻译法要求再现艺术现实；在再现的过程中，译者的创作个性中已经包含了“民族特色”的概念。因此，在文艺翻译中有两种民族体系，两种创作个性；对译作语言的改变要求译者以一种新的创造性的态度来对待原作形式和内容的统一体，从而在美学上再现这种统一。

5. 小说的翻译

在翻译小说时，译者为了寻找一把深入作品实质的“修辞钥匙”(стилистический ключ)，必须要掌握原著的节奏、语调和传达意思的手法，弄清这些成分与作品的主题、情节、结构以及一切形式要素之间的联系。

和其他一些体裁相比，小说，尤其是现实主义小说更富有直接的和自然的品格，因而它被视为首要的和基本的文艺言语形式，其基础是活的口语形式，这一特点在译文中也应该得以保留。

小说译者碰到的语言的基本单位并不是单词，而是语段(синтагма)，即词群的意义组合和它们的节奏—句法的结合体(ритмико-синтаксическое объединение)。文本的任何一部分都不能脱离整体来翻译，这个“整体”是指作品中某个相对完整的组成部分，而翻译这个组成部分时又不能脱离整部作品。对于这种局部与整体的内在联系，在翻译过程中要时刻加以关注。

译者在动笔之前应先读几遍原著，好好领会原著的节奏和语调。语调和节奏是作者的声音。要再现原作的语调结构，必须靠完整的文本片段(отрывок текста)来实现，因为片段才是“文学元素”(литературный элемент)，而一个句子或一段话只是语言元素(языковой элемент)。

小说的节奏虽然不像诗歌那么明显突出，但它也会在停顿和大小不同的意义单位交替中不同程度地表现出来。在翻译过程中还要注意，节奏从属于语调的程度。

句法结构在小说翻译中具有特别重要的意义，译者应当找出恰当的句法结构，以便最忠实地传达意思、语调和节奏等因素，即译者应再现原著风格而不重复其语法形式。小说相对自由的句法结构给译者带来了更大的责任，如果说诗歌的译者由于这一体裁的特定程式，可以根据构诗法采用倒装句或调整一些词的顺序等，而小说译者则不能。小说译者必须精通母语，不能复制和仿造外来形式；译文的句法结构应该与母语的特性相适应。特别是彼此相去甚远的语言，在翻译中就不能用直接的语言对应来传达。

因此，在小说的翻译过程中，用文字形象表达原著意思，和用句法结构表达原著的语调和节奏，彼此之间是紧密相连的。应该时刻考虑整部作品，考虑某段话语同整体的关系以及个别词语同上下文的关系。

韵文(ритмическая проза)是介于小说和诗之间的一种体裁样式，它的第一个特征是节奏鲜明，由此得出的其他特征是：独特的诗的句法、诗的语调、倒装句法，富有表现力的词汇，形象性言语的高雅诗学形式(возвышенные поэтические формы образной речи)。韵文译者要着眼于原作的节奏和语调，着眼于语调的意义功能及其与内容的联系、节奏单位重复出现的规律以及由重复出现手段而产生的语调和总体修辞色彩。译者要根据这一切重新表达原文的各个成分，并用这些成分创造新的统一体。

6. 诗歌的翻译

传统的诗歌具有固定的、基本和谐的节奏，它表现在诗律上；诗歌的语调具有音乐性，它寓于节奏，不过诗歌的节奏与散文不同，它不取决于句构，相反，它是通过韵律影响句构的；诗歌的艺术手法比散文更简练和程式化。分析译诗所遵循的方法论原则应当与分析散文翻译相同，但是体裁的特色又使译诗的方法带有自身的特点。

译者首先要研究诗歌的节奏和韵律，诗歌的节奏一方面同诗的内容有关，另一方面也与内容相应的语调有关。所有这些成分构成诗歌的风格，而诗歌的韵律则可以组织起诗句。和散文不同，诗歌对节奏的要求很精确，翻译时传达原诗的节奏比传达它的韵律容易，因此，译诗和翻译散文一样，要再现节奏和语调的相互关系，而不是再现诗的格律和韵式。译者必须慎重选择诗律，看看是否能够通过重复原作的格律而达到很好的效果，如果不能，就应当改换格律，换成与艺术任务比较相适应的格律。诗歌翻译中，诗律可以有所不同，但诗的总体美学功能必须一致。

结　语

文艺学派的翻译理论在西方翻译理论中历史最为悠久，从古代的戏剧翻译家泰伦斯等一直延续到当代捷克的列维和前苏联的加切奇拉泽。在前苏联，翻译理论的研究最早也是从文艺学的角度开始的。这一派的翻译理论无一例外地把翻译看作一种再创造，视为一门艺术，加切奇拉泽无疑继承了这一传统。

传统上持语言学派观点的学者大都有高等院校教师的背景，因为他们需要为翻译教学提供一套操作性强的理论，因此倾向于从语言学角度来探讨翻译问题，将翻译理论和语义、语法的分析结合起来；而从事文学翻译实践和研究的作家或翻译家则往往都持文艺学派的翻译观，他们强调译者应该具有天赋的才华，重视翻译的美学效果、艺术效果，如高尔基、布留索夫、楚科夫斯基、斯米尔诺夫、卡什金等，他们都是在自己的创作和翻译实践的基础上，进行一些经验性的总结，对翻译的某些理论问题提出很有参考价值的见解。该书的作者加切奇拉泽也是一位才华横溢的大学者，他集文学家、翻译家于一身，还从事过编辑、教师等多种工作，这些丰富的阅历为他的理论研究奠定了坚实的基础。在借鉴吸收前人观点的基础上，加切奇拉泽旗帜鲜明地提出了文艺学派翻译理论的基本原则，即创造性地再现原文的艺术现实。

《文艺翻译与文学交流》这一题目似乎就暗示了西方翻译史发展的轨迹，这轨迹就是西方各民族文化的内部交流和外部交流，并在交流中相互融合，不断发展。该书对文艺学派的翻译理论进行了全方位的诠释，是文艺学派翻译理论的经典之作。

这部论著具有文艺学派理论著述的一个共同特点，就是仍然不放弃对逐词翻译和自由翻译问题的探讨。作者认为，正是传统上为“翻译”所下的定义使得“逐词翻译”和“自由翻译”这两个概念之间的矛盾一直得不到解决。如果说翻译是把话语从一种语言变换成另一种语言的话，那么逐词翻译论者就顺理成章地把翻译仅仅理解成改变原文的语言外壳，他们只关心文词上的对等。而事实上译者真正应该关心的，是原文中的形象而不是语言本身，译者需要语言只是为了揭示形象，用自己的语言再现原文中的形象，然而，在语言上并不一定都要与原文相对应。在逐词翻译和自由翻译的问题上，加切奇拉泽秉承了文艺学派的思想，提倡注重美学效果的自由翻译，而逐词对译和艺术性是格格不入的。加切奇拉泽一针见血地指出，语言学派翻译理论的要害就是将翻译过程简单化为寻找语言等值单位，翻译成了某种技术过程。事实上，翻译过程应该是选择最恰当的语言手段来再现原文的艺术因素。

创造性原则是文艺学派翻译理论的精髓，早在古罗马时期，西塞罗就提出了“作为解释员的翻译”和“作为演说家的翻译”这两个概念，前者是指与原文机械对应的翻译，而后者则指具有创造性的翻译，这也就是指逐词翻译和自由翻译这两种最基本的译法。他认为译者在翻译中应发挥演说家的才能来打动读者，由此我们可以说是西塞罗首先将翻译作为一种创作活动。加切奇拉泽也大力提倡翻译的创造性原则，他的贡献主要在于，他为翻译的创造性提供了一个很好的立足点，即翻译的对象是原文的艺术现实而不是语言，也就是原文所反映的生活现实中各种现象的总和，语言只是一种不可或缺的手段。既然如此，译者在反映艺术现实的过程中，不再把形式上的对等作为首要任务，而是要充分调动自己的主观能动性，寻找一切手段来传达原文的艺术现实。换句话说，译者应该再现的是原文形式和内容的统一体，译者的任务是再创作一个与原文类似的艺术整体。

难能可贵的是，加切奇拉泽在强调译者的创造性和译者个性的同时，并没有忽视另一个极端的现象，就是译者的主观主义倾向。他敏锐地发现，在斯米尔诺夫为“等同翻译”所下的定义中，提到“等同翻译是传达作者的全部意图（经过深思熟虑的和无意识的）”，而这“无意识的意图”如果也作为译者的反映对象的话，必然会导致译者诠释的极度自由化，最终会使译文失去应有的信度。由此可见，加切奇拉泽对于创造性原则的阐释是全面而理性的。时至今日，创造性原则对于文学翻译的重要性已经得到了公认，同时它为翻译文学在文学史中的地位最终得以确立提供了强有力的理论支持，既然翻译文学也是文学创作的一种形式，它必然应该具有相对独立的艺术价值。加切奇拉泽曾经很有预见性地指出，优秀的译作必然会成为民族文学不可分割的一部分。

关于现实主义翻译方法的问题，加切奇拉泽继承了卡什金的术语，并将这个概念提到了理论、方法论的高度。现实主义翻译理论具有较强的概括性，其实质就是要求译者忠实地反映原作的艺术现实，创造性地再现原作的形式和内容的统一体。“反映原作的艺术现实”这一提法是加切奇拉泽对卡什金的观点进行修正的结果，卡什金试图让译者再现作者在原作中反映的生活现实，即透过原作的文辞，领悟作者在体会现实时“原始的新鲜感”。而卡什金的这种翻译观为语言学派所诟病，于是加切奇拉泽适时地提出，译者应该反映的是原作的艺术现实，而非生活现实。后人在此基础上又提出文艺翻译的方法为现实主义和浪漫主义相结合，所谓浪漫主义指的是译者充分发挥主观能动性，对原作的艺术意境积极给予社会和审美评价。

我们认为，现实主义翻译方法已经很好地涵盖了文艺翻译的全部内容，它要求译者具有较高的文学素养和创造性，因此决不抹杀译者的主观能动性，只是发挥主观能动性的程度必须遵循忠实再现原作的艺术现实。而浪漫主义要求译者参与对原作的艺术意境的评价，这一点似乎会为自由主义的翻译打开方便之门。而从另一方面来讲，“现实主义翻译”这一提法已经没有发扬光大的必要，因为将文艺学的术语作为帽子简单地扣在翻译活动之上是不合适的。不过从实质上来看，这个概念所包含的基本思想确实就是文艺学派的一贯主张的综合和概括，文艺翻译毫无疑问属于翻译通论的范围之内，是它的一种具体形式；文艺学派的观点在进行文艺翻译时是适用的。

小说的翻译在文学翻译理论的研究中一直受到忽视，因为人们普遍认为，真正的艺术是诗歌的翻译。因此翻译理论家们往往不惜篇幅地谈论诗歌的翻译，甚至连语言学派的代表人物雅各布逊和费道罗夫等都有关于诗歌翻译的专论，相比较而言，关于小说翻译的讨论就要冷清得多。不过前苏联文艺学派的鼻祖，著名翻译理论家楚科夫斯基很早就对这一问题给予了充分的关注，曾发表过《小说的翻译》（Переводы прозаические）一文对此进行专题讨论。在《文艺翻译与文学交流》一书中，加切奇拉泽又列专章讨论了小说的翻译，从句构、节奏、语调等方面详细研究了小说翻译的关注点，具有较强的实践性，对小说翻译起到了很好的借鉴作用，对小说译者来说也有指导意义。

从翻译研究的历史来看，语言学派的翻译理论因其较强的操作性而异军突起，并且很快取代了历史悠久的文艺学派而取得主导地位。在翻译的语言学派得势以后，文艺学派进入了相对沉寂期，一度甚至出现了语言学派一统天下的态势。加切奇拉泽关于文艺翻译理论的几本专著再次引起了人们对文艺学派翻译理论的关注。理论界再次意识到，语言学派的翻译理论在解释文学翻译中所遇到的具体问题时，往往会感到力不从心，这时候只有借助文艺学的方法来解决。遗憾的是，加切奇拉泽的部分观点在费道罗夫(1983)的专著中被吸取之后，似乎再也无人对他的理论加以系统地继承和发展。

但是，文艺翻译无疑与翻译通论中的其他翻译类型存在根本的区别，这个根本区别就在于文艺翻译的创造性原则，这也正是文艺翻译区别于其他翻译类型的要义之所在。语言学派无论是从方法论上还是从实践上都无法为文艺翻译提供完整的理论依据，因此，文艺翻译仍然应该作为翻译的一种特殊类型而加以专门研究。

思考题

1. 加切奇拉泽的翻译思想主要体现在哪一部著作中？
2. 加切奇拉泽是怎样论述文艺翻译的？
3. 加切奇拉泽是怎样看待译者个性的？
4. 论述加切奇拉泽的现实主义翻译方法，他与卡什金的现实主义翻译方法有什么不同。
5. 加切奇拉泽是如何看待小说和诗歌翻译的？

第六章 科米萨罗夫的翻译理论

维连·纳乌莫维奇·科米萨罗夫(Вилен Наумович Комиссаров, 1923—2005)是国立莫斯科语言大学(МГЛУ)的教授，国际著名的翻译理论与翻译教学法方面的专家。他著述甚丰，达90多篇(部)。其中有代表性的著作包括：《论翻译》(Слово о переводе. 1973)；《翻译语言学》(Лингвистика перевода. 1980)；《翻译理论(语言学观点)》(Теория перевода—лингвистические аспекты. 1990)；《翻译教学法的理论基础》(Теоретические основы методики обучения переводу. 1997)；《翻译通论(国外学者论翻译学问题)》(Общая теория перевода —проблемы переводоведения в освещении зарубежных ученых. 1999)；《现代翻译学》(Современное переводоведение. 1999)；《俄罗斯的翻译语言学》(Лингвистическое переводоведение в России. 2002)。迄今为止，这些著作在我国均无全译本。只有《现代翻译学》有摘译本。

20世纪60年代中期以来，苏联的翻译研究在很大程度上走上了翻译通论研究，即语言学研究的道路。与此同时，翻译作为纯语言学研究的一个特殊对象，作为研究语言间关系的材料，也引起现代语言学家的兴趣。

下面我们综合介绍科米萨罗夫的主要翻译思想。

1. 翻译的普通语言学理论

什么是翻译？通常的理解是：翻译是译者的活动过程或者译者的活动结果。科米萨罗夫引用了巴尔胡达罗夫的翻译定义："把一种语言的言语产品，在保持其内容不变的情况下，改变为另一种语言的言语产品的过程"，并认为翻译"研究的不是语言系统，而是言语产品，即话语"。该定义使翻译脱离语言而完全进入言语范畴。科米萨罗夫认为翻译的一些共同不变的特点是由语言因素(即掌握两种语言)决定的。仅仅从译者活动的角度来研究翻译是不够的。翻译作为语言学研究的对象，既不是译者的行为，也不是译者与译文接受者(рецептор)之间的言语交流(речевое общение)。翻译的目的是在操不同语言的人群之间实现言语交际(речевая коммуникация)。

翻译是人类通过语言手段进行交际的一个特殊情形，是交际者(коммуниканты)利用不同的语言系统进行言语活动(речевая деятельность)的特殊形式。翻译的最大特点是在交际过程中有两种语言参加，即具有"双语性"(двуязычный характер)。

翻译实质上不是译者的言语(书面的或口头的)行为，而是复杂的跨语言交际行为。它是两个不同语言的言语产品在交际过程中的融合(объединение)，从而表达相同的内容。换言之，翻译是三个言语行为的综合：创造原文的言语行为、创造译文的言语行为和使不同语言表达出来的言语产品融合的行为。正是后者体现了翻译的语言学方面。

翻译与同一语言内的交际不同，它是跨语言交际行为，比后者多了“译者”这个环节。其过程也因此更为复杂：交际一方利用源语(исходный язык, язык-источник)创造出言语产品，发出信息，该信息到达译者并经他用译入语(переводящий язык, язык перевода)进行言语创造(речевое произведение)并表达出来，然后再由交际的另一方来诠释，从而完成交际行为(акт общения)。在这个交际过程中，原作和译作之间应保持交际等值(коммуникативная равноценность)。这样，翻译就不同于译述(пересказ)、摘译(реферирование)、节译(адаптация)等其他形式。

众所周知，两种语言系统不仅在表达层面(план выражения)上不同，而且在内容层面(план содержания)上也不尽相同。有人说，语义系统上的差别并不妨碍翻译，因为重要的是译出原作整体的内容，而不是一些个别单位，所以尽管个别因素上存在差异，译作的意义从整体上仍然可以与原作保持一致。实际上这是不可能的。没有个别因素就没有整体，虽然整体意义并不完全取决于个别因素。个别因素意义上的不同，必然导致在翻译整体时有一部分意义会丢失。事实上，我们通常所说的表达整体意义，指的是表达其最为重要的那部分意义。译作和原作内容上的不一致，证明把翻译定义为保留或完全复制原作内容的过程是相对的。但是也不能由此得出“不可译性”(непереводимость)的论断。

翻译的要求仅仅是原文和译文交际等值，以使它们在具体交际行为环境中可以互相替代。

所谓交际等值，指的是不同文本——发出者的文本(текст для отправителя)和接受者的文本(текст для получателя)在言语交际行为中的等同。

原作和译作实现交际等值的基础是它们在内容上具有很大的一致性。翻译语言学最重要的任务在于揭示内容一致性的特点、条件和范围，它们都是源语和译入语语言系统和功能规则(правила функционирования)所决定的。

把翻译作为言语交际的一个特殊形式来研究，就有可能揭示翻译中起决定作用的是语言的结构和功能规则，还可能揭示出在跨语言交际中某一语言运用的独特之处。这就使翻译的语言学概念合乎情理地既包括纯语言成分，又包括言语成分。

所谓纯语言成分，指是一些特殊的语言事实，它们是两种语言在交际中起着等值作用，在跨语言交际中能够互相替代；所谓言语成分，指的是翻译活动中个人创造性的因素，即在两种语言单位间无法实现稳定的对等关系时所出现的偏离语言规范和翻译规范的现象。这也说明了翻译是语言学研究的重要对象，它应当首先借助语言学的概念和方法来进行研究和描写。

我们知道，言语行为是语言的职能，是该语言结构中不同层面单位运用的结果。语言学家通过研究大量的言语行为，可以揭示语言的功能、语言的单位和语言结构不同层面间的关系，从而弄清它们的语言机制。翻译的语言学研究也应如此，即通过研究翻译过程中的言语行为来阐述这一过程的语言基础。

总之，翻译不仅仅是个过程，是译者的活动，它更是一个特殊的跨语言交际行为。翻译的结果不可能完全保留原作的内容，翻译的目的仅在于实现交际等值。翻译不能仅从言语的角度去研究，从过程的角度来研究，它更要通过研究其过程中的言语行为来研究其实现的语言基础。

2. 翻译理论研究的对象、任务和方法

翻译是一个复杂的现象，涉及的面很广。根据所要研究的对象，翻译学(переводоведение)可分为心理翻译学、文学翻译学、民族翻译学、历史翻译学等。这些翻译学相互补充，从而全面揭示出翻译活动的面貌。在现代翻译学中，翻译语言学(лингвистическое переводоведение，或称 лингвистика перевода)占有主导地位。它把翻译视为一种语言现象。

科米萨罗夫所说的翻译理论指的是翻译的语言学理论。它由总论、分论和专论三部分组成。其中分论是研究具体两种语言间的翻译，专论是探讨各种类型和体裁的翻译过程。

翻译理论是描写性的，而不是规定性的。它的基本任务是：揭示并描写翻译的普通语言学基础，分析翻译作为语言学研究的客体同其它语言中介(языковое посредничество)的区别，划分翻译的类型，阐释翻译等值的本质，确立翻译总论的一般性原则以及分论、总论的具体特点，研究科学描述翻译过程的总体原则，阐明语用因素和社会语言学因素对翻译过程的影响，探讨翻译的标准。

翻译语言学除了上述的理论任务外，还研究翻译在应用方面的任务，如教学法、机器翻译等。

对比分析法是翻译理论研究的重要方法。把译文的形式与内容同原文的形式与内容进行对比分析，有助于揭示翻译的内部机制、翻译中的等值单位、译文与原文在形式和内容上的变化。

翻译的语言学理论把翻译置于跨语言交际这个广阔的背景下，研究交际的各个方面，揭示决定交际的语言内因素和语言外因素。它不仅涉及源语文本和译入语文本，也涉及原文转换成译文的过程。翻译作为一种语言中介，其目的是保障操不同语言的人达成沟通，实现跨语言交际。

翻译可以定义为一种语言中介，借助这个中介运用译入语创造出与原作在交际上等值的文本，而译文的交际等值指的是译文在功能、内容和结构上与原作一致。

翻译是跨语言交际，这是它与单语交际最大的不同之处。翻译的交际过程是：信息发出者(即原文的作者)借助源语创造出反映现实的言语产品(原作)，其活动所构成的一系列言语行为是针对源语接收者的，这些接收者和作者使用相同的语言，拥有共同的历史文化经验和语言经验，这有助于他们理解文本的内容；译者在信息发出者的言语行为中处于接收者的位置，但是他同时还要用译入语创造针对不同接收者(译入语接收者)的译文，并且译文的形式和内容要与原文一致；最后，译入语接收者从译文中获取信息，并以此结束译入语中的言语行为。

译者的活动不是机械地用译入语单位替换源语单位。等值的语言单位和话语在两种语言中客观存在，但是正确地认识、选择和运用它们，却取决于译者的知识、能力和创造性。所以译者的活动是主观性和客观性的综合。

需要指出的是，译者的活动不仅仅是翻译，它还包括各种形式的适应性转码

(адаптивное транскодирование)，即为了将所要传达的信息在容量和性质上达到某个要求而变换形式，以表达原作的内容，如简译(сокращенный перевод)、节译(адаптированный перевод)、译介(резюме)、摘译(реферат)等。

3. 翻译中的语义问题

通过描述原作和译作之间含义上的联系(смысловые отношения)，可以揭示翻译等值(переводческая эквивалентность)的概念。等值是翻译语言学的一个基本概念，翻译中的语义问题是该学科最重要的领域。把翻译视作为一种特殊的跨语言交际形式，这就揭示了语义问题在两种语言系统的功能对比中占有主导地位。语义问题和等值(эквивалентность)问题紧密相连。所谓翻译等值，指的是语言间的一种语义关系，这种语义关系可以在翻译中的语言功能对比过程中加以确定。原作和译作之间的关系可以称为语言等值(лингвистическая эквивалентность)。翻译中的等值类型主要有五种。

(1)交际目的等值

交际目的是交际行为最主要的功能，它是任何一种言语必不可少的内容。原作交际功能在译作中完全可以表达出来，而不会有任何语言上的障碍。

这一类等值的特点，是译文与原文"貌离神合"。也就是说，译文虽然在词汇和句法上同原文有很大的出入，但却表达出了"原文所述内容的目的"(для чего сообщается содержание оригинала)。例如：

Do you take me for a fool?(你当我是一个傻瓜吗?)

Что я маленькая, что ли?(当我小还是怎么的?)

(2)情景等值

这类等值除了保留原文的交际目的，还有一个最主要的特点，即运用不同的语言手段来表达原作的内容，即"原文说的是哪方面的内容"(о чем в оригинале сообщается)，以达到"情景一致"(идентификация ситуации)。例如：

You see one bear, you have seen them all.(你看见了一只熊，你就看见了所有的熊。)

Все медведи похожи друг на друга.(所有的熊都彼此相像。)

(3)情景描写方式等值

这个层次上的等值，指的是译文在保留原文的交际目的和情景的同时，还保留了原文中的主要概念，即"原文中说了什么"(что сообщается в оригинале)。例如：

Scrubbing makes me bad-tempered.(抹桌擦地的活儿把我弄成了坏脾气。)

От мытья полов у меня характер портится.(因为擦地板，我的脾气变坏了。)

That will not be good for you.(那将对你们不利。)

Это может для вас плохо кончиться.(这对你们来说可能会有坏的结局。)

(4)句法结构等值

这一类等值形式的翻译不仅保留前三种形式的等值，还实现了句法结构上的一致性，即部分地保留了原文是"怎么说的"(как это говорится)。例如：

He was never tired of old songs.(他从不厌烦老歌。)

Старые песни ему никогда не надоедали.（老歌他从不厌烦。）

(5)最大限度等值

这一类等值的特点是文本结构组织上的平行程度高，词汇组成的对应程度大，译文保留了原文内容的基本成分。例如：

The house was sold for 10 thousand dollars.（房子卖了一万美元。）

Дом был продан за 10 тысяч долларов.（房子卖了一万美元。）

科米萨罗夫(1990)也曾把上述五类等值中的前三类称作情景功能等值，而把后两类称作语义等值。

4. 翻译中的语用问题

翻译中的语用因素既指原作单位意义中的语用成分，又指翻译行为本身的语用任务。对翻译进行语用研究，可以充分理解翻译过程中语言和言语应用的相互作用。

翻译语用学的研究包括三个方面：一是如何传达原作中词汇的语用意义(прагматическое значение)，二是把翻译中的语用问题视作具体翻译活动的实际目的，三是要求翻译做到语用顺应(прагматическая адаптация)①，以保障原作和译作在交际效果上等同。

对于什么是“语用意义”，人们至今还没有统一的认识。它在词的意义结构中的地位尚未确定。它存在的合理性和必要性甚至值得怀疑，因为语用意义就是情感意义、修辞意义、形象联想意义所表达出来的信息。但是不管怎么说，语用意义的翻译对保障交际等值很重要。语用因素是等值翻译的组成部分。文本的语用问题更加复杂，它牵涉到言语产品和交际者之间的关系。根据耶格尔(Егер)的观点，文本中的语用因素包括四个种类。

第一类是创造文本的意愿，换句话说，文本以某一语言形式存在本身就是一种语用因素；第二类语用因素是考虑交际环境和交际参加者的特点而选择文本的内容；第三类语用因素与语言表达手段有关，即选择标准语形式、非标准语形式或者外来语形式；第四类涉及挑选具体的语言手段。传达原文的语用意义可以更加完整地复制原文语言符号的内容层面。

跨语言交际过程中常常出现另一类语用问题。这些问题在很大程度上带有超语言性质(экстралингвистический характер)，因为它们不是指语言符号语义上的特点，而是翻译行为本身的语用性。此时的“语用”表达另外一种意义——“实际目的”(практическая цель)或“实际任务”(практическая задача)。这一类研究的基础是作为言语行为的翻译具有双重性质。翻译过程有两个语用目的。一方面翻译是在跨语言交际范围内进行的，所以要面对原文，在这一层上，翻译的语用任务是使译作和原作最大限度的接近；另一方面，翻译又是使用译入语的具体言语行为，是针对一定条件下的具体读者的，所以译者会利用翻译的结果来达到自己的目的，如宣传、教育的目的，使译作

① Прагматическая адаптация 有时也可翻译成“语用改写”、“语用适应”，在英语学界多用“语用顺应”。

适合某一群体的特点，或者译者想把自己对原作或者对所述事件的态度强加给译文读者等。为了实现这一语用最高任务（прагматическая сверхзадача），译者有时故意放弃最大限度的等值，而对原文信息进行增删变动或简化处理。

语用最高任务的存在，在很大程度上决定了译作评价的标准。人们评价译作时，与其说是根据它对原作的忠实程度，不如说是根据译作在多大程度上符合翻译的目的。这一程度可用“语用价值”（прагматическая ценность）来表示。只有从语用价值的角度，才能理解某些译作虽然在很大程度上偏离了最大限度的等值，但它们仍然是正确的、对等的翻译。

翻译中第三类语用研究，是把文本的语用理解成它的交际效果（коммуникативный эффект），即文本对读者的作用或读者对文本的反应。这是因为翻译针对的是与原作读者不同的读者，所以有必要使译作做到语用顺应（прагматическая адаптация），以使得译作获得与原作同样的效果。

语用顺应有四种基本形式：

第一种语用顺应是增加必要的背景知识，以使译文读者获得对等的理解结果。例如，英国人每逢星期五发工资，而俄罗斯人一般一个月只领一两次工资，所以在翻译下面这个英语句子时，必须补充这一必要的信息，以使俄罗斯读者能够正确地理解原文：

It was **Friday** and soon they will go and get drunk. And now they pretended that it was Monday and even Thursday and that they had no money.

Была **пятница**, **день получки**, и скоро они пойдут и напьются. А пока они делали вид, что сегодня понедельник или даже четверг и что у них нет денег.（时值星期五，发薪日，他们很快就会去喝个大醉，但现在他们仍装作是星期一至星期四，身无分文。）

第二种语用顺应是为了使译文读者获得相同的情感影响，这是因为每一种语言中都有一些具有特殊联想意义的词汇，而这些词汇在另一语言中则没有这些联想意义，翻译时如果不进行适当的处理，就会使原作和译作的语用潜力（能）（прагматические потенциалы）出现错位。例如，俄语中 берёза 一词不仅仅表示一种树，它还是一种象征。俄语作品中可以把姑娘比喻为 стройная берёза，而这对英国人来说是不可理解的，因为他们对 white birch（берёза）没有类似的联想。同样，在英国，无论是有教养的绅士、太太，还是流浪汉、罪犯，他们在表达不满时都会说一句“O shit”，而俄语与之对应的“Ах, дерьмо!”则不会从一位优雅的女士口中说出来。翻译时为了达到相同的情感效果，一般译成“Ах, чёрт!”或者“О, господи!”

上面两种语用顺应所针对的读者是普通读者（усреднённый читатель），而第三类语用顺应是针对具体接收者与具体交际情景、为获得理想的效果而进行的调整。所以这类语用顺应形式通常会造成译文与原文在形式上有较大的不同。文学作品、影视作品的名称的翻译常属此列。例如：

《Live with Lightning》—《Жизнь во мгле》(《黑暗中的生活》)

《Mr. Smith goes to Washington》—《Сенатор》(《参议员》)

第四种语用顺应是为了完成“翻译外的最高任务”（экстрапереводческая

сверхзадача)。所有翻译都是译者为了实现某种目的而进行的文本创造。在大多数情况下，这一目的是为了实现翻译的对等，然而有时候译者还会利用翻译达到其他的目的，完成一些与准确复制原作无关的任务。为此，他甚至不惜违背翻译活动的基本原则。这类语用顺应也有若干形式：

（1）语文学翻译（филологический перевод），即译者追求复制原作的形式特点，即使违反了译入语的语言规范和言语规范也无所谓；

（2）简译（упрощённый перевод）或近似翻译（приблизительный перевод），即译者根据具体接收者的要求而对原作进行选择性的或概括式的翻译；

（3）将原作现代化（модернизация оригинала）；

（4）译者出于政治、经济、个人等原因而完成某种翻译外的任务。

翻译中的语用影响（прагматическое воздействие）可分作两类。一类是文本内容的影响，另一类是文本中语言单位的意义的影响。后者与语言手段直接相关，而前者则取决于交际者对所描述的事实的态度。这种态度具有个人主观性质，在具体的交际行为中表现不同。如对于《Смирнов живёт в этом доме（斯米尔诺夫住在这幢楼里）这句话，不仅不同的人会有不同的反应，就是同一个人在不同的场合下也会有不同的反应。语言单位也会产生语用影响，例如在现实交际中，Я люблю яблоки（我喜欢苹果）这句话可能会被对方理解为一个请求：Дай мне яблоко（给我一个苹果吧）。

译作与原作的语用等同（прагматическая адекватность），只能理解为原作读者从原作中和译作读者从译作中有可能获取相同语用指向（прагматическая направленность）的信息。相同的语用信息并不一定有相同的影响，所以，必须使原作对原作读者的影响与译作对译作读者的影响一致的这种说法并不十分准确。原作读者和译作读者的反应经常趋同的情况是绝无可能的，因为他们是不同时代的人，有不同的世界观。原作和译作影响上的一致性只可理解为原作读者和译文读者获得了相同的评价信息（оценочная информация）。

5. 翻译中的修辞问题

翻译中的修辞问题是翻译语言学的一个重要组成部分。科米萨罗夫利用对比的方法探讨了翻译语言学和修辞学的关系，以及翻译中的语体问题。不同的功能语体有不同的翻译特点，这反映了语言中通用手段和有功能标记手段之间的相互作用。

翻译修辞学在许多方面需要从文学的角度来研究，因为语言手段的功能在很大程度上与作者的个人风格有关。科米萨罗夫仅从语言学的角度对此进行了分析。

翻译修辞学虽然与对比修辞学密切相关，但是在研究对象和任务上却各不相同。不管对比修辞学是否研究不同语言的同一类手段的功能，也不管它是否研究表达同一功能的不同语言手段，对比修辞学从不研究跨语言交际过程中两种语言功能上的联系。

翻译修辞学研究的内容包括两个方面：一是翻译的分类，其基础是原作在语体功能上的根本区别；二是针对原作中运用的次标准形式（субстандартные формы），即一些不规范的语言形式，如何在译作中选择功能对等的语言手段加以传达。

翻译的分类方法有多种多样。根据原作的功能指向（функциональная

направленность)，翻译可分为文艺翻译(художественный перевод)和“非文艺翻译”(нехудожественный перевод)，后者又可称作“信息翻译”(информативный перевод)。文学作品之所以与其他言语产品对立，是因为它具有美学功能，而其他言语产品中信息内容是第一位的。文学翻译的基本任务在于创造能给译作读者带来艺术美感的言语产品。为此，翻译的结果会偏离原文形式上的意义。例如：

The mountain tops were hidden in a grey waste of sky...

Вершины гор тонули в сером небе.（山峰隐没在灰色的天穹之中。）

很明显，俄语译文没有寻求与英语 were hidden 最大限度对等的词汇。这不是偶然的，因为俄语 тонули 这个动词在此处很好地表现了苍穹的无边无际。

翻译中的修辞问题不仅仅在于翻译时要做到语体顺应(жанровая адаптация)，还要研究如何在译作中挑选功能对等的语言手段，以对应原作中非标准的语言形式。

原作中的次标准形式主要是地域方言、社会方言和外国人的言语中出现的模仿(имитация)和感染错合(контаминация)现象。这些问题至今还没有统一的解决方法。

原作中使用地域方言有两种情况。一种是方言作为原作的语言，另一种则是为了表现人物的语言特点。前者中的方言与作品内容无关，而后者则体现说话人的地域归属，是无法直接翻译出来的。卡特福德认为，地域方言实际上并不起着地域功能，而起着社会功能。这样，地域方言和社会方言就几乎相同了。社会方言与全民标准语的不同点，在于它具有一些语言特点，有着独特的标志。例如：

He do look quiet, don't 'e? D'e know 'oo 'e is, Sir?

Вид-то у него спокойный, правда? Часом не знаете, сэр, кто он такой?

原文中的语法特征(不用 doesn't，而用 don't)和语音特征(用 'e 而不用 he，用 'e 而不用 you，用 'oo 而不用 who)反映说话人属平民阶层。这一点在译文中通过一个俗语短语《Часом не знаете?》(您恰好知道吗)表现了出来。

6. 翻译过程的描写方法

翻译过程指的是译者创造译文的活动。研究翻译过程的有效方法是建立翻译的理论模式。翻译模式是描写译者翻译原作部分或整体时所作的一系列思维活动。翻译模式具有相对性，它未必能完全反映译者的真实活动。通过翻译模式研究翻译过程包括两方面的内容：一是模式的总体特点及运用范围，二是翻译转换的类型。

翻译模式有情景模式(ситуативная модель)、转换模式(трансформационная модель)和语义模式(семантическая модель)等几种。

由于任何话语的内容都反映一定的语言外的现实，所以翻译的情景模式把翻译过程看作是用译入语描写源语所表达出来的情景。翻译的过程是由原作到现实，再由现实到译作。翻译的情景模式具有一定的解释力。借助这一模式可以达到情景层面上的等值。这一模式尤其适用于下列三种情形：在翻译无等值词汇时；在原作描写的情景是选择翻译形式的唯一条件时；在所述情景的某些方面没有进入语言单位的意义，而不解释这些方面就无法理解原作和翻译原作时。

翻译的转换模式是把翻译过程看作是一系列转换活动，译者以此来确定源语单位和译入语单位之间的等值关系。该模式将翻译的过程分成三个阶段：分析（анализ）阶段，即把源语的句法结构转化为核心结构并明析词汇单位的意义；转换（переключение）阶段，即把核心结构和意义简化的单词在译入语中转换成相应的结构和单词；重构（реструктурирование）阶段，即根据译入语规范将核心结构转换成表层结构。

翻译的语义模式是把翻译过程看作是分析与保留原作相关义素（релевантные семы）的过程。翻译的过程由两部分组成：首先是分析原作片断的义素组成，确定这些义素中哪些义素与交际有关并且应当在翻译中表达出来；其次是在译入语中选择适当的语言单位，以尽可能多地包含原作中的义素（首当其冲的是相关义素）。

除了上述三种翻译模式外，心理语言学有关言语活动结构的论述也有助于建立翻译模式。这一模式将翻译过程分成两个阶段：译者先把源语转换成他个人的内码（внутренний код），然后再将内码转换成译入语。

翻译模式是从整体上描述翻译的过程。与之相比，翻译转换（переводческие трансформации）的具体方式（翻译手法）则更为详细地描述了翻译的过程。翻译转换包括词汇转换、语法转换和词汇—语法间的转换。

其中词汇转换的类型有：

（1）音译（транскрипция）和形译（транслитерация），这是借助译入语的字母重现源语形式。例如：

skateboarding —скейтбординг（滑板运动）

Campbell —Кэмпбелл；

（2）仿译（калькирование），指替换源语的组成部分。例如：

first-strike weapon — оружие первого удара

（3）词汇语义替换（лексико-семантические замены），它包括具体化（конкретизация）、概括化（генерализация）和引申法（модуляция）。

句法转换包括的类型：

（1）句法一致法（синтаксическое уподобление），即逐字翻译（又称零转换）。例如：

I always remember his words.

Я всегда помню его слова.（我始终记得他的话。）

（2）拆句法或分句法（членение предложения），即将原句的句法结构拆分为数个述谓结构。例如：

Both engine crews leaped to safety from a collision between a parcels train and a freight train near Morris Cowley，Oxfordshire.

Вблизи станции Моррис Коули в графстве Оксфордшир произошло столкновение почтового и товарного поездов. Члены обеих поездных бригад остались не вредимы，спрыгнув на ходу с поезда.（在牛津郡的莫里斯考利火车站附近发生了一起邮政列车与货运列车相撞的事故。两列火车的车组成员在碰撞前跳下了火车，故无人受伤。）

（3）并句法或合句法（объединение предложений），即与上一方法相反，把数个简单句合成为一个复合句。例如：

The marchers did not intend to go to the Parliament. Nor to petition their MP's.

Участники демонстрации не собирались ни идти к парламенту, ни подавать петицию своим депутатам.（游行人群既未计划行至议会，也未计划向其选区议员递交请愿书。）

（4）语法替代法（грамматические замены），是指用不同意义的语法单位替代原作中的语法单位，如词形、词类、句子成分、句子类型等。

词汇—语法间的转换有下面三种类型：反面着笔法（антонимический перевод）、描写法（экспликация 或 описательный перевод）和补偿法（компенсация）。

7. 翻译中的对应问题

所谓翻译对应，指的是在译入语中用来固定翻译源语中某一单位的语言单位。翻译中的对应是单向的，不是完全可逆的。对应单位不存在于两个语言系统中，而是存在交际时的话语中，意义上的相近只是对应的必要条件，而不是充分条件。

原则上来说，源语每个层面的单位在译入语中都有相应的对应单位：从音位、词素、词、词组，一直到句子。但是跨层面的对应也并不少见，如音位与词汇对应、词汇与语法对应。人们研究翻译中的对应时，更加注重词汇、成语和语法单位之间的对应。

划分对应单位的原则有两种：一是根据对应单位与所译单位之间的关系，二是根据源语单位与它的对应单位在源语中属于哪个语言层面。

根据前一种原则可划分出单个对应（единичное соответствие）和多个对应（множественное соответствие）。所谓单个对应，又称固定对应（постоянное соответствие），是指源语某一单位最为常用的翻译形式，它相对来说不取决于上下文（контекст），主要包括术语、专有名词、地理名称和部分日常词汇和短语。所谓多个对应，又称选择对应（вариантное соответствие），是指根据上下文在几个常用翻译方式中选择一种，它只是部分地复制了源语单位的意义。例如：

importance ≈ важность, значение, значимость（重要性、意义、重要意义）

根据后一种原则可划分出词汇对应、成语对应和语法对应。上面的两种对应形式主要适用于成语和词汇的对应。语法对应不存在单个对应，而它的多个对应也不同于上面所说的内容。它可分为单类对应（однотипное соответствие）和多类对应（разнотипное соответствие）。单类对应是指译入语中和源语单位在称名、定义和语法意义上都很相近的对应，如俄语和英语中的名词、数的范畴等。多类对应是指在定义与称名上与源语不同的对应，如在表示状语时，英语用的是副词，而俄语用的是前置词短语。

对应的概念与语境紧密相连。对应单位与源语单位之间的意义总是相近的，而要确定源语词汇的意义只有在语境中才能够实现，并且对应单位的选择也同样离不开语境。语境可分为语言语境（лингвистический контекст），语言外语境（экстралингвистический контекст）或情景语境（ситуативный контекст）。其中语言语境可分为窄语境（узкий контекст）和宽语境（широкий контекст）。所谓窄语境，是指在句子范围内的语境。它又可细分为句法语境（синтаксический контекст）和词汇语境（лексический контекст）。

正是因为语境的作用，翻译中还存在一种随机对应（окказиональное соответствие）

形式，或称上下文替换(контекстуальная замена)。这是指仅适用于某一语境的特殊的、非固定的翻译方法。

通过对译作的分析可以看出，源语的语言单位并非总有对应。这些在译入语中没有固定对应单位的单位就是无等值的。

对于无等值词汇(безэквивалентная лексика)，可以采用以下几种随机对应形式：

(1)借用(соответствия-заимствования)，如 tribakism — трайбализм(信奉部落文化)；

(2)仿造(соответствия-кальки)，如 backbencher — заднескамеечник；(后座议员)

(3)近似法(соответсвия-аналоги)，如 drugstore—аптека；(药房)

(4)词汇替换(соответствия-лексические замены)，如在 He died of exposure 一句中，对于 exposure 一词，可根据不同的场合作不同的翻译：Он умер от простуды. Он погиб от солнечного удара. Он замерз в снегах；(他死于伤风。他死于中暑。他冻死在雪地里。)

(5)描写法(описание)，如 landslide — победа на выборах подавляющим большинством голосов。(在选举中以压倒性多数票取胜。)

无等值的语法单位可运用下面三种方法来翻译：

(1)零(位)翻译(нулевой перевод)，指放弃多余的语法意义。例如：

Give me **the** book that you bought yesterday.

Дай мне книгу, которую ты купил вчера.(把你昨天买的书给我。)

(2)近似翻译(приближенный перевод)。例如：

Business disposed of, Mr. Swiveller was inwardly reminded that it's being high dinner-time.

Когда с этим делом было покончено, организм мистера Свивеллера напомнил ему, что час обеда уже близок.(当此事完成时，斯维福勒先生的身体提醒他，快到用餐时间了。)

(3)转换翻译(трансформационный перевод)。例如：

The old capitalists and bureaucratic managements remained the directors and managers of the new nationalized industries, **with a few right-wing trade-union officials thrown in for luck.**

Старые хозяева и административное руководство стали директорами и управляющими новых национализированных предприятий. **Кроме того, было добавлено для вида несколько правых профсоюзных чиновников.**(旧的主子们和行政机构成为了新的国有化企业的领导和主管。除此以外，还象征性地加上了几位右翼工会官僚。)

对于原作中的形象性成语，翻译的方法有三种：

(1)完全保留成语的所有意义。例如：

the sword of Damocles —Дамоклов меч(达摩克里斯之剑)

(2)更换形象表达相同的转义。例如：

to turn back the clock —повернуть вспять колесо истории(使历史车轮倒转)

(3)仿造源语的形象。例如：

to put the cart before the horse —ставить телегу впереди лошади(本末倒置)

8. 翻译的种类

各种翻译活动原则上都是相同的，即都是以语言学机制为基础。尽管如此，不同类型的翻译有着各自的特点。划分翻译种类是为了研究各种翻译专论，揭示每一种翻译类型的特色。根据所译文本的性质，翻译可作语体修辞上的划分；根据翻译过程中译者言语行为的性质，翻译可作心理语言学上的划分。

从语体修辞上看，翻译可分为文艺翻译(художественный перевод)和信息翻译(информативный перевод)。文学作品的目的在于创造文学形象，使读者获得美学效果，所以文学翻译的任务是让译文读者获得文艺美学的感受。信息翻译涉及科技类、事务类、社会政治类、日常生活类的文本以及包含许多叙述信息的侦探小说、游记等。这些文本的共同点是传达某些信息。

翻译的心理语言学角度考虑了原作的接收方式和译作的创作方式。从这个角度看，翻译有书面翻译和口头翻译之分。其中后者又可分为同声翻译和交替翻译(或称异声翻译)(последовательный перевод)。口头翻译的研究有三个主要流派：

一是把口译视为源语口头言语的翻译。该理论描写口译的心理语言学特点和概率预测的语言学前提，揭示在接收过程中信息丢失的特点等。

二是把口译看作译入语言语的特殊形式。该理论主要描写译者口头言语的特点。

三是将口译与书面翻译对立起来，把它看作一种特殊的翻译。这是口译研究的主流。该理论重点研究言语压缩(речевая компрессия)的原因、方式和限度。

根据上述两种分类原则可以划分出不同的翻译类型。从理论上讲，任何文本既可进行口头翻译，又可进行书面翻译，但是，实际上口头翻译对文本的复杂性和容量都有限制。文学作品和信息类体裁的作品都是不能口译的。

9. 科技材料与报刊新闻材料的翻译特点

现在，许多翻译专论的研究还不完善。在这些理论中，研究者最注重研究科技材料和报刊新闻材料的翻译。作为一门翻译专论，它需要研究源语中某一功能语体和译入语中类似语体各自的语言特点对翻译过程的影响，并探讨它们之间的相互作用。

科技语体的特点是具有信息性、逻辑性、准确性、客观性以及由此而引申出的清晰性和易懂性。科技语体在词汇方面的特点是大量使用术语和所谓的专业词汇，同时也存在一定的全民词汇。它的语法特点(以英语为例)表现为：广泛运用带有复合谓语的简单双部句，多用名词结构而少用动词，常用被动态和简单现在时形式，多用省略短语。除此之外，科技语体的语法特点还表现在：物质名词和工具名称多用复数形式，用 of 介词短语表示属种关系，广泛使用带有 type，design，pattern 等词的限定短语，大量运用表因果和逻辑关系的连接词和短语(如 since，therefore，it follows that，so，leads to 等)。

报刊新闻的任务是从某个立场出发传达信息，以达到预想的效果。英语的报刊新闻中，多用政治术语、专名(人名、地名、机构名等，且有许多缩略语)，修辞色彩各异的词汇混用(除了书面语外，还广泛使用口语和诗歌语言)，大量运用套语；而在句法上，常用复杂的结构连接数个长句来报导一则简短独立的新闻，尽量把文本分成多个段落，有副标题，多用限定成分。报刊的标题除了有这些特点外，还有其自身的语言特色：常用“标题行话”和口语词汇，句法上主要使用动词类标题，在时态上，用历史现在时描述不久前发生的事，用不定式表示将来时，使用被动态时省略助动词等。

俄语的科技材料和报刊新闻与之相比，既有相同之处，也有不同之点。不同之处要求英语译成俄语时需做到修辞改译或修辞顺应(стилистическая адаптация)。例如，英语科技材料中广泛使用简单句，而俄语则多用复合句，这样，在英译俄时，需要把英语的几个短句合并成一个长句。英语报刊中的标题多用动词形式，而俄语中常用名词形式，这在翻译时也要做些变动。试比较：

Exports to Russia Are Rising

Увеличение экспорта в Советский Союз(对苏联出口的增长)

造成修辞顺应的原因不仅仅是语言上原因，还有语体上的原因。俄英类似的语体在某些方面仍存在不同之处。如在科技材料中，俄语比英语在使用术语和习惯表达法上更加严格，而英语比俄语更富有表现力色彩；在名词化(номинативность)的程度上，俄语的倾向更为明显；在表达话语间的逻辑性和连贯性上，英语不使用专门的语言手段，而俄语则需要用专门词汇和插入短语来指明。在报刊新闻中，英语更口语化，更简洁。

10. 翻译技巧

从译者的行为来看，翻译是一个启发性的过程(эвристический процесс)。在这个过程中，译者运用一些技巧解决众多富有创造性的任务。译者活动的客体是整个文本，但是翻译不是一下子完成的。译者需要把文本分成一个个片断，这就是翻译过程的单位(единица переводческого процесса)，最小的单位在大多数情况下是一个话语(具体的一个句子)。

翻译过程由两个阶段组成：析取原文的信息(即理解阶段)和选择必要的语言手段创造译文。译者理解原文不同于操源语的读者理解原文，译者创造译文也不同于操译入语的人的言语行为。运用双语词典与这两个阶段紧密相关，它在翻译过程中有着重要的作用。

译者在翻译时总是有一定的策略，尽管他可能没有意识到这一点。翻译策略的原则包括：理解在翻译之前；译意而不是译形；区分原文中的主要内容和次要内容；整体意义重于局部意义，为了准确表达整体可以牺牲细节；译文要完全符合译入语的规范。

为了达到更高层次的等值，除了遵守翻译策略的基本原则外，还要正确运用翻译技巧。最常见的技巧包括换词(перемещение)、加词(добавление)和减词(опущение)等。此外，逐词翻译(пословный перевод)、代词重复(местоименный повтор)也是很重要的技巧。

语言学研究翻译过程有三个角度：

一是明确翻译过程的目的，即保障译文在语义上接近原文；

二是揭示翻译的结果，即选择和原文语义相近的译入语单位；

三是揭示获得这些结果的途径，即揭示源语单位转换成译入语单位的方法。

11. 翻译的标准

翻译标准(норма перевода)可以从原作的角度、从翻译行为的语用任务、从译入语的规范和习惯等方面来研究。翻译标准为评价翻译的质量提供了依据。

早期的翻译研究认为，翻译的语言学理论是服务于翻译实践的，所以它们对翻译标准特别注意：翻译应当遵循什么样的要求，为了达到这些要求，译者应当做些什么。翻译理论因此被看作是一门应用学科。但是这种观点并不完全正确。翻译理论应当首先是与语言学理论相联系，然后才与实践结合，确定出一些翻译规范。

语言学翻译理论包括理论部分和规范部分。理论部分(翻译的语言学理论)把翻译看作跨语言交际的手段来加以研究，认为翻译是客观上可以观察并可进行描写和解释的现象。规范部分是以理论研究为基础，得出一些具体建议供实践使用。对翻译质量提出的所有要求就是翻译标准。

翻译标准不可能只有一条，而应该由数条彼此相互作用的规范组成。

(1)翻译等值的标准(норма эквивалентности перевода)，即译作最大限度地与原作内容一致，但同时也要与保障翻译对等的其它规范并行不悖。

(2)翻译的语体—修辞标准(жанрово-стилистическая норма перевода)，即译作要在修辞特点和基本功能上与原作一致。

(3)翻译言语的标准(норма переводческой речи)，即译文在遵守译入语的规范和惯例的同时，还要考虑到该语言中翻译作品的惯有特点，因为译作的语言同口语和文学语言都不相同，它是一种语言的特殊变体。

(4)翻译的语用标准(прагматическая норма)。严格说来，这不算一条标准，因为翻译行为的超语用任务是译者个人的，与翻译根本无关，但是利用翻译达到某种语用目的，又是一个很普遍的现象，不考虑这一点，就不能对译文做出完整的评价。

(5)翻译的规约(范)性标准(конвенциональная норма перевода)。不同时期的人们对翻译的目的、任务及其实现的方法有不同的观点。新时期的新标准总是以过去的标准为基础。现行的翻译标准可以认定为：译作与原作最大限度地接近，译作不论在整体上还是在细节上都能替代原作。

实际上，以上几个标准之间有层次之分。译者首先注意到的是语用价值，对译入语的言语标准的注意程度直接与语体—修辞相连，所以语体—修辞的标准占第二位。而等值的标准则位于最后，它应当以符合其它标准为前提。

对上述标准遵守的情况不同，有着不同的翻译结果。人们在评价翻译结果时常常运用下列不同的术语：

等同翻译(адекватный перевод)：它实现了翻译的语用任务，并在此基础上尽可能地实现等值，遵守译入语的规范和习惯，保持语体修辞上与原文一致，不违反翻译的规约性标准。等同翻译通常情况下被称作是“好的”翻译。

等值翻译(эквивалентный перевод)：它在某一等值层面上复制了原作的内容。

准确翻译(точный перевод)：它只是等值地再现了原文的逻辑实物意义，有可能偏离语体修辞规范和译入语习惯的表达方法。

逐字翻译(буквальный перевод)：它把原作中与交际无关的因素(形式因素)复制出来，结果破坏了译入语规范或者没有表达原作的实际内容。

自由翻译(свободный перевод 或 вольный перевод)：这种译文的等值层面比现有翻译行为条件下所获得的译文更为低下。

评价翻译质量涉及翻译单位(единица перевода)，亦即等值单位(единица эквивалентности)的概念。它指的是原文在译文中得以保留的最小内容单位。译文和原文的内容单位重合得越多，它们就越等值。当然，这些单位是指应当复制的单位，而不是没有交际价值的无关因素。

评价译文的质量时，可以区分出种种不对应单位(единица несоответствия)，即译文中未表达出来或被曲解了的内容，或者在译文中错误地增加了的内容。

评判译者的水平不能仅仅考虑其译文中的不对应单位，还要考虑他对原作转换的复杂程度：第一类转换是把代词转换为相应的完整意义的词，第二类是把词汇替换成修辞上和意义上的同义词，第三类转换需要改变句法结构和词序，第四类则是需要运用语言外的知识进行的转换。

另外，评价译文自然少不了要分析翻译中的错误。这些错误可分为四大类：

(1)完全歪曲原作的内容，这常常是因为理解不正确所造成，其结果是译文所表达的情景与原文完全不一致；

(2)表达不准确，但是没有完全歪曲原文，这样的译文虽然再现了原文的情景，但是在一些细节上译得不准确；

(3)没有破坏原作的整体意思，但是偏离了译入语的修辞规范，运用了不常用的语言单位，滥用外来语或技术行话等；

(4)破坏译入语必要的规范，但不影响译文的等值性，这表明译者没能很好地掌握译入语或不能摆脱源语的束缚。

上述评价译文质量的方法只是一些总体性的原则，翻译不同类型的原作和从事不同形式的翻译活动，都有着更为细致的评判标准，这些标准需要由翻译专论来确定。

12. 翻译学的普通语言学导论

(1)翻译是语言学研究的客体

20世纪下半叶，翻译活动与语言学本身都发生了巨大变化：非文学类翻译大大增加了，语言学研究的对象也由语言形式转向语言内容，翻译研究可以促进语言研究，加上机器翻译的研究不断发展，译员培养主要在外语院校内进行——这些主、客观上的因素决定了翻译研究最终与语言学结合起来。

即使在宏观语言学范围内，也不可能研究透翻译活动的方方面面。不过，翻译研究最重要的几个方面都与语言有关。不同语言的存在以及语言使用上的特点决定了翻译的必要性，导致了各种翻译困难的产生，同时也为克服这些困难提供了可能性。

世界语言的多样性要求必须开展翻译活动，但是每种语言都有自己的特点，在给事物命名时，在描写情景时都有着不同的方式，这给译者带来了困难。这些困难可以划分成三类：语言单位的语义特色、语言在反映语言外现实(внеязыковая реальность)时创造出来的“世界图景”的不同、以及原作中所描写的现实本身的不同。尽管如此，语言因素也为解决这些问题创造了条件。所有的语言虽然彼此不同，但是各种语言的存在却有着共同的基础性原则，即它们都是音义结合体，都有词汇系统和语法结构，都是思想形成与传播的工具，都反映语言外现实，都可以利用各种手段来表达时间、空间、数量、情态等概念范畴，都能对事物进行分类并指出各类事物的特征等。语言的共性反映了人类思维的一致性与周围世界的共同性。

语言学的研究成果不仅阐明了翻译活动中许多重要的问题，还为翻译研究提供了一整套分析方法，从而使得翻译这一复杂现象的研究能够得出客观的结论。现代翻译学大量借鉴了语言学的研究方法，其中包括比较法(如原作与译作的比较，同一原作与不同译本的比较等)、成分分析法、转换分析法、统计分析法、模式化的方法、问卷法以及实验法。

(2)翻译学的语言符号学基础

普通语言学中的一些观点、特别是其中的符号学理论对翻译学理论基础的构建具有重要意义。语言是最重要、最复杂的符号系统。语言符号有许多特点，其中最重要的特点有三个，即符号的双层性、符号的任意性与符号的“涵义性”(значимость)。这些特点不仅决定语言本身的存在与运用情形，也有利于揭示翻译活动的特色之处。

首先，语言符号具有两个层面，即物质层面(音响形象或文字形象)和观念层面，又称表达层面和内容层面(形式和意义)。它们具有社会性，存在于个体的记忆当中。语言符号的社会性确保语言能成为交际的工具。语言符号的意义包括两个方面：所指意义(денотативное значение)和内涵意义或称伴随意义(коннотативное значение)。所指意义是符号的逻辑实物意义，而内涵意义则是符号的附加意义，包括情感意义、修辞意义、形象意义等。语言的所指意义与内涵意义都给翻译带来了不少的困难。

其次，语言符号具有任意性。语言符号的这一特性对于理解翻译的本质至关重要。在大多数情况下，语言单位的音响形象与意义之间没有逻辑联系。语言符号的任意性表明，某一种意义可以用另一种形式来表达，而某一种形式也可以表达另一种意义。所以，同一个意义可以利用不同的形式(包括另一种语言的形式)来表达，而这一点正是体现在翻译活动之中。

最后，语言符号具有涵义性，即符号的意义不是独立自在的，而是取决于其它符号的意义。例如俄语中 собака(狗)一词的意义不仅仅取决于它指称了某一类家畜，还取决于 пёс(公狗)一词的意义。符号的涵义性导致一些意义相近的词汇以及形式相近的句法结构实际上并不等同。正是语言符号的涵义性创造了形形色色的“语言的世界图景”，并给译者带来巨大的困难。

语言符号的运用需要遵循语言规范和言语规范，而在翻译中，如果说破坏语言规范的现象较为稀有，那么遵循译入语规范则需要译者特别注意。

言语交际的过程表明，每个交际者都拥有自己的语言知识和背景知识，所以他们对同一话语的接受与理解通常并不相同。事实上，每一个文本都有两个层面：说话人的文本和听话人的文本。一个人所说的内容并非总是另一个人所听到的内容，其中的信息流失不可避免。而翻译作为跨语言交际的一种手段，同样不可避免地要损失一部分信息。所以，“不可译论”（теория непереводимости）的观点是不正确的。此外，将翻译置于跨语言交际的过程中来研究，可以明确翻译理论的研究对象：既要研究翻译的过程，又要研究翻译的结果，还要研究决定双语交际的可能性与特点的语言内因素和语言外因素。

从跨语言交际的角度来研究翻译，可以揭示翻译的区别性特征，即翻译的目的在于使译作能在交际过程中完全代替原作。所以，从目的论（телеология）的观点出发，翻译是一种语言中介形式，译者利用这种形式在另一种语言中创造出在交际上完全等值的替代物。

总之，现代语言学关于语言的符号本质，以及语言符号和结构在言语交际过程的运用的研究成果，是探讨翻译的语言学机制和翻译的交际作用等方面的重要基础。

(3)翻译学中的文本学方面

篇章语言学（лингвистика текста）的研究成果对现代翻译学具有重要意义。为了使翻译过程得以顺利进行并对翻译结果进行评价，需要比较不同类型文本的内容与形式，需要考虑源语与译入语中文本在结构与功能上的特点，需要分析作为一个整体的文本与组成文本的语言单位之间的关系。所有这些都要借助篇章语言学的理论。

文本的内容结构可以从三个不同的维度——垂直维度、水平维度和纵深维度来加以考察。

垂直维度创造出文本的形式主题内容（формально-тематическое содержание）。它从文本的整体构想或主题开始，这一主题在次主题（подтема）、次次主题（субподтема）、微型主题（микротема）直至单个判断（отдельное суждение）等越来越小的片段中不断展开。

文本的水平结构是由话语之间的形式联系与意义联系构成，它对文本完整性的确立起着重要作用。文本的形式联系可以通过各种语言手段来实现，如连接词、重复、时体等形式的一致等。文本内容的统一性是由叙述的逻辑性与非矛盾性来保障的。这一点表现在话语的实际切分（актуальное членение）之上。译者在创造译本时，通常要保留原作的主位—述位结构（тема-рематическая структура）。

对翻译理论与实践具有特殊意义的是对文本内容纵深结构的详细描写。此结构体现了话语的建构过程和将话语纳入文本的过程。对于说话人而言，语言手段是他的“思想积木”。他在每一个话语中选择、组装这些“积木”，以便于别的交际者在具备必要的语言知识与背景知识后，能从他的话语中获取他所传达的信息。这一信息不是组成话语的“思想积木”的简单叠加，而比组成话语单位的总和更具有信息性。

文本的内容包括语言内容（языковое содержание）、具体的上下文含义（конкретно-контекстуальный смысл）和隐含含义（имплицитный смысл）。

文本的语言内容是表层内容，是文本内容纵深结构的第一层，是该结构的基础。它仅仅指出主体、客体、行为发生的时间与地点等。例如，在话语 Вчера вечером Николай срубил дерево, которое росло перед нашим окном（昨夜尼古拉砍掉了长在我们窗前的一棵树）中，语言内容包括：某个说话人说，有个叫尼古拉的人砍掉了某幢建筑物一个窗户前的一棵树，这件事情发生在说话人说话那天之前的一天晚上。然而这个话语可以适用于各种不同的情景，所以它的信息并不十分确定，它有可能是在表扬尼古拉，有可能是在批评尼古拉，还有可能是表达一种惊讶——尼古拉竟然能完成这样重的活儿。

具体的语境含义是大多数言语交际行为中的主要内容。话语的语境化(контекстуализация)是言语交际的基础，是语言实现其交际功能的必要条件。所有的交际者都有能力将语言内容同具体情景联系起来。话语以及整个文本的语境意义在很大程度上取决于个体的知识，取决于交际者的情感与联想，所以这种意义对每个人交际者来说都是不同的。

文本内容的第三个方面是隐含含义。隐含含义的研究有两个方向：一是文本的隐含含义，二是词汇语义中的隐含含义。

文本的隐含含义主要与文学作品有关，需要进行语文学分析与文学分析才能得出。文学作品除了表面的情节叙述之外，还有附加的内容层面。例如，《海燕之歌》不仅仅是描写暴风雨来临时的海燕的，而且还是对革命斗争的热情呼唤。文本的隐含含义深藏不露，要获得这样的信息，需要具备的不是语言知识，而是分析性思维、细腻的情感和敏锐的艺术嗅觉。

词汇语义中的隐含含义则有所不同：词汇的意义不能涵盖所指物的全部特征，而只是指出该事物的区别性特征。具体事物的称名在交际者的思维中有着众多的联想，这些联想成分通常不是那些区别性特征，从而构成词汇语义中的隐含含义。例如，俄语词море(海)的语义中隐含 множество(大量)的意义，лиса(狐狸)中含有 хитрец(狡猾的人)的意义。

隐含含义的翻译存在三种典型的情形：

一是话语的显性含义与隐含含义在原作和译作中完全一样，此时只要复制原作的语言内容便可传达原作的隐含含义了。例如：

I'm not saying that out of pride. I really didn't know where to lay my head.

Я не из гордости это говорю: я и действительно не знал, куда голову преклонить.(我这样说并非出于自尊：我确实不知道何处安身。)

二是话语的显性含义与隐含含义在原作和译作中完全一样，但是要传达原作的隐含含义，需要对原作的语言内容进行变通。例如：

I won't give you a single kopeck even if you stand on your head before me.

Ведь я тебе ни копейки не дам, хоть ты тут вверх ногами предо мной ходи.(即便你现在在我面前倒立行走，我也不会给你哪怕一戈比。)

三是原作与译作中的显性含义与隐含含义之间的关系由于为了明确隐含含义而发生了改变。例如：

I'll find you a post in a Government office — one that will not require much of you expect orderliness.

Местечко в канцелярии я вам приищу, не тугое, но потребует аккуратности.(我在办公室给您觅一处肥缺，事务不忙，但需谨慎。)

翻译的问题主要是分析、理解与文本构建的问题。正因如此，许多翻译学家

(переводоведы)把文本视为翻译的基本单位。考虑到文本在翻译中的首要地位，很多翻译理论家试图确立翻译的文本类型(переводческая типология текстов)，以反映译者不同的翻译策略、对原作局部成分或功能复制程度上的区别以及译者作为译作文本创造者的作用。例如，德国学者 K. 赖斯(Райс)根据语言的基本功能将文本划分为描写类、表达类与祈使类三种形式。德国另一学者 A. 诺伊贝特(Нойберт)根据文本的语用目标(прагматическая ориентация)将文本划分为四类：第一种文本是其内容不限于只供源语读者阅读的(如科技文献、广告等)；第二类文本是只供源语读者阅读的(如规定、地方新闻等)；第三类文本是文学作品，它虽然是为源语读者创作的，但是其内容却可表达全人类的需求；第四类文本是用源语创造出来的供翻译成另一种语言的文本，所以它在一开始就是以译入语读者为对象的。

现代翻译学中存在着一种文本中心的观点(текстоцентристская концепция)。该观点认为，译者首先是文本的创造者，他应该借助各种文本，实现特定的语用目的。这一观点被称为“目的理论”(скопос-теория)，其出发点是，翻译和所有其他实践活动一样，它能否成功，取决于它在多大程度上实现了预定的目标。

总的来说，文本是翻译的目的、客体与结果，篇章学的问题在现代翻译学中占有重要的地位。

(4)翻译学中的文化学与社会学方面

社会语言学是一门研究“语言与社会”的学科，它对于建立现代翻译学的语言学基础具有重要的作用。一方面，语言是一个社会文化统一体，反映特定民族的种种特点；另一方面，语言因为同丰富多彩的社会生活紧密相连而产生各种各样的变体，同一种语言有社会变体、职业变体等多种变体形式。

语言的特点会直接或间接地受到该语言所在的文化的影响。这些特点可以体现在语言结构的各个层面上，体现在口头交际的规则之中，体现在语言外现实的描写方式之上。所有这些对于揭示翻译活动的规律非常有益。

我们知道，背景知识对于话语的解释至关重要。而交际者的背景知识在形成过程中深受社会文化因素的影响。翻译理论与实践非常关注那些直接反映某一文化中的生活条件与习俗的话语。例如，英国人的卧室通常是在二楼，所以如果谁说“It’s late, I’ll go up”这句话，就很容易被人理解为他想去睡觉了；而如果一个美国人说想买“a three bedroom apartment”，要想正确理解这句话，需要知道，在美国，家里除了有个人卧室外，还有一间公用屋，所以说此话的人是想买一套由四个房间组成的房子。另外，每一个文化都有自己的方式来表达自己不希望某个事情再发展下去了。例如：

This appointment will make or break me, so keep your fingers crossed, please.

Эта встреча решит мою судьбу, так что ругай меня, пожалуйста. (这次会面将决定我的命运，所以请替我祈祷吧。)

就翻译与文化的关系而言，翻译一方面对译入语文化(культура языка перевода)具有促进作用，另一方面，译入语文化在不同的发展阶段对翻译也提出了不同的要求，它既影响翻译的选材，也影响译者的翻译策略。

从翻译的社会学方面来讲，语言表达手段的选择不仅和译文的体裁—风格类型(文学翻译和非文学翻译）有关，还取决于交际参与者说话时的交际情景和角色。同一个交际者在不同的场合会说不同的话。一个报告人在大会上的发言不会同他与路人交谈时所说的话一样，他和朋友、妻子说话的方式也都各不相同。这种现象牵涉语域的问题。交际情景有许多，相应的语域也可以进行分类，如庄重的、正式的、朋友间的和亲密的等。译者在翻译的时候，应该考虑交际发生的语域。例如，auntie 一词在俄语中可以用 тётя，тётушка，тётенька，тётечка，тётка 等词来表达，到底选择哪一个，就要考虑交际的具体语域。

语言学中有关双语现象（билингвизм）的研究对翻译学具有特殊的意义。语言接触理论研究了双语现象的所有形式：从刚开始学习第二种语言到完全掌握两种语言。双语现象问题和翻译活动有着直接联系，译者本身就是掌握双语的人。只有掌握双语知识，才可以使翻译活动成为可能。然而掌握双语并非意味着就具备了译者的职业素质，因为有的懂双语的人甚至翻译不了他所熟悉的题材的文本。此外，双语者的“自然的”译文并不符合对一个职业译者的要求。具有专业水准的译者使用双语时，不仅要掌握双语知识，还要考虑交往的具体行为特点，找到两种语言的等价交际手段并确定它们之间的关系，同时还要掌握产生这种能力的原则、方法和技巧。

语际干扰（межъязыковая интерференция）也是翻译理论中一个值得注意的问题。翻译过程中由于两种语言不断接触，译文常常会在原文语言的影响下有意识或无意识地为译文语言带来一些变化，有时还会产生一种常常遭到批评的“翻译语言”（переводческий язык）。同时，在再现原文内容时，译者总是有意识地使用一些复制原作语言形式和结构的技术手段，以克服典型的翻译难点，最常用的就是转写（транскрибирование）与仿译（калькирование）。此外，言语的感染错合现象（контаминация）也是语言干扰的一种，同时也是翻译研究的一个方面。

结　语

科米萨罗夫是俄罗斯翻译理论研究中语言学派的重要代表人物。尽管文艺学派与语言学派的争论在 20 世纪 80 年代已经平息，但是科氏的翻译思想一直与语言学研究紧密相连。可以认为，科米萨罗夫是继 A. 费道罗夫之后，俄罗斯最为活跃的翻译学家。他不断发展翻译的语言学理论，为“语言翻译学”（лингвистическое переводоведение）这一新兴学科的建立与发展作出了重大贡献。

科米萨罗夫在其前期的著作（《论翻译》和《语言翻译学》）中，拓展了翻译研究的范畴，认为翻译不再像过去那样，仅仅是应用语言学的一部分，只研究翻译的过程，研究的结果也只是服务于翻译实践，如今的翻译成了语言学研究客体不可分割的一部分。他论证了在语言学中划分出语言翻译学的合理性，分析了这一新学科研究的对象、方法与内容，并详细论述了语言翻译学中的语义、语用、修辞等方面的问题。科氏提出的五类等值形式是其翻译思想的重要组成部分，得到了当时苏联翻译界的普遍认同。就俄语与英语的转换来说，这些形式的确反映了翻译转换中的各种情形。不过，就屈折语和非屈折语之间（如俄语和汉语）的翻译来说，这一等值模式的适应性就变得很小了。此外，科米萨罗夫主张利用纯语言学的方法研究翻译，认为不应该把翻译看做是言语活动，而应当把它看做是语言体系的表现形式，这种狭隘的语言翻译观是他早期翻译思想中的不足之处。

科米萨罗夫翻译思想的特别之处，除了上面提到的五类等值形式(尽管在不同的著作中，其名称不完全一样，但是其观点基本上是一致的)，还有翻译过程的模式化描写、翻译标准系统化的论述、翻译中的语用问题等。

近些年来，科米萨罗夫除了系统地介绍欧美翻译思想外(《翻译通论》)，还不断借鉴语言学的研究成果，发展翻译理论。他在《现代翻译学》的第一部分中，分析了翻译的语言符号学基础，并利用篇章语言学的理论，分析了文本内容的多维结构与多种形式，指明篇章作为翻译的目的、客体与结果，是翻译活动的基本单位。此外，科氏还对翻译中的社会文化问题了做了初步的探讨，他以社会语言学的基本理论为指导，分析了翻译实践中遇到的一些文化问题，反映出现代翻译理论研究中的一个新趋势。

科米萨罗夫是一位经验丰富的翻译工作者，从事过多年的笔译与口译工作。丰富的个人经验使得他能将自己的理论研究同翻译实践活动成功地结合在一起。正因如此，他的许多著作还被当做教材，广泛运用于译员培养当中，并且成效显著。

综上所述，科米萨罗夫对俄罗斯的翻译学研究、特别对是语言翻译学的发展起到了极其重要的作用。他提出的理论思想有着完备的科学体系性，观点明确连贯，互不抵触，具有独特的自给自足性。

思考题

1. 论述科米萨罗夫关于翻译的等值标准。
2. 科米萨罗夫是如何论述翻译理论研究的对象、任务和方法的？
3. 翻译的语用意义和修辞意义有何区别？
4. 科米萨罗夫是怎样论述翻译对应的？
5. 简述科米萨罗夫的翻译标准。
6. 简述科米萨罗夫的翻译学的语言符号学基础。
7. 简述科米萨罗夫论述的翻译与文化学的关系？
8. 简述科米萨罗夫论述的翻译与社会学的关系？

第七章　什维采尔的翻译理论

亚历山大·达维多维奇·什维采尔(Александр Давидович Швейцер, 1923—2002)，语文学博士，著名语言学家、教育家，俄罗斯科学院语言研究所的主要研究员，曾经是一位著名的同声译员，后来任教于国立莫斯科语言大学翻译系，成为与该系巴尔胡达罗夫、科米萨罗夫等人齐名的翻译理论家。什维采尔同时也是一位著名的社会语言学家，著有《现代社会语言学》(Современная социолингвистика. Теория, проблемы, методы. 1977)和《社会语言学导论》(Введение в социолингвистику. 1978)等书。

什维采尔发表过许多关于翻译理论的文章，其翻译思想主要体现在《翻译与语言学》(Перевод и лингвистика. 1973)和《翻译理论》(Теория перевода: Статус, проблемы, аспекты. 1988)两部著作中。《翻译与语言学》还有一个副标题"论新闻报导和军事政论的翻译"(О газетно-информационном и военно-публицистическом переводе)，书中以大量篇幅探讨了报刊语体和军事政论材料的特点及其翻译方法，但在第一章比较系统地阐述了翻译理论的语言学基础问题。他的第二部著作《翻译理论》带有更多的理论性质，书中除了发展作者在《翻译与语言学》中提出的观点外，还研究了翻译理论的许多重要问题。这两本书在国内尚无汉译本。

什维采尔的翻译理论主要包括以下几个方面：

1. 关于翻译理论的研究对象

翻译是言语交际的一种特殊形式。翻译理论不限于研究翻译的语言机制，因为翻译不仅仅是语言间的相互作用，它还是文化间的相互作用。我们在描写翻译过程时，必须考虑到翻译的主体不是理想化的人，而是具体的人。他的价值取向和心理定势不可避免地会反映到译作中。因此，翻译理论研究的对象也包括作为跨语言交际的翻译的过程。翻译研究要在广阔的社会文化语境(социокультурный контекст)中进行，并考虑到各种影响翻译过程的语言外因素——社会、文化和心理等方面的因素。

翻译理论的目的在于揭示翻译的本质、机制、实现手段，揭示影响翻译的语言内和语言外因素，以及翻译的标准。

翻译理论包括翻译通论和翻译分论。通论研究不受体裁特点、翻译实现的条件、具体语言特点限制的翻译的普遍规律。分论分为三类：一类是根据体裁的类型划分的，如文艺翻译、科技翻译、政论翻译等；另一类是根据翻译的条件和手段划分的，如交替翻译(устный последовательный перевод)、同声翻译(синхронный перевод)、双向翻译(двусторонний перевод)等；第三类划分的角度是具体的两种语言，如俄英翻译、德法翻译等。

2. 翻译理论与其他学科的关系

（1）翻译理论与对比语言学。对比语言学的研究成果是翻译的出发点，二者的区别在于它们对比的性质和目的不同。对比语言学揭示所对比的文本在结构、词汇、语法、成语和语体上的异同，是静态的，不寻求翻译的等值单位。翻译理论则以对比语言学所得出的文本间的共同点为基础，注重这些特点是如何决定翻译过程的。此外，如果说对比语言学是系统地比较语言间结构单位的形式和意义的话，那么翻译理论除了考虑原文和译文外，还注意到操不同语言的交际者在文化和心理上的差别。对比语言学和翻译理论之间的关系呈现出两种对立的趋势：一方面，它们各自独立，另一方面，它们之间的相互影响又越来越大。

(2)翻译理论与社会语言学。翻译中的许多重要现象也属于社会语言学的研究范畴。在社会语言学所研究的问题中，与翻译有直接联系的有“语言与社会结构”、“语言与文化”、“语言与个体社会学”(социология личности)。与此相对应，翻译也有三个重要的方面需要研究：翻译反映社会现实、翻译是受社会制约的交际过程以及翻译的社会标准。翻译反映社会现实，一方面表现在它直接在译文中传达原作文化的社会现实，另一方面又通过语言间的区别而间接表现社会之间的差别。翻译作为交际过程，它受到社会的制约。根据韩礼德的观点，交际情景由三个相互作用的要素组成：社会活动类型(field，поле)、角色关系类型(tenor，тональность)和交际方式类型(mode，модус)。这些因素对翻译活动影响很大。翻译的社会标准指决定翻译方法的最一般的规则。这些规则最终反映社会对译者的要求。翻译的标准并非一成不变，它因文化、时代、文本体裁的不同而有着不同的要求。

（3）翻译理论与心理语言学。揭示翻译的心理基础是认识翻译本质的必要前提。心理语言学研究的对象是言语活动，而翻译理论研究的对象是作为特殊言语活动形式的翻译，所以它们的任务在很多方面是交叉的。心理语言学在话语的产生与接收机制，言语活动的结构，语言能力的模式，这些领域的研究成果完全可以运用于翻译理论。此外，言语活动的组成(准备阶段、实施阶段和比较阶段)，言语活动的目的和动机，言语产生的启发式原则，言语的概率预测，言语接收的主动性等心理语言学理论也引起了翻译理论的兴趣。例如，翻译理论提出的各种转换模式、同声翻译中的概率预测机制、“翻译能力”(переводческая компетенция)的概念都与心理语言学有着密切关系。

(4)翻译理论与话语语言学。话语语言学(лингвистика текста)是一门新兴的学科，它研究的对象是连贯性话语(связный текст)。奈达较早指出了话语语言学与翻译理论之间的联系。他认为，翻译理论应当注意话语的一些共有特征，如话语开始与结束的标记手段，话语内部的过渡手段、时间联系、空间联系、逻辑关系等。不同语言在表达上述特征时所运用的语言手段往往大不相同。

话语问题是翻译理论的一个中心问题。翻译过程的第一阶段就是分析原文的话语，翻译的最后阶段也是对话语进行综合。话语语言学研究的许多方面对翻译理论有着重要意义，如实际切分理论、话语的显性意思与隐性意思、语用因素在话语形成中的作用、话语中的语义问题、话语的修辞问题、话语的类型等。

(5)翻译理论与符号学。符号学的创始人之一莫利斯认为，符号学与其他科学之间有着双重关系，它既是其他科学的科学，也是其它科学的工具。尽管符号学与翻译理论所处的地位和研究目的各不相同，但是近些年来，这两门学科明显被拉近了。威尔斯(Wills)认为，促使它们接近的原因是语言符号学(лингвосемиотика)从普通符号学中独立出来了。该学科的基本出发点：语言首先是一个符号系统，每一个文本需用符号学的术语来描写。目前，运用符号学理论来研究翻译还没有取得显著的成果，只是提出了从符号学角度研究翻译的一些原则，指出运用符号学理论研究翻译的广阔前景，利用符号学的术语论证了翻译理论中业已存在的一些观点(如翻译过程的单向性，译文和原文之间的不对称性，文本间的关系高于语言间的关系等)。例如，瑟罗瓦特金(С. Н. Сыроваткин)从功能语言符号学角度阐述了翻译理论的目的和任务，提出了针对翻译研究的符号语言学的基本观点，指出运用语言符号学研究翻译的前景。图里(Toury)、威尔斯等人也都从符号学角度分析研究了翻译中的一些问题。

3. 翻译中的语言因素和非语言因素

翻译活动由不同的语言、不同的文本、不同的文化和不同的情景等成分组成，所以翻译的过程既有语言因素，又有非语言因素。然而它们之间的关系和它们各自的作用是怎样的呢？要回答这个问题，首先要分析一下翻译过程。

奈达通过比较原文产生与理解的过程和译文产生与理解的过程，曾提出“动态对等”(динамическая эквивалентность)的翻译模式：原文发出者创造由原文接收者接收的原文，译者在第一交际行为中充当原文的接收者，然后创造出第二个文本(译文)给其接收者(译文读者)。这个模式的关键在于动态对等，即译文读者对译文的理解要和原文读者对原文的理解一致。

什维采尔发展了奈达的“动态对等”的翻译模式，提出在这个模式中需要增加一些因素：源语和译入语，两种文化，两个实物情景(предметная ситуация)，两个交际情景。其中后三者属非语言因素。对翻译起决定性作用的首先是语言，其次是文化。在翻译的交际模式中，实物情景表现在两方面：第一交际中的和第二交际中的。它们实质上是反映在不同文本中的同一个非语言情景。分析实物情景是翻译第一个阶段中不可缺少的部分——解释原文。但是译者所需的信息并不是都可以从语言符号中直接得到，译者必须拥有背景知识，必须了解原文描写的现实。翻译过程中的交际情景也是由两部分组成——第一交际情景和第二交际情景。在这两个情景中，译者的角色分别是接收者和发出者(译文的创造者)。

翻译过程中的语言因素与非语言因素的作用和一些翻译“悖论”有着一定的联系。如何看待这些“悖论”，对翻译的结果起着决定性作用。例如：翻译是译词还是译意(与语言因素有关)？翻译的结果读起来应当像原作还是不像(与文化因素有关)？翻译是反映原作的风格还是反映译者的风格？翻译是否有权对原作进行增删？

翻译过程由一系列选择构成，它基本可分作两步：制定翻译策略(стратегия перевода)，运用具体的语言手段体现这一策略。翻译中的语言与非语言决定性因素形成一系列过滤器，这些过滤器决定译文的最终形式。

翻译中重要的是言外之意(подтекст)、预设(пресуппозиция)和隐含(импликация)。它们都可以通过阐释者的背景知识得以揭示。可见，对翻译起决定作用的语言因素和非语言因素之间的联系，正是通过文本才得以实现的。

4. 翻译的定义

翻译的定义中应当体现翻译过程的多维性和多因素性(语言因素与非语言因素)，体现翻译不同于其他形式的跨语言交际，反映翻译的复杂性和矛盾性，并首先要反映译者的"双重忠实"——忠实原作并考虑译作的读者及其文化规范。因此，翻译可定义为：

——是一个单向的由两个阶段构成的跨语言和跨文化的交际过程，是在对第一文本进行有目的(翻译)分析的基础上创造能够在另一个语言和文化环境中替代第一文本的第二文本(元文本 метатекст)；

——是一个以传达第一文本的交际效果为目标的过程，这个目的由于两种语言、两类文化、两个交际情景之间的差别而部分地发生变化。

5. 等值的层面和类型

译文与原文等值(эквивалентность)是人们很早就提出的对翻译的要求之一。正如翻译的各种定义与翻译科学的各个发展阶段相适应，对等值的不同理解反映了人们对翻译本质的观点的进化。列茨克尔、卡特福德、奈达、科米萨罗夫等人都对等值问题作了积极有益的探索，提出了各自的等值定义和模式。什维采尔认为，研究等值层面模式需要考虑两个相互联系的特征：翻译过程中对原文进行的转换的性质和原文中被保留下来的不变量(инвариант)的性质。建立等值层面模式的基础是符号学的三个方面：句法(符号—符号)、语义(符号—所指)和语用(符号—人)。

句法层面的等值是形式的替代。该层面上的翻译是用一种符号(语言单位)替代另一种符号并保持句法关系不变。例如：

The sun disappeared behind the cloud — Солнце скрылось за тучей；(太阳躲去云层背后。)

The results were disastrous. Результаты были катастрофическими.(结果是灾难性的。)

语义层面的等值包含两个次层面：义素层面(компонентный подуровень)和所指层面(референциальный подуровень)。义素层面的等值指译文和原文的结构形式虽然不同，但却有着相同的义素。该层面的等值形式主要包括各种语法转换(грамматические трансформации)(主动态与被动态的转换、动词与名词的转换、词与词组的转换等)。例如：

Послали за электриком.(派人找电工去了。) — An electrician has been sent for；

Ваша жена прекрасно готовит.(您的妻子厨艺非凡。) — Your wife is a superb cook；

They are queuing for tickets — Они стоят в очереди за билетом.(他们在排队买票。)

所指层面的等值指话语意思的所指没有改变。实现该层面的等值是对词汇—句法进行改造(преобразования)。它不仅触及话语的句法，还触及词汇语义。其转换方法有二：换喻式，如：У меня часы стоят. — My watch has stopped；（我的表停了。）隐喻式，如：This is just a stone's throw — Это отсюда рукой подать.（这近在咫尺。）简单说来，义素层面的等值可用公式 a+b+c+…+z=a+b+c+…+z 表示，其中 a，b，c 等指相同的义素；而所指层面的等值则可表示为 a+b=c+d，其中 a，b，c，d 是不同的义素。

语用层面的等值是最高层面的等值。语用层面包含一些重要的交际因素，如交际意图、交际效果、接收者等。实现语用层面的等值的手段多种多样：减词（опущение）、加词（добавление）、整体[同指性]替代法（полное перифразирование）等。例如：

Остается две недели шоппинга. *"Шоппинг" — значит ходить по магазинам, прицениваться, делать покупки.* До сих пор политический шоппинг был удачнее для республиканцев. — The shopping season will last two weeks. As to political shopping, so far it has favoured the Republicans；（购物季节还剩两月。"购物"是指逛商店、询价、购买。至今为止共和党人的政治购物更为成功。）

"Ничего, до свадьбы заживёт". — *As the Russian saying goes*, "it will heal in time for the wedding"（不要紧，很快就会好的。）前一例中斜体部分在译文中被删去了，而后一例译文中的斜体部分又是增加的。

每一个较低层面的等值以较高层面的等值为前提。如句法等值的前提是语义等值和语用等值，义素等值以所指等值和语用等值为前提，而所指等值的前提是达到了语用等值。反过来则并不是必然的：义素等值不必一定要句法等值，语用等值未必要做到语义等值。翻译方案选择的过程就是等值层面的逐步升级，译者可能为了更高层面的等值而放弃较低层面上的等值。

"等值"是一个规范性的概念。选择何种层面的等值，这由具体情景的语言因素与非语言因素的组成特点决定。不遵守上述不同层面等值的等级关系会破坏翻译标准，从而导致死译（буквальный перевод）和任意翻译（вольный перевод）。每一个较低层面的等值以较高层面的等值为前提，破坏这个准则就会导致死译。死译和任意翻译都歪曲了交际效果，破坏了等值性。死译是"转换不足"（недотрансформирован），而任意翻译则是"转换过度"（перетрансформирован）。

6. 等值与等同

"等值"指原文与译文间的关系，是针对翻译的结果而言；"等同"（адекватность）针对的则是翻译的过程。这两个范畴都具有规范评价的性质，但是，"等值"要回答的问题是：译文是否与原文相符；而"等同"要回答的问题是：翻译作为一个过程是否符合具体的交际条件，是否符合一定的交际情景。"等值"的概念与"不变量"的概念紧密相关。完全等值是指完全表达原文的"交际功能不变量"（коммуникативно-функциональный инвариант），这是对翻译的最大要求。"等同"对翻译的要求是怎样翻译才是最佳的——翻译应当完全符合一定的条件和任务。翻译等同的标准是：任何偏离等值的做法都是因客观必要的，而不是译者的个人意愿。完全等值的翻译并非一定就是等同的翻译，反过来，等同的翻译也并非总是建立在原文和译文完全等值的关系上。

等值的概念首先与复制原文的交际效果有关，并考虑第一交际情景中的决定因素。

等同的概念主要是要求翻译符合第二交际情景中因素(接收者，接收文化及其翻译标准和文学传统等)。所以“等同”是一个相对的概念，某一翻译流派认为是等同的翻译，在别的流派看来也许不是等同的。

7. 可译性

尽管在跨语言交际过程中存在一些困难，翻译原则上是可行的。绝对不可译的观点是把翻译看作是纯语言层面的活动，而翻译实际上是在言语层面上进行的。不同语言在语义上的差别，可以在言语中得到克服。可译性原则在传达言语诸如所指功能(референтная функция)等最重要的功能时，遇到的困难最少；而在传达其次要功能(如元语言功能)时，遇到的困难最大。在后一种情况下，不可译或很难译的成分往往通过补偿的手段来传达。例如，地域方言可部分地通过社会方言来表现。

在通往可译性道路上遇到的各种障碍(如语言上的不可译：方言、行话、未完全归化的外来语<варваризм>、双关语；文化上的不可译：无等值词汇)及其克服的方法(省略、补偿等)，会对可译性概念的本质和可译性与等值、对等的关系产生影响。首先，可译性是个相对的概念，而不是绝对的。可译性有文本局部可译和文本整体可译的区别。正如完全等值是理想化的翻译一样，完全可译也远不是一个总能实现的理想。为了达到主要的交际目的，必须放弃部分信息。这就使得翻译必须以对等为条件，并且翻译的结果只能实现部分等值。需要指出的是，可译性原则在允许丢失部分信息后之所以仍能成立，是因为这些丢失的信息在文本中处于次要地位，而所保留的信息是最主要的。

8. 意义与含义

文本能够通过语言反映非语言现实的这一所指功能，是文本的最主要功能之一。所以，语义关系，或称能指与所指的关系，是翻译理论研究的一个重要方面。研究翻译的语义方面，需要从澄清一些基本概念入手，首先要澄清的就是“意义”(значение)和“含义”(смысл)两个概念。

意义是语言范畴，而含义是言语范畴。“意义—含义”的对分(дихотомия)与“语言—言语”的对分相关。意义与含义之间没有不可逾越的障碍。意义是在言语中能以含义形式体现出来的一种潜力，换句话说，含义是语言单位的意义在言语中的实现。

在翻译过程中，语言意义是变量，而不变量则是受语境和交际情景制约的含义：原文含义、译者分析出的含义和译文的含义。正是言语语境和交际情景才有可能使不同意义间的区别得以消除，即利用不同的意义表达同一个含义。

9. 义素等值层面上的翻译转换

所谓翻译转换，指用另一种语言重新表达某个含义的手法。义素层面上的转换主要是语法转换，即保留组成话语含义的所有义素而改变话语的结构形式。需要进行此类转换的主要原因是源语和译入语结构上的不同：一种语言中存在的形式和结构在另一种语言中没有对应形式。

语法转换有以下几种形式：

（1）用此类形态手段代彼类形态手段，如英语可用现在分词、动名词等形式转换俄语中的副动词：*Живя* в деревне，мы не очень часто развлекались. — *Living* in the country，we had few amusements.（住在乡下时，我们没有太多娱乐。）

（2）用句法手段代形态手段，如：*Вставая* на рассвете，она спускалась на кухню…（Горький）— *On getting up* at daybreak，she would come down into the kitchen.（她黎明时起床后下楼朝厨房走去。）

（3）用此类句法手段代彼类句法手段，如主动态与被动态的转换：*Надежду* на дальнейшее наращивание вооружений *выразил* уходящий на покой *генеральный секретарь НАТО* …— *A hope* of further arms build-up *was voiced by* … the retiring *NATO Secretary General*.（卸任的北约秘书长表达了继续扩充军备的愿望。）

（4）用词汇、成语手段代形态手段和句法手段。这种转换主要是出于修辞原因，如"Как？И ты тут князь？Все в штиблет*ишках*，э-эх！"— "Good Lord，you're here too，Prince？Still in your *silly* gaiters？Ugh！"（什么？亲王你也在这里？还穿着那双半高腰系带的男皮鞋，唉！）这里用 silly 一词表达出俄语后缀-ишка 的"表卑"色彩。

10. 所指等值层面上的翻译转换

促使所指层面上转换的原因有：

（1）语言在描写语言外现实的特征时具有选择性，如表达"烛台"概念时，俄英语分别用 подсвечник — candlestick，表达"猎狗"时，用 охотничья собака — gun dog。

（2）不同语言的语义场（семантическое поле）在结构上存在差异，如英语和俄语中都有一系列表达亲属称谓的概念，但是二者并不完全重合，其中俄语中的 тесть（岳父）和 свёкор（公公）在英语中只用 father-in-law 表达。同样，сноха（儿媳妇）和 невестка（妯娌、弟媳）在英语中用 daughter-in-law 来表达。

（3）对客观现象中连续体或非连续体的语义阐释手段不同，如英语 purple（紫色）表示红色（red）与蓝色（blue）之间的任何颜色，而表示这一段颜色时，俄语有 фиолетовый，лиловый（浅紫色的，雪青色的），пурпурный（紫红色的），багровый（深红色的）等词汇。

（4）话语结构上的不同，如 Bad weather *brought* Concorde 002 *down* on a sudden visit to London's Heathrow airport yesterday 一句的结构，用俄语直接表达是 погода посадила самолет，但是这样说并不符合俄语规范，俄语可以这样说：Вчера из-за нелетной погоды самолёт Конкорд-002 внезапно *совершил посадку* в лондонском аэропорту Хитроу（昨日因天气不适宜飞行，一架空客 002 飞机突然迫降于伦敦希斯罗机场。），即把 bring down 转换为 совершить посадку 的结构。

（5）修辞因素的作用，如在翻译上例 Bad weather *brought* Concorde 002 *down*…一类的句子时，把作为主语—主位（тема-подлежащее）转换为状语—主位（тема-обстоятельство）的方法，常出现在报刊翻译当中。

所指层面上等值转换的类型包括：

（1）译成上义词（гиперонимический тип），即用上义词代下义词，如"*яблоко* от

яблони недалеко падает” — as the *tree*, so the *fruit*(有其父必有其子。);

(2) 译成下义词(гипонимический тип), 即用下义词代上义词, 如 Old *birds* are not to be caught with chaff — Старого *воробья* на мякине не проведешь。(用谷壳骗不了老麻雀。喻: 老练的人不会轻易上当。);

(3)下义词互译(интергипонимический тип), 即在同一总概念(общее понятие)下用一个分概念代替另一分概念, 如 морской волк— sea-dog(老练的水手);

(4) 提喻式译法(синекдохический тип), 即整体与部分之间的相互替换, 如 What does *Downing Street* think? — О чём думает *английское правительство*? (英国政府有何考虑?);

(5) 换喻式译法(метонимический тип), 包括原因与结果、行为与结果、行为与特征、时间与空间等之间的转换, 这里仅以原因与结果为例: If I took her to the Rectory, *she would grow angry with us all* and fly…— Если я перевезу её к себе домой, *она со всеми нами перуругается* и сбежит…(如果我将她带回家, 她会迁怒于我们所有人并跑掉……);

(6) 隐喻式译法(метафорический тип), 该方法的基础是两种表达法相似, 如“… Don’t be scared. *You ain’t no worse then the rest of us…* ”(Dreiser) — …Не робей, *мы тут все одного поля ягоды…* (……别害怕, 我们都是一根绳上的蚂蚱……);

(7) 反面着笔(антонимический тип), 如“*Not now*, Mr. Sedley”, said Rebecca with a sigh (Thackeray) — *В другой раз*, мистер Седли, — сказал Ребекка со вздохом; (“下次吧, 塞得利先生,”瑞贝卡叹了一声说道;

(8) 语义句法综合法, 如 It kept me awake last night, and I was trying to hum it this morning in bed…— Я не спал из-за вашего пения всю ночь, а сегодня утром в постели все еще пробовал припомнить мотив…(因为您的歌声我整夜未眠, 而今早还躺在床上试图弄清缘由。)其中既有反面着笔法: It kept me awake — Я не спал. 又有换喻法: I was trying to hum it — пробовал припомнить мотив。

11. 翻译中的语用关系

所谓语用关系, 指的是符号与使用者间的关系。翻译中的语用关系是怎样的呢? 要回答这个问题, 必须对翻译的过程作一番研究。翻译作为跨语言和跨文化交际行为, 其过程具有双重性质:

第一交际: 原文发出者→原文→原文接收者;

第二交际: 原文发出者→原文→接收者/译者/发出者→译文→译文接收者。

翻译中的语用关系体现在翻译过程中的三类环节中:

(1) 原文发出者—原文。这一环节中语用关系是原文发出者的交际意图(коммуникативная интенция)或原文文本的语用动机(прагматическая мотивация)。

(2) 文本—接收者。包括原文—原文接收者和译文—译文接收者。该环节与上个环节相互关联。二者是一个问题的两个方面——交际意图与交际效果。在这个环节上, 语用关系表现为面向接收者(установка на получателя)。

（3）原文—接收者/译者与译者/发出者—译文。这两个环节是译者接收原文和创造译文的过程，体现出译者的交际意图。

12. 原文发出者的交际意图

考虑文本的诸多功能参数（функциональные параметры），是保障译文的交际效果与原文发出者的交际意图一致的重要条件。发出者的交际意图通过文本的各种功能表现出来。保障这些功能的等值是翻译必须做到的。文本的功能等值（функциональная эквивалентность）有不同的类型：所指功能等值（референтная）、表现力功能等值（экспрессивная）、意动功能等值（конативная）（如 May I speak to Mr. Brown，please？— Позовите，пожалуйста，господина Брауна. 请叫布朗先生接电话。）、寒暄功能等值（фатическая）（如对话中的应答语 of course — само собой 当然）、元语言功能（语言的形式）等值（металингвистическая）（如 Do you remember when you wrote to him to come on Twelfth Night，Emmy，and spelled twelfth without the f. — Помнишь，Эмми，как ты его пригласила к нам на крещенье и написала "и" вместо "е". 记得吗，艾米，你请他来参加洗礼，写信时将"洗"写成了"冼"。）、诗学功能等值（поэтическая）等。

除此之外，功能等值还要考虑不同语言在表达同一类话语（请求、命令、禁止、反对、建议、威胁等）上的区别，如 Курить воспрещается. — No smoking，（禁止吸烟。）По газонам не ходить. — Keep off grass（不要践踏草地．）。

13. 面向接收者

在"文本—接收者"这个环节上，不同的语言文化载体对同一文本的理解往往不尽一致。其原因有许多，最主要的有民族特有事物（реалия）的有无、话语产生的先决条件（文本的预设）不同、引用的典故（аллюзии）相异、社会方言有别等。解决这些问题的方法除了上述部分方法（如代替、概括化等），还有一些传达文本语用因素的典型手段，如用类似物替换特有事物（замена реалий）或引用的典故，加确补充（уточняющее дополнение），解释性的翻译（поясняющий перевод），向译文读者揭示不明了的预设或隐含，注释和各种补偿翻译法。总之，翻译是面向另一语言、另一文化的接收者，所以要求利用各种转换手法对原文的内容作变形处理。

14. 译者的交际目的

译者，特别是文艺作品的译者，不可避免地会把自己的特点带入翻译过程。这既反映在对原文的解释上，也反映在对译文的创造上。译者的特点包括：他要忠实于一定的文化（含文学）传统，他有自己的创作信条和美学观点，他与自身所处的时代紧密相连，他在翻译时带有一定的目的（不管他是否意识到这一点）。总之，影响译者的交际目的的众多因素，除了有他纯个人的特点之外，还有文化传统和翻译的历史标准与现行标准。

15. 话语的连贯性与翻译

话语作为一个整体，其连贯性由众多的联系手段保障：同指(кореференция)关系(如上文出现一个叫 Иван 的人，下文可以用 он，этот человек，старик[他、这个人、老头]等形式指代他)、同位(изотопия)关系(即语义相近的语言单位)，语段(отрезок текста)语义独立性(автосемантия)程度(指任何一种语体，组成其话语的单位都不是绝对独立的)、话语产生的前提(пресуппозиция)等。翻译时需要把原文的连贯性转换过来。之所以要转换，是因为不同的语言在表达这些关系时所运用的语言手段并不相同，以及不同的语言对文本有不同的建构方式。尤其需要注意的是语段独立性的程度，对此有必要在语言内语境和语言外语境的范围中研究话语产生的先决条件。

16. 话语修辞与翻译

话语修辞方面的问题与翻译有着直接联系。例如，影响报刊文本的翻译的因素有：报刊文本兼有信息功能和表现力功能，文本中运用大量的新词和根据可再生的流行语创造出的套语(如根据 20 世纪 60 年代流行的 missile gap 创造出了 news gap，production gap，culture gap，development gap 等说法)。俄英报刊文章之间有很大的区别，所以在互译时需要作一定的转换。这些区别表现在：文本中书面成分与中性成分间的比例不同，话语的色彩(тональность)不同，同义手段运用的频率的不同，话语压缩的程度的不同等。转换的主要方法除上文所述外，还有一个特别的方法，即修辞变体(стилистические модификации)，如对文本进行修辞上的润饰(стилистическая окраска текста)，各种压缩手段或扩展文本(расширение текста)的方法。

结　语

什维采尔翻译思想的鲜明特点是将翻译研究与语言学、社会语言学和文化学有机地联系起来，强调翻译不仅是语言间的相互作用，还是文化间的相互作用。他承认语言学方法对翻译研究的重要性，同时也坚持必须在广阔的社会文化语境中研究翻译，要考虑到影响翻译的各种非语言因素——社会、文化和心理等方面的因素。

什维采尔进一步发展了列茨克尔、卡特福德、奈达、科米萨罗夫等人提出的等值理论，从符号学角度将翻译等值分为句法等值、语义等值和语用等值三个层面，认为每一个较低层面的等值以较高层面的等值为前提，反过来则不然。他特别强调语用因素在翻译中的重要作用，指出语用等值是翻译等值的最高层次。要实现等值，需要分析原文发出者的交际意图；由于译者面对的是另一语言文化中的读者，因此需要利用各种转换手段对原文内容作变形处理；译者作为特定文化中的具体的人，既有纯个人的特点，又有文化传统、翻译的历史标准和现行标准赋予他的非个人的特点，这些都会不可避免地影响翻译活动。

什维采尔还吸收了话语语言学的研究成果，开始探讨话语连贯性与话语修辞等方面的问题。

什维采尔的研究为语言翻译学的发展作出了重要贡献。在他的著作中有许多精心挑选的具体例子，这使得论述生动而富有说服力。应当指出的是，什维采尔的某些观点仍然值得商榷。例如，在他提出的等值层级模式中，作为最高层面的语用等值可以脱离其他两个较低层面的等值而孤立地存在；在语用等值层面，译文与原文的相似程度最低。再如，什维采尔指出，等值和等同这两个范畴都具有评价规范性质，完全等值是对翻译的最大要求，而等同则意味着翻译应当最大程度地符合一定的条件和任务。因此，即使译文仅仅在某个符号层面上或在某个功能尺度上与原文等值，它也可能是等同的译文。果真如此的话，等值这个概念就失去了规范性质，而等同也只是根据译文与翻译行为的任务之间的关系、而不是根据译文与原文的关系来评价译文的质量。

思考题

1. 什维采尔是如何论述翻译学与其他学科的关系的？
2. 什维采尔给翻译下的定义是什么？
3. 根据什维采尔的观点，翻译中的语言因素和非语言因素有哪些？
4. 什维采尔是怎样论述翻译中意义与含义的差别的？
5. 什维采尔是如何解释等值与等同的？
6. 根据什维采尔的观点，所指层面上的等值转换类型包括哪些？

第八章 拉特舍夫的翻译理论

列夫·康斯坦丁诺维奇·拉特舍夫(Лев Константинович Латышев)，语文学博士，1990年前执教于军事外国语学院，后就职于莫斯科州国立大学，现任莫斯科州国立大学语言学系德语教研室主任。拉特舍夫是一位职业翻译家和翻译理论家，在德语及翻译理论研究方面成果颇丰，出版大量科研论著并发表众多科研论文，其中包括：《论翻译转换：教学法与语言学》(1981)、《翻译教程：翻译等值及其实施方法》(1981)、《翻译的社会限定性与翻译等值》(1983)、《语际转换：达到翻译等值的方法》(1986)、《翻译：理论、实践与教学法问题》(1988)、《语言院校培养翻译工作者培养的结构与内容》(1999)、《翻译技巧》(2000)、《翻译技巧：附有注释及练习答案的教师用书》(2001)等。

拉特舍夫通过一系列的理论与实践论著阐述了他建立统一翻译理论的构想。莫斯科教育出版社于1988年出版的《翻译：理论、实践与教学法问题》一书较完整地体现了拉特舍夫的翻译思想，是前苏联语言学翻译理论界的一部力作。2000年出版的《翻译技巧》一书对拉特舍夫在20世纪80年代即已逐步形成的翻译理论进行了高度的概括与提炼，并配以相应的课后思考题与练习，高度强调理论与实践的紧密结合及其在教学过程中的作用，是一部不可多得的结合理论性与实用性为一体的理论论著及教学用书。

《翻译：理论、实践与教学法问题》一书的主要目标读者群是德语、翻译及其他外语专业的教师和学生，其中理论论述占据了主要的篇幅。这部书分为八章，前七章分别对翻译的定义、翻译等值性及决定译文质量的各个因素进行理论论述，而最终的第八章则着重研究翻译教学法问题，提出了一系列的具体教学方法及翻译教学过程中适用的练习形式，使这部书构成了一个理论与实践相结合的完整体系。

就翻译活动的社会性质及翻译的定义问题，拉特舍夫在《翻译：理论、实践与教学法问题》一书的第一章中指出，翻译活动中的译者所满足的并不是个人而是社会的需求，因此，翻译是一种具有特定社会任务的活动。拉特舍夫认为，翻译是多语言中介形式中的一种，其社会功能就在于使双语交际在交际的完整性、有效性和自然性方面最大限度地接近单语交际。该书第二章着重研究译文与原文对等的条件，具体包括：译文应与原文在交际方面达到等值，译文应尽量与原文在语义结构上相近，不得超出翻译转换允许的范围进行脱离原文的补偿。拉特舍夫指出，这三个条件之间存在着一种相互制约的关系，因此必须同等程度遵守这三项要求，才能够形成高质量的译文而不致偏离翻译的本质。第三章探讨翻译等值性及可译性问题。拉特舍夫认为等值翻译的本质在于合理地解决翻译过程中存在的一系列辩证矛盾，而可译性则是一种可能的规律，大多数情况下是可以进行翻译的，但由于语言文化差异的存在，双语交际的有效性必然低于单语交际，但这并不等于不可译，文本的可译性取决于原文中所包含的人类普遍因素的数量多少。根据拉特舍夫的翻译思想，翻译活动具有两个决定性因素：原文和民族语言障碍。在该书的第四、第五章中，拉特舍夫就对这两个因素分别进行了详细的论述。之所以说原文是翻译过程中的决定性因素，是因为原文的内容和形式共同承载着特定的交际功能。拉特舍夫认为，翻译的最终目的并非传达意义，而是要借助于传达原文的意义而对译文的接收者产生特定影响。能够对翻译行为产生决定性影响的另一个因素是民族语言障碍，其中包括妨碍译入语使用者像源语使用者一样直接理解、接收原文并对之做出相同反应的一切因素，而翻译实质上就是一个逐步克服民族语言障碍的过程。《翻译：理论、实践与教学法问题》一书的第六章研究翻译行为的结构。拉特舍夫认为翻译是一种无法观测到的心理过程，因此对翻译的程序所进行的研究具有假定性。拉特舍夫区分出置换与转换这两类翻译行为，以此为依据，同样可以划分出两种翻译手法：置换法与转换法。译者在翻译过程中综合运用置换与转换两种手法，进行综合的置换-转换翻译操作。该书第七章的论述对象为翻译的过程。拉特舍夫将翻译活动分为三个阶段，即确定目标阶段(对原文进行分析)、实现阶段(进行译入语表达)与检验阶段。拉特舍夫同时指出部分等值与整体等值之间可能产生矛盾，而解决这一矛盾的有效方法就是对译文进行校订，因此，学习校订是学习翻译的必要内容。该书的前七章从不同角度探讨翻译的各种理论问题，第八章主要论述的则是翻译教学法问题。在这章中，拉特舍夫介绍了两种类型的翻译练习：译前练习与实际练习，而在实际练习的最高阶段则可以分别进行翻译活动三个不同阶段的翻译练习。在提到口译这一翻译类型时，拉特舍夫则提出了“听—译—听答案并检查—重复正确译法”的四步练习法，同时还强调指出了情景句式在口译过程中的重要作用。

拉特舍夫认为，翻译是实际运用外语的最有效方法，翻译直接体现掌握外语的实际价值，从而能够提高学习外语的积极性，有利于更加深入地掌握母语和外语。而为了成为一名好的翻译或者从事有效的教学工作，仅仅拥有与两种语言相关的知识是不够的，必须掌握“翻译的原则”，清楚地了解社会对译者及译文的要求，而该书的目的就在于使从事这方面工作的教师与学生能够掌握翻译理论领域中的最新知识，介绍翻译在社会实践中的地位及翻译过程中所涉及的各种理论与实践问题，为有效进行翻译教学和掌握实际有效的翻译方法构建必要的理论基础。

在《翻译的技巧》一书中，拉特舍夫在前期研究的基础上对翻译的理论问题进行了高度的概括与浓缩，在保留基本理论框架的前提下对翻译的实践方面给予了充分的重视并进行了拓展与扩充。拉特舍夫将《翻译的技巧》一书中的理论部分置于开端部分并命名为“翻译理论基础”，在此理论基础之上构成了本书的其他三个部分，即“译文的语言形式问题”、“翻译过程中的内容传达问题”及“最佳翻译方案的选择”。此书中的练习题与各章节中的理论论述紧密配合，意在巩固学生在前期所接受的理论知识，使学生能够将所学的理论知识在循序渐进的练习中融会贯通，学以致用。根据拉特舍夫的构思，读者在此论著的理论与实践各部分的排列顺序中应该能够了解作者在“内容”与“形式”之间的最终选择。拉特舍夫本人认为，理论是实践的基础这一观点已经是无需论证的事实，因此置其于书的开端部分，以强调其重要作用。在实践部分中，拉特舍夫认为，尽管译文的主要任务是传达原文的内容，但脱离了表达形式约束的内容传达不成为翻译，因此将"译文的语言形式"部分置于"内容传达"部分之前，以防学生形成"为传达内容可以无限制牺牲语言表达形式"的错误印象。在最后的"最佳翻译方案的选择"一部分中，拉特舍夫则对内容与形式两者之间的取舍问题提出了合理的参考建议，旨在获得即符合译入语规范又忠实于原文内容的最佳译文。概括起来，他有如下主要观点：

1. 翻译的定义

拉特舍夫在自己的论著中列举了科米萨罗夫、巴尔胡达罗夫、加克、利温、费道罗夫、列茨克尔等人对翻译定义问题所持的观点并指出，这些前期的翻译定义仅仅强调了翻译的一种或几种特征。拉特舍夫认为，此类的翻译定义对翻译提出了过高的要求，事实上已经完全否定了进行翻译的可能性。他指出，只有不再将对译文的要求作为"翻译"这一理论概念的出发点，才能够解决翻译定义的问题；只有从更广泛的语言和言语科学的普遍观点出发，才能够发现翻译的实质。拉特舍夫以翻译的社会任务为出发点，对翻译进行了重新定义：翻译是一种语言中介形式，其社会功能是使中介性的双语交际在交际的完整性、有效性和自然性方面最大限度地接近于普通的单语交际。

2. 关于"语言中介"

拉特舍夫指出，每种人类活动都必然出自于某种需求并满足特定需求。翻译活动同样是一种人类活动，它满足的不是个人的需求，而是社会的需求，也就是说翻译是一种具有特定社会任务的活动。具体说来，翻译所满足的是持不同语言的人们之间持续出现的交际需求。然而，翻译并不是满足这种多语言交际需求的唯一手段。克服语言障碍的语言及非语言手段数量众多，各自具有相应的应用范围。为了能够将翻译与其他多语言交际手段清楚地区分开来从而清晰地界定出翻译的概念，拉特舍夫引入了"语言中介"(языковое посредничество)这一术语，用来指代运用于多语言交际环境下的所有类型的交际手段。他认为，语言中介为克服语言障碍从而进行语际交际提供了更为广泛的可能性。在特定情况下，借助于语言中介而进行的交际甚至可以达到与普通单语交际相同的效果。

拉特舍夫强调指出，翻译只是语言中介中的一种形式，语言中介的概念比翻译要广泛得多，它包括如译述(пересказ)、概述(реферирование)、节译(сокращённый перевод)等多种语际交际手段。每一种语言中介形式都满足独特的社会需求，将翻译与其他形式的语言中介进行比较可以发现它们之间在社会任务和中介者功能方面的差异。拉特舍夫认为，各种语言中介形式分类的中心点即是"翻译"，"超额翻译"与"欠额翻译"是语言中介的两种极端表现。

3. 关于"交际情景"

文本的交际效果不仅仅取决于文本的特征，交际情景(коммуникативная ситуация, КС)同样对文本的交际效果起到决定性作用。交际情景由一系列人类普遍因素、个性因素、社会因素及民族语言因素构成。交际效果产生于文本与交际情景的相互作用中。同一文本在不同的交际情景中可以产生不同的交际效果。

交际情景包括交际知识因素和交际情景的附带因素。交际知识因素包括普通因素、特殊因素和个性因素，特殊因素中又可进一步划分出民族语言交际能力和交际者的职业、阶级、年龄等因素。

4. 关于可译性问题

关于可译性的问题长久以来一直争议不断。一方面认为，文化及交际习惯的差异基本上排除了达到等同交际效果的可能性。另一方面，大量的社会翻译实践活动则证实了通过翻译进行有效双语交际的实际可行性。

事实上，可译性是一种可能的规律，也就是说大多数情况下是可以进行翻译的。双语交际中，由于语言文化差异的存在，其有效性低于正常的单语交际，这是很正常的现象，但这并不意味着不可译。单语和双语交际中都存在"不完全理解"、"不理解"及"低可译性"的现象，然而社会实践却早已经证实了言语交际在整体上的高效性。翻译实践表明，文本中所包含的全人类普遍因素越多，文本的可译性就越强，相反，存在越多的狭义民族因素，文本的可译性就越小。

言语交际的目的不仅仅是传达语言符号的意义，而且是对接收者产生信息发出者所期望的作用和影响。为达到这一目的，必须借助于所传达的语言符号及其意义，同时也要求接收者具有特定的生活经验(其中包括民族语言交际能力)。双语交际中，源语符号与译入语符号所面对的对象不同，达到目的的手段也理应不同。因此，只根据源语符号意义传达的可能性来理解可译性问题是不正确的。可译与不可译问题的本质不在于可否在译文中传达源语符号的意义，而在于能否借助于原始意义(及结构)的更改来补偿源语符号及译入语符号的作用条件之间的差异，及没有直接表现在语言符号意义中的超语言经验之间的差异。

民族语言障碍包括语言障碍和民族文化障碍两部分，其中后者更难克服，对双语交际的有效性影响较大，在特定条件下会成为进行等值交际翻译道路上无法克服或无法完全克服的障碍，会降低交际的有效性。但由于这种障碍具有暂时性并受到历史的制约，双语交际在整体上仍是高效的。

除民族文化因素之外，若源语的语言内部结构成为翻译过程中必须传达的一种意义成分，源语与译入语在语言结构和体系之间的巨大差异同样会导致文本的不可译。语言差异所导致的不可译性是恒常的，而且不受到历史条件的制约。

部分翻译研究者低估或高估了超语言因素(民族文化因素)的交际作用。事实上，进行等值交际翻译的可能性在根本上取决于译入语持有者中是否存在与原文接收者在社会、语用性质方面相接近的接收者。但若是缺少了这一接收者群体，往往也就不会存在对翻译的需求。

5. 如何克服翻译中的民族语言障碍

言语交际过程中(包括单语交际和双语交际)，交际双方在世界观、知识、生活经验、习惯、心理特征等方面的差异都会对交际效果产生影响，使人们对同一文本产生不同的理解，这是人际之间存在的社会—个体障碍(социально-личностный барьер)。双语交际中，在社会—个体障碍的基础上，又增加了民族语言障碍(лингвоэтнический барьер)。翻译的任务就在于消除交际中的民族语言障碍，这是译者的唯一任务。

拉特舍夫指出，民族语言差异补偿法是克服翻译过程中存在的民族语言障碍的常用方法。拉特舍夫所提出的民族语言差异补偿法与交际参与者的民族语言交际能力联系紧密。交际者的民族语言交际能力(лингвоэтническая коммуникативная компетенция，ЛКК)指的是交际情景中的民族语言成分，如：对特定语言及语言规范的掌握，对语言惯例的了解，是否具有相应的文化历史知识并从而具有对文本做出正确阐释的能力等。源语读者的民族语言交际能力与译入语读者的民族语言交际能力之间的差别就是交际中的民族语言障碍。

拉特舍夫的民族语言差异补偿公式为：

ЛКК нос. ИЯ ∶ ЛКК нос. ПЯ≈ИТ ∶ ПТ

等式的前两项分别指"源语读者的民族语言交际能力"和"译入语读者的民族语言交际能力"，后两项分别表示"原文"和"译文"。运用这种方法进行补偿后，民族语言交际能力差异仍然存在，但由于译文与原文之间同样存在着一定差异而得到了补偿，其结果是出现了两个等同的系统，它们的等值在于创造了等同的语言先决条件。

与此同时，拉特舍夫也指出，除民族语言差异补偿法外，也可以用交际知识的部分直接等同法来消除民族语言障碍，即通过注释、对译文进行评述和解说的方法来补充译文读者所缺乏的文化历史信息。但是，运用交际知识的部分直接等同法并不能够解决语言方面的问题，这种方法同时也与翻译的社会功能相违背，使得翻译中出现了自然单语交际中并不存在的现象。

6. 译文与原文对等的条件

拉特舍夫提出了译文与原文对等的三个条件。

(1)译文应与原文在交际方面等值，具有相同的潜在交际效果，即对接收者具有相同的潜在影响。译文接收者与原文接收者一样应具有相同的客观先决条件来理解信息并作出反应。译者必须在意识形象、实物—逻辑意义和感情反应等方面的对等关系中做出选择，有时可能为了某一方面的等值而牺牲其他方面的等值。在提出这一条件的同时，拉特舍夫强调指出，交际等值并不是好的译文所应具有的唯一条件，达到交际等值也并不等于译文已达到与原文等值。

(2)译文应尽量与原文在语义结构上相近。译文与原文语义结构的相近程度在具体情况下取决于一系列因素的相互作用。译文应该尽量保留作者的思想和表达方式，扩大译文等值的范围。如果语义结构相去甚远，没有为译文接收者提供理解信息所需的相同客观先决条件，即使是达到了相同的目的，产生了相同的效果，这种语言中介行为也不能被称作"翻译"。一方面，译者受到翻译的社会功能的限制，在原则上应尽量保留原文的思想内容，只在迫不得已时才可以在译文中对原作者的思想进行修改。另一方面，同一个原文可以有不同的译文，但不同译文的潜在解释能力不同。因此，在一系列翻译方案中，译者应选择那种在交际功能等值方面毫不逊色而在语义结构上又更加接近原文的译文方案。

对译文提出语义结构相近这项要求的根本原因在于：最大限度的语义结构近似能够在译文中最大限度地保留原文作者的思想，扩大译文对等替换原文的范围并增加翻译过程及翻译决策的客观性。

(3)不得超出翻译转换允许的范围进行脱离原文的补偿。尽管翻译转换的程度受到原文体裁的限制，但有些普遍规律仍然是必须遵守的。例如：原文中的表述客体，即所描述的情景、事件、人物或物体一般来说是不可替换的，但当某一形象具有寓意时则为例外；不可对原文的结构进行过大幅度的调整，一般来说，词序可以改动，句序改动较少，而段落顺序则是不可改动的。

上述三项要求之间相互关联，相互制约：第一项要求与第二项要求之间常常会产生矛盾，因为功能对等是通过补偿而获得的，已经偏离了字面对等；第三项要求则限制了偏离的程度，使补偿不能超出一定界限，使翻译不致混同于各种类型的改写。

拉特舍夫指出，俄国翻译史上曾形成不同的流派，其原因便在于错误理解或过分突出了上述三项要求之中的某一项。以费特为代表的直译派(形式主义流派)过分强调语义结构对等而忽略了功能对等。考虑到宗教对人类生活的重大影响，我们应该可以理解宗教翻译者的这种工作态度。自由翻译派对交际功能等值的理解过于片面，过分强调功能对等，而且忽略了语义结构对等值翻译补偿的限度。由此可见，只有同等遵守上述三项要求，才能够形成高质量的译文，忽视其中任何一项要求都会偏离翻译的本质。

7. 等值翻译的本质

等值翻译的本质在于合理地解决翻译过程中存在的一系列辩证矛盾。

矛盾之一：偏离语义结构对等才能达到交际功能等值。为解决这一矛盾，拉特舍夫提出了翻译转换的理据性原则(принцип мотивированности переводческих трансформаций)，也就是说，进行翻译转换应有相应理由，在需要时要证明转换的必要性，没有理由或理由不充分的转换是随意转换。与此同时，遵循翻译转换理据性原则并不要求对任何翻译转换都进行清楚的论述去排除做出直觉性决策的可能性。事实上，译者往往是凭借直觉来进行大部分翻译转换的。尽管翻译转换的理据原则并不能够解决译文方案选择过程中的所有问题，但却能够消除翻译过程中的过度自由主义倾向。

矛盾之二：翻译转换的理据原则与译文与原文对等的第三项要求之间存在矛盾，也就是说，即便有理由也不能够进行过大幅度的语义结构转换。译者应努力寻找最为合理的翻译方案，可以进行语义结构仿造，也可以侧重交际功能的对等性，但必须受到第三项要求的制约。

矛盾之三：翻译活动本身存在矛盾，即翻译的理想与实现这一理想的客观可能性之间的矛盾。一方面，若不追求单语交际的效果，翻译就丧失了特色而与其它类型的语言中介相混淆；另一方面，通过翻译进行的双语交际不可能完全达到单语交际的效果。

译者应合理解决上述矛盾，以最合理的方式实现翻译在具体交际情景和具体上下文中的社会功能。译文过于准确会违反译入语的语言习惯，而进行过分改写则会损失原文的民族特色。只有合理的译文才是等值的，合理的译文也总是等值的。然而，合理的译文往往并不是唯一的译文，往往存在多种合理的翻译方法。无论如何，等值翻译都是解决翻译本身所具有的一系列辩证矛盾的过程。

8. 翻译中的决定性因素

翻译活动具有两个决定性因素：原文和民族语言障碍。

(1)原文。翻译行为的特征在相当大程度上取决于原文。译者所创造的译文必须最大可能地在交际功能和文本结构方面接近原文。文本的交际功能由其内容和形式承载。拉特舍夫借鉴了符号学的理论，将文本的内容分为五个类型：①所指内容(денотативное содержание)；②能指内涵(сигнификативные коннотации)；③诠释者层面的内容(содержание на уровне интерпретатора)；④语言内部内容(внутриязыковое содержание)；⑤结构内容(структурное содержание)。拉特舍夫指出，传达原文的内容(意义)并不是翻译的最终目的。问题的关键在于原文的内容(意义)与形式共同承载着特定的交际功能，对原文接收者产生特定影响。翻译的最终目的便在于借助于传达原文内容(意义)而对译文的接收者产生相同的影响。

任何文本都必然具有特定的功能。拉特舍夫以 А. А. Леонтьев 的功能划分法为基础进一步详细区分出文本可能具有的六类主要功能：智力信息功能(интеллектуально-информационная функция)、情感功能(эмотивная функция)、美学功能(эстетическая функция)、祈使功能(побудительная функция)、标示功能(маркировочная функция)、联系功能(контактная функция)。上述功能通过文本内容来实现，但文本的内容与功能之间不存在清晰的对应关系，一种功能可以通过几种内容来实现，同一内容又可能具有几种不同的功能。

在回答“哪些成分在翻译过程中必须予以保留?”这个问题时拉特舍夫指出，意义成分的保留与否取决于其功能量的大小，也就是指这一成分在交际效果形成过程中的参与程度。根据所含功能量的不同，拉特舍夫划分出四类内容(或意义)：①核心功能内容(функциональная доминанта содержания)，此内容成分的再现是传达文本潜在影响的必要条件；②亚核心功能内容(функциональная субдоминанта содержания)，此成分在翻译中的再现可有一定变化，也称为内容的有限变化成分(ограниченно-вариативные элементы содержания)；③内容的任选成分(факультативные элементы содержания)，在翻译中可相对自由地用其他成分来代换而不会造成功能损失或可略去的成分，也叫自由变化成分(свободно-варьирующие элементы содержания)；④文本的无谓成分(пустые элементы текста)，指与内容无关的，可删除或可用其他成分代替的成分。

文本内容的传达是达到特定交际效果(实现特定功能)的手段。在对功能不造成严重影响的前提下，可以改动那些亚核心功能内容。内容代表了作者的思想，具有其自身的价值。有些情况下，即使是细微的变化也会严重歪曲原作者的思想。因此，译者应尽可能准确地传达原文的内容。

内容的可译性取决于所译文本片段的“文本的核心功能密度”(доминантная плотность текста)：句段越短，核心功能越多，可译性就越小。例如：文字游戏被普遍认为是不可译的，其主要原因便在于文字游戏一般来说文本片段较短，且同时具有语言内部意义和所指意义两种核心功能内容。

原文是一个由各种功能内容成分构成的等级结构体系，规定了这些功能内容成分传达的准确程度及翻译过程中所允许进行的改动范围。

(2)民族语言障碍。民族语言障碍包括妨碍译入语使用者像源语使用者一样直接理解、接收源语文本并对之作出相同反应的一切因素，具体包括：①两种语言系统之间的差异；②语言规范差异；③言语规范(即惯例)差异；④源语使用者、译入语使用者之间的超语言信息量差异。

在翻译过程中，译者需要逐步地消除上述四种民族语言障碍，这种行为构成一个等级结构。译者必须首先将原文移入另一语言体系，即进行逐字翻译，其结果是形成违反语言规范和惯例的译文，使译入语使用者无法理解。其后，译者开始消除违反语言规范的现象，然后以此为基础对译文进行修改，使其符合译入语的言语规范(即惯例)。最后，译者借助于译注为文本增添附加信息，消除超语言信息量方面的差异，形成最终的译文。

民族语言障碍是翻译活动中的决定性因素，对翻译转换的程度和数量进行了规定。事实上，翻译就是一个逐步克服上述民族语言障碍的过程。

9. 翻译行为的结构

翻译是一种心理过程，是无法观测到的，是译者的一种直觉性行为。对翻译的程序所进行的研究是以译文与原文的对比分析为基础的，因此具有假定性。

拉特舍夫将译者的行为区分为三类：置换类行为(транслирующие действия)、转换类行为(модифицирующие действия)、置换—转换混合类行为(действия смешанного характера)。置换类行为指通过译入语语言手段使译文最大限度地反映原文内容和结构的行为。转换类行为是指译文对原文内容和结构而言产生的一定偏离，借此消除由于译入语使用者属于另一民族语言集团而形成的障碍，为其创造大致相同的民族语言前提，从而使译入语使用者能够产生与原文接收者相同的理解和反应。拉特舍夫指出，置换—转换混合类行为是最为常见的，纯置换类或纯转换类的翻译行为十分少见。

与上述的翻译行为分类相对应，翻译手法也可划分为置换法和转换法。

(1)置换法。以译入语与源语之间最大限度的语义结构平行为基础的翻译方法称为置换法。置换法适用于翻译的各个层面。拉特舍夫以词汇置换为例，将两种语言间的词汇对应关系分为五类：

①源语词与译入语词在系统意义上完全对等，主要包括一些国际词汇、专业术语、民族名称等。

②一种语言中的词在另一种语言中有几个对应词，这种情况下，译者一般需要根据上下文来选择适当的对应词，但若是情景上下文和原文皆无法提供选择所需依据的信息，翻译就会出现困难。

③源语词的意义与译入语几个词的意义交叉，也就是说，译入语的几个词中每个词都有部分意义成分与源语词的意义成分相对应，译入语几个词的部分意义成分相结合共

同构成源语词的意义，这种情况下，译者所选择的翻译对应单位可以是众多对应词之一，也可能超出词典所提供对应词汇单位的范围。

④源语词和译入语词意义不交叉，但有对等单位（常为习惯隐喻），这是因为不同语言中的习惯隐喻的形成不尽相同，意义相去甚远的源语和译入语词汇在固定的词组中可能获得等值的意义。

⑤由于缺乏相应的生活、科技现象或由于世界图景的差异，译入语系统中没有与源语词对应的等值词，但无等值词并不等于不可译。拉特舍夫指出，无等值词汇的翻译方法结合了置换和转换的性质，是一组独特的翻译方法，具体包括音译转写、仿造、描述性翻译、近似翻译、译者注释等方法，与巴尔胡达罗夫所列举的无等值词的传达方法相同。

（2）转换法。有理据地偏离原文语义结构的翻译方法称为转换法。拉特舍夫区分出两个主要的转换类型：

①结构层转换（структурно-уровневые переводческие трансформации），即改变被转换单位的结构，包括词法转换（морфологические трансформации）、句法转换（синтаксические трансформации）、修辞转换（стилистические трансформации）和词汇转换（лексические трансформации），其价值在于帮助译者在聚合层面上寻找与源语表达法不同的译入语表述手段；

②内容层转换（содержательные трансформации），包括情景语义转换（ситуативно-семантические трансформации）、内容重新分配（перераспределение содержания）、内容明确化（экспликация содержания）及各种功能对等替换（функционально-адекватные замены）。

在翻译过程中，译者综合运用不同层面上的置换手法和不同类型的结构层和内容层转换，进行综合性的置换—转换翻译操作。

10. 翻译的过程

拉特舍夫认为，翻译活动可以分为三个阶段。

（1）确定目标阶段。译者对原文的理解过程与普通读者不同。译者需要学习进行翻译性理解，学会识别不同类型的文本内容，区分出其中的重要成分及次要成分，进行原文的功能体裁分析。

（2）实现阶段。翻译教学的主要阶段，可以以特定文本片段为例进行特定翻译手法运用的练习。

（3）检验阶段。译者将逐字翻译的译文与其所了解的译入语持有者的民族语言交际能力相对照，找出译文中与后者不相符并且对理解造成困难、会引起不对等交际效果的地方。译者通过补偿性转换的手法对译文的内容及结构进行调整，消除不对等的成分，直至这些成分完全消失。这一检验机制不仅能够保证原文与译文具有相同的效果，而且能够使原文及译文在第二个层面，即文本结构层面上最大限度地等值。在这一阶段中，需要注重培养学生解决部分等值（эквивалентность отдельных отрезков）与整体等值（эквивалентность в целом）之间矛盾的能力。

部分等值与整体等值之间常常出现矛盾。译者的主要任务是在文本层面上达到等值，在这一过程中，逐渐形成一系列等值的言语产物(表述)，最终构成等值的两个文本。大单位的等值是较小单位等值的综合的结果。但是，高层次等值往往会对已确定的低层次等值进行修正，提出要求。出现这一矛盾的主要原因在于，译者在翻译过程中处理的是较小的文本片段。对小文本片段的等值性进行处理时，译者会不由自主地忽略高层次等值对译文的要求。解决这一矛盾的主要方法就是对译文进行校订。在校订过程中，译者逐渐扩大相互等值的文本片段的篇幅和规模，对比的对象不再是语段和句子，而是段落和文本。因此，学习校订是学习翻译的必要内容。

11. 关于翻译教学

从翻译教学的角度来看，极为重要的一点是翻译过程结合了创造性和机械性这两种不同的特性。创造性指偏离原文语言来寻找非常规的解决方案，机械性则指要能够掌握已有的翻译对应单位并对其进行对等运用。缺乏任何一方面的知识和能力都会对译者的工作产生负面影响。

拉特舍夫将翻译练习划分为译前练习(предпереводческие упражнения)和翻译练习(переводческие упражнения)两种。译前练习包括翻译错误的识别、最佳翻译方案的选择、原文与译文的对比、翻译手法的区分等，其中同样包括词典运用的练习，目的在于使学生意识到机械运用词典对翻译活动可能造成的负面影响。翻译练习的初期，可先让学生翻译一些包含难译成分的表述或篇章，目的在于培养学生克服这些困难的能力。进行练习之前，教师应当揭示这些困难的实质并介绍其解决方法。实际练习的后一部分即可进行完整的翻译练习，具体包括目标确定、翻译和检验三个阶段的翻译练习。

拉特舍夫指出，口译活动要求译者掌握并具备熟练运用常用翻译对应单位的能力，而通过重复学习来加强记忆是一种极其有效的口译练习方法。表示问候、愿望、感谢、喜悦、同情、尊敬或支持等的情景句式在口译过程中起着非常重要的作用，因此必须牢记。为巩固翻译对应能力，拉特舍夫提出了“听—译—听答案并检查—重复正确译法”的四步练习法。

结　语

拉特舍夫研究的核心问题仍是翻译等值问题。拉特舍夫不同意费道罗夫和列茨克尔的等值观，认为他们的观点没有反映出翻译的实际过程。拉特舍夫提倡的是功能(动态)对等。他指出达到功能(动态)对等的种种因素，而原文内容正是其中的关键因素。拉特舍夫尝试将文本分为不同的类型，同时尝试确定每一种文本内容的相对重要程度，希望以此为基础使“等值”的概念变得更加清晰和具体。拉特舍夫接受了交际行为的理论，将其运用于翻译理论，一改过去的翻译定义，指出翻译是一种以满足社会需求为目的的双语交际行为，因而应力争使这种行为在完整性、有效性和自然性方面最大限度地接近于单语交际。

拉特舍夫提出的民族语言交际能力(ЛКК)概念具有一定新意。他尝试将文本内容分为所指意义、能指意义、语用意义和结构意义四个层面，这一尝试无论是在理论上还是在实践方面都具有现实意义。拉特舍夫运用社会语言学的方法来解决翻译问题，引入“民族语言障碍”的概念，同时指出克服翻译过程中存在的民族语言障碍的一种常用方法——民族语言差异补偿法。在对翻译理论问题进行多角度深入研究的同时，拉特舍夫对翻译教学问题给予了应有的注意，结合其自身的翻译思想提出了一系列翻译教学中切实可行的翻译练习，真正做到了理论与实践的全面结合。

拉特舍夫在其代表作《翻译：理论、实践与教学法问题》和《翻译技巧》两本书中对翻译的机制进行了细节性的研究，在论述各方面的翻译理论研究成果的同时对翻译的教学方法问题进行了探讨，提供了详尽的翻译术语解释及一系列教学方法和翻译练习，囊括了理论与实践方面的诸多问题，构成了一个翻译理论与教学研究方面的完整却不封闭的体系，极具理论价值和实际意义。然而，对拉特舍夫的某些理论还需要进行进一步的补充与探讨，例如：很难确定“翻译转换所允许的范围”这一概念。此外，“译者应该……”这样的表达方式已经不再符合现代翻译学对翻译现象进行客观描述的宗旨与方法。尽管拉特舍夫翻译理论中的某些问题还有待进行更深入的探讨，拉特舍夫本人对现代翻译理论发展所做出的贡献及其著作的理论价值仍然是极为显著的。正如俄罗斯著名翻译理论家 B. H. 科米萨罗夫所指出的那样，“拉特舍夫翻译思想中存在的某些有待讨论与研究的问题恰恰强调了其著作的理论价值与意义”。

思考题

1. 拉特舍夫是如何给翻译下定义的？
2. 拉特舍夫是怎样看待可译性问题的？
3. 按照拉特舍夫的观点，翻译中最大的障碍是什么？
4. 翻译中怎样克服民族语言障碍？
5. 拉特舍夫认为译文与原文对等的条件有哪些？
6. 拉特舍夫是如何看待翻译等值的本质的？
7. 根据拉特舍夫的观点，翻译行为的决定因素和翻译行为的结构包括哪些？

第九章　列茨克尔的翻译理论

雅科夫·伊奥西佛维奇·列茨克尔(Яков Иосифович Рецкер, 1897—1984)是苏联翻译理论语言学派的奠基人之一，其主要著作有：《论外译俄中的规律性对应单位》(О закономерных соответствиях при переводе на родной язык//Вопросы теории и методики учебного перевода. 1950)、《现代英语中绝对结构的语法修辞意义》(Стилистико-грамматическое значение абсолютных конструкций в современном английском языке(канд. дис.). 1953)、《翻译理论和翻译实践——翻译理论的语言学论纲》(Теория перевода и переводческая практика: Очерки лингвистической теории перевода. 1974)等。列茨克尔的主要翻译思想是规律性对应理论，体现在《翻译理论和翻译实践》一书中。该书由前言、正文(共七章)、结束语以及参考文献组成。

前言中，作者简单回顾了俄罗斯语言学翻译理论的发展过程，强调翻译理论的语言学基础和翻译理论的重要作用，总结了当时翻译界对规律性对应理论问题的研究成果。全书共分七章。第一章：规律性对应理论基础。作者把翻译中的对应形式分为三种：(1)等值对应；(2)选择对应和语境对应；(3)翻译转换的所有形式；同时，还论述了“翻译单位”、逐字翻译、实物环境和言语情景等理论问题。第二章：词汇转换和形式逻辑范畴。作者把词汇转换分为七种：意义分化、意义具体化、意义概括化、引申、反面着笔、整体转换、翻译中的损失补偿；论述了词汇转换和形式逻辑范畴之间的关系；同时还论述了翻译实验问题。第三章：语法转换和若干句法结构的翻译。作者论述了语法转换产生的原因和影响语法转换的因素；同时还分析了外译俄中一些特殊句法结构的翻译问题：双重句法结构、比较结构、绝对结构和错格等。第四章：翻译的表现力——修辞基础。作者论述了翻译过程中的修辞和表现力问题；同时分析了外译俄中修辞表现力的传达方法：表现力的具体化、表现力语用具体化等。第五章：成语的翻译。作者论述了成语的特点以及区分溶合性成语和结合性成语对于翻译研究的必要性；同时分析了翻译过程中成语的传达方法。第六章：翻译中情态的传达。作者论述了翻译中情态传达的重要性和情态传达的功能性原则。第七章：词典给译者提供了什么。作者论述了词典对词的涵义结构的揭示问题，分析了现有词典的不足，同时指出在翻译过程中使用同义词词典的必要性。结束语中，作者重申翻译中整体和局部的关系，认为翻译对应理论一方面把翻译过程划分为若干独立环节，另一方面也要求译者在每一个阶段中对原文进行整体和全面的理解，翻译对应理论必须从这两方面来把握。概括起来，列茨克尔有如下主要翻译理论观点：

1. 关于翻译的任务

译者的任务是在保持原作的修辞和表现力特点不变的前提下，用另一种语言的手段完整而准确地传达原作的内容。翻译的“完整性”应理解为在新的语言基础上的形式和内容的统一。如果说准确翻译的标准是不同语言需表达相同的信息，那么，只有用等同的手段来传达该信息的翻译才能称为完整的（等同或等值的）翻译。换句话说，翻译与转述不同，翻译不仅要传达原作所表达的内容，而且还必须像原作那样来表达。这一要求不仅适用于文本整体上的翻译，而且还适用于文本各组成部分的翻译。

2. 对比语言学与翻译的关系

对比语言学对翻译语言学理论的建立具有重要意义。一般来说，对比语言学涉及的是语言体系的某一个方面：某些语言的语法结构、词汇、修辞等。因此，对比分析的资料可以作为翻译分论的素材。但应该指出，翻译过程具有综合性特点，这要求进行综合性对比，对译者来说重要的不是对比个别语法形式或句法结构，而是对比组成统一概念整体的结构—语义“结”（структурно-семантические “узлы”）。没有词汇组成部分的光秃秃的语法结构对译者而言也没有多大意义，就像房屋的铁框架对未来的住户一样。

3. 翻译的功能对应原则

翻译通论范畴，一方面建立在对翻译分论材料进行总结的基础之上，另一方面建立在发展程度相当的一系列语言所共有的逻辑—语义基础之上。规律性对应理论就是要确定一些选择翻译方法的参数。对应理论不是要给出什么具体的翻译方法，而是要揭示以功能依赖为基础的翻译过程的一般规律。在从一种语言到另一种语言的翻译过程中，应考虑传达同一含义内容的相同逻辑—语义因素的作用。在笔译过程中可以事先对被译文本进行阅读和分析，这样可以预先确定材料的内容特点、思想倾向和修辞特点等，这样在翻译过程中就有一个选择语言手段的标准。但在分析文本的过程中就会出现一些“翻译单位”（可能是单独的词、词组或句子成分），它们在译入语中存在恒定不变的传统对应关系，当然，这种等值对应在任何文本中均为数不多。绝大多数情况下，在传达“翻译单位”时需要从某种语言丰富的语言手段中选择一个对应单位，但这种选择决不是任意的，当然也决不局限于双语词典的词项中。翻译理论须考虑各种不同因素对语义范畴传达的影响，因此只能建立功能对应。在定义语境意义和进行各种词汇转换时统一适用功能对应原则。

4. 对应范畴

在翻译过程中存在三种对应范畴：

（1）意义相同并在语言交流传统中形成的等值对应（эквиваленты）；

（2）选择对应（вариантные соответствия）和语境对应（контекстуальные соответствия）；

（3）翻译转换的所有形式（все виды переводческих трансформаций）。

其中第一种对应——等值对应与其他两种对应之间存在原则的区别：等值对应属于语言范畴，而后两种对应属于言语范围。当翻译过程中言语片段需要根据译入语规范进行加工时，等值对应则显示出其稳定性和不以周围环境为转移的相对独立性。当两种语言之间形成了传统的等值对应时，译者事实上无需选择。只有在个别情况下，由于特殊的语境或环境的需要才不使用等值对应。

等值翻译(адекватность перевода)的标准只能是与原文所描写的现实片断的一致，手段的等同不是完全相同，而是译文效果与原文效果最大程度的接近。等同语言手段的基础只能是功能上的，而不是形式上的。翻译是个综合性过程，要确定言语层上的形式对应必须考虑诸多因素，同一个语言形式与不同的语言及语言外因素结合在一起就可能获得不同的功能。虽说译者在正确反映原作的思想、情感和体验时会求助于逻辑学、心理学、文艺学等，但翻译的唯一基础是文本，对文本研究的语言学基础是功能对应。

虽然组成功能对应的因素很多、性质各异，但对不同体裁的被译材料来说这些因素的作用并不相等，只有决定分析和综合过程的逻辑—语义基础是共同的，并由此形成各种翻译方法。

等值对应

等值对应是不依赖于上下文的意义相同的恒定对应。等值对应是翻译过程中的一种催化剂，在口译过程等值对应的作用尤为明显。这些翻译单位在译入语中具有恒定的对应词语，在译者的意识中等值对应最先变得清晰起来，并帮助译者理解等值对应所在的上下文和整个语句的意义，即使该语句中包含译者不熟悉的词语。

等值对应可以分为完全等值对应和部分等值对应，绝对等值对应和相对等值对应。完全等值对应是一个词的整个意义上的对应，而不是其中一个意义的对应，如 doctrinairism 和 доктринерство(教条主义)；相对等值对应是在修辞和表现力方面有所区别的对应，dirt cheap 和 дешевле пареной репы(非常便宜)①；部分等值对应是在某个词义上的等值，如 shadow 和 тень(影子)，因为 shadow 还有附加意义：полумрак(昏暗)和 призрак(幻影)；绝对等值对应是唯一的对应形式，这种语际对应传统非常稳固，任何其他翻译都可能是错误的，如 the shadow of the god 和 сумерки богов(上帝之影)。

选择对应

源语中某个词的一个词义在译入语中可以用几个词来传达，这样的对应是选择对应。如名词 pin 在俄语中有好几个对应词：палец(木钉)、штифт(销钉)、шпилька(发卡)、шплинт(开口销)。选择对应是由于词语的非区别性造成的，即其中一个词表达较为广泛的概念。源语中的某个词并不是多义词，但在译入语中却必须在几个选择对应中进行选择。

语境意义

语境意义产生于词在言语的运用过程中，语境意义依赖于周围环境，是狭义、广义

---

① Дешевле пареной репы<俗>比焖萝卜还贱——便宜得不得了；проще пареной репы<俗>比焖萝卜还简单——极其简单。

和超语言语境共同作用的结果。根据使用频率的不同，语境意义可以分为：惯用(重复)语境意义(узуальные [повторяющиеся] контекстуальные значения)和随机(偶然、个体)语境意义(окказиональные [случайные, индивидуальные] контекстуальные значения)。前者随着时间的推移可以转变为选择对应，而后者则作为某一作者的主观用法出现和消失，一般常见于文艺作品。但语境意义不是外来的，而是词汇中潜在词义的现实化，可以通过词的涵义结构来确定。“随机”用法转变成“惯用”用法是多义词发展的最常见途径。对语境意义的涵义结构分析通常考虑下列因素：①社会公认的、固定的(体系化的)词汇使用语境；②该词所属的某一语义或词汇—语法种类；③受该语言的语义组合模式制约的、该词与其他词之间的具体词汇联系；④整个语言体系中词与它的同义词及其他意义相近的词之间的语义联系。

在分析词的涵义结构时，必须对同义词作广义理解。词的语境意义常常取决于广义语境，取决于相邻的句子甚至整个段落内容构成的语境，特别是在相邻的句子中存在同义词时，这种依赖关系表现得更为突出。

5. 关于翻译单位

毫无疑问，划分翻译单位对于机器翻译和同声、随声翻译(交替翻译)来说具有重要意义，但对笔译而言不存在翻译单位(единица перевода)问题。事实上，在笔译过程中翻译单位可以是词、词组、语段、整个句子、段落甚至整个被译文本。在文学文本(小说或戏剧)的翻译过程中，每个词、每段对白、每个句子的翻译都取决于作者的思想艺术意图，取决于作者的个性风格特点，取决于叙述的整体和局部的语调和旋律节奏，取决于人物的言语特点。这就要求译者必须立足于被译文本的整体内容、风格和思想艺术倾向，有时候个别词的翻译取决于整个被译文本。因此，在着手翻译之前，必须从头至尾反复阅读原文，在翻译过程中还应该不断回到已经翻译过的部分，以便更好、更准确地传达作者的“声音”。但在翻译实践中，即使遵守了上述原则，仍有可能在个别词的词义传达上出现困难，但大部分的翻译任务都能在句子范围内完成的。但这并不能说明“问题词”或“问题词”所在的句子是独立的翻译单位。在句子范围内所进行的翻译还需要重新审视，以使被译文本的局部与整体相一致。

6. 逐字翻译

逐字翻译(буквальный перевод)有两种来源和类型。第一种，也是较为原始的一种，是翻译新手常犯的“幼稚病”，是由于外语词和俄语词在外形上的相似、书写或发音上的相似引起的，这就是词源逐字翻译(этимологический буквализм)。这些在书写或发音上相似的词习惯上称为“译者的假朋友”(ложные друзья переводчика)。第二种逐字翻译，与词源逐字翻译比较起来更为复杂、更为隐蔽，它表现为译者常常使用词义中较普遍的意义来代替语境意义，或者用成语各组成词的意义来翻译成语，这叫做语义逐字翻译(семантический буквализм)。无论是词源逐字翻译还是语义逐字翻译都会导致对原文涵义的曲解。

7. 实物环境和言语情景

实物环境（предметная обстановка）和言语情景（речевая ситуация）是“超语言语境”（экстралингвистический контекст）的最重要的组成部分。实物环境指语句所发生的时间和地点；实物环境包含着一系列“实物关系”——语句中所描写的实物及其相互关系。言语情景指的是“交际环境和条件、说话者与对象及环境的关系、语句的总体倾向性”。

在文本的部分内容甚至整个被译文本的内容中，作品的思想倾向、作者的思想立场并不总是清晰可见，这在文学作品的翻译中表现得尤为明显，这时候文本的思想倾向要借助于超语言语境才能确定。话语的思想倾向与实物环境、言语情景有着密切的关系。

言语情景包括下列几个方面：①作者（或说话者）个性的反映；②被译材料的发表出处的反映；③语句所面向的读者或听众的反映；④被译材料的目的及其对读者或听众的期待效果。

8. 词汇转换和形式—逻辑范畴

在翻译过程中语境意义的确定常常服从于一定的逻辑—语义规律。两种语言中词或语句意义上的统一取决于它们所传达的概念上的统一，这也是翻译过程的逻辑基础。逻辑学对逻辑和翻译的关系作了如下定义：“我们常运用模糊定义，例如，我们在阅读过程中需要确定陌生术语的意义时就是如此。我们通过分析该术语使用的上下文来确定它的意义，在分析过程中我们确定该术语和我们所熟悉的其他词之间的各种涵义联系和关系。在从外语译为母语的过程中常常出现类似情况。”我们用逻辑思维方法揭示上下文中外语词的意义，并找到其在俄语中与词典意义不一致的对应词语，这种逻辑思维方法通常称之为词汇转换（лексические трансформации）。

词汇转换可以分为七种形式：

（1）意义分化（дифференциация значений）；

（2）意义具体化（конкретизация значений）；

（3）意义概括化（генерализация значений）；

（4）引申（смысловое развитие）；

（5）反面着笔（антонимический перевод）；

（6）整体转换（целостное преобразование）；

（7）翻译过程中的损失补偿（компенсация потерь в процессе перевода）。

这种转换方法常常互相交织在一起，特别是在前两个范畴的关系中更为常见。

词汇转换的基础是概念之间的形式—逻辑关系，在不同语言中表达相同概念的词语内部形式各不相同，因此，在选择转换方法时必须考虑每一种语言的特点。但上述的几种转换范畴在任何一种语言到另一种语言的翻译中都会出现，作为逻辑思维方法的形式—逻辑范畴也是共同的，其中包括：相同关系（отношение равнозначности）、从属关系（отношение подчинения）、矛盾关系（отношение контрадикторности）、交叉关系（отношение перекрещивания）和超常关系（отношение внеположенности）。

但由于每一种翻译都是在言语中实现的，不管采取何种方法，翻译的目标是相同

(равнозначность)，因此，可以认为，转换方法建立在四种形式—逻辑范畴的基础之上：分化、具体化、概括化和从属形式—逻辑范畴。

意义分化

在英语和法语中有很多词的词义较宽，在俄语中找不到完全的对应词，双语词典只给出了一系列部分对应词，其中的每一个词只包含了外语词中的一个词义，而即使是词典中所列的所有对应词也不能囊括源语词的全部语义。在很多情况下，词义分化需要运用具体化的方法，只有在不需要对广义的抽象概念进行准确传达时，才不运用具体化的方法。

意义具体化

与意义分化不同，意义分化可以不对意义进行具体化，而意义具体化总是与意义分化相伴相随，没有意义分化就没有意义具体化。

意义概括化

意义概括化的方法与意义分化及意义具体化截然不同，因为意义概括化是用整体代替部分、用类概念代替种概念。词汇转换的方法与不同语言的词汇特点相关。

在英语译成俄语时概括化用得较少，因为英语词汇较之俄语更为抽象。有时在俄语中运用概括化是由于俄语语言文学中的修辞规范造成的。另外，概括化还可以用来避免由于对词或词组的对应翻译而造成意义上的曲解。在同一个词的翻译过程中，也可能进行相反的词汇转换：词义缩小或扩大，即有时具体化，有时概括化。

引申法和交叉形式—逻辑范畴

引申法指的是在翻译过程中用在逻辑上与该词相关联的语境对应词来取代词典对应词，包括在交叉范畴基础上产生的各种比喻、换喻替代。交叉关系即一个概念的一部分涵义包含于另一个概念中，而第二个概念的一部分内涵也包含于第一个概念中。

如果说所有的实词可以分为三个范畴：事物、过程和特点，那么在翻译过程中每一个范畴内部，甚至不同的范畴之间都存在大量的替换现象。在用另一种语言手段传达相同内容时，使用词的何种形式通常无关紧要，可以用特征代替事物、事物代替过程、事物或过程代替特征等。这就是含义的扩展。

用引申法翻译动词词组时，可以发现在过程(行动或状态)和原因或结果之间进行替换和建立相互关系时具有明显的规律性。根据排列理论，从三个可能的因素两两结合会产生六种可能：①用原因代替过程；②用结果代替过程；③用过程代替原因；④用结果代替原因；⑤用原因代替结果；⑥用过程代替结果。

当然，该图式只反映了含义发展的技巧，而没有揭示其实质。用转换法代替直接翻译有诸方面的深层原因，包括词汇、句子的逻辑结构以及翻译中两种语言的形象性等方面的原因。

反面着笔法和矛盾形式—逻辑范畴

就其本质来说，反面着笔是引申法的终点，是翻译过程中用与原文所表达的概念相矛盾的概念来替换原有概念，这是为了保持内容方面的不变而对整个语句进行的调整，其基础是矛盾形式—逻辑范畴。当两个概念通过否定的方法存在，这两个概念之间就形成了矛盾关系。在逻辑学上借助于 A 和非 A 构成了两种判断：①A 不是非 A；②非 A

不是A。但在反面着笔法中矛盾范畴不仅包括否定，还包括对立。在大多数情况下，翻译中对立概念的使用表现为用否定句代替肯定句或者用肯定句代替否定句。

整体转换法、补偿法和超常形式—逻辑范畴

逻辑学认为，两个概念内涵完全互相排斥，同时各自又不能穷尽所讨论事物的范围，这两个概念之间就是超常关系。当与概念相对应的集合中没有共同元素时，概念的内涵就相互排斥。例如，我们在谈论鱼时，окунь（河鲈）карп（鲤鱼）就是超常关系。这种形式—逻辑范畴是整体转换法和补偿法的基础。

整体转换法可以说是引申的一种变体，它与反面着笔的区别是，它独立性更强，源语和译入语在表达形式上的逻辑联系更弱。这种方法主要在交叉关系或超常关系中实现的，整体转换法可以简单地定义为与分析没有直接联系的意义综合。言语链的任何一个部分的内部形式都可以进行转换——从单个的词、较复杂的成分、语段，有时候甚至到整个句子，而且这种转换不是各个部分的转换，而是整体的转换，因此，源语和译入语单位的内部形式之间的联系已经难以察觉。当然，这并不是说整体转换过程没有逻辑—语义基础，否则翻译过程中内部形式的替换就会破坏翻译的等值。整体转换的基础是原文和转换后的译入语单位所指向的是同一个现实片断。

语言交际传统中就有一系列的常用词汇单位进行了整体转换，并且转化为词典对应：固定对应和选择对应。生动的口语词组中这样的对应尤为突出，这些口语对应虽然没有共同的语义成分，内部形式也各不相同，但用不同的语言传达了相同的内容。因此，整体转换也是成语翻译的常用手段。

翻译补偿法即用与原文的总体思想艺术特点相一致的其他因素替代原文中没有被传达的因素。补偿可分为语义补偿和修辞补偿。补偿法主要是为了补充翻译中未能被传达的内容以保证意义的完整性。其中，语义补偿常用来弥补无等值词造成的空缺，首先是一些源语国家所特有的而其他语言国家所没有的现实。

9. 语法转换

在翻译实践中，语法转换（грамматические трансформации）通常和词汇转换结合在一起，许多情况下句子结构的变化不是由语法原因引起的，而是由词汇原因引起的。在翻译中正确而准确地反映句子的交际负载，不仅需要认真地选择词汇，而且需要认真地选择词的形式及其语法范畴，因此，翻译任务的完成同样也取决于对词的形式及其语法范畴的成功选择。

在绝大多数情况下，不同语言体系之间的语法对应只能是受诸多不定因素影响的功能对应。即使在翻译中考虑到各种因素并找到了最佳的句子结构，但仍然存在一个非常重要的问题，即最佳词序的选择问题，准确地说，是句子成分的排列顺序问题。

在翻译过程中，语法形式（词汇形式和句法结构）并不是什么独立的、与它们的词汇内容毫无关系的东西，但使用不同的语法手段可以突出和强调语句中的某个成分，这不仅可以通过运用句子的强调结构来实现，同时还可以选择一定的句子结构用以创造突出某种思想的最佳条件。

所谓语法转换就是在翻译过程中根据译入语的规范改变句子的结构。转换可能是全部转换或部分转换，一般来说替换句子主要成分的是全部转换，只替换次要成分的则是部分转换。除了句子成分的替换外，还可能是词类的替换，但这两种替换经常同时进行。

影响语法转换的因素包括：

①句子的句法功能(синтаксическая функция предложения)；

②句子的词汇构成(его лексическое наполнение)；

③句子的涵义结构(его смысловая структура)；

④句子的语境(环境)(контекст(окружение)предложения)；

⑤句子的表现力—修辞功能(его экспрессивно-стилистическая функция)。

10. 翻译的表现力——修辞基础

语体(стиль)是某民族语言中一系列言语交际手段的统一的内部综合体，这些言语交际手段的使用、选择和组合方法为社会所公认并在功能上受到限制，并与该民族的社会言语实践中服务于他目的、完成他功能的其他表达手段相联系。

等值翻译必须考虑原作的修辞特点。修辞可分为两部分：语言修辞学和文艺修辞学。语言修辞学描写语法结构、词汇、成语等语言手段的修辞特点；而文艺修辞学的任务则更为广泛，它分析的是语言的风格。但文艺学家在研究作者的个性风格特点或文学体裁的特点时，如果想弄清问题的实质，就不能回避对语言手段的分析，否则只能停留在问题的表面。

认为风格问题只有在翻译文艺文本时才存在这种观点是错误的，任何报刊文章甚至报刊信息都或多或少地具有一定的修辞色彩。对文艺小说的译者来说，他的主要任务(在修辞方面)是再创作者的个性“特点”，用另一种语言传达作者的声音；那么对于政论或报纸信息材料的译者而言，他的任务或许较为简单，或许更为复杂。因为对政治风格的研究较之对文学作品风格的研究要少得多，而对报刊信息的风格研究则更少。

那么，在翻译政论文或报刊文章时是否要传达文本的修辞特点、如何传达？对这个问题并无统一的回答。首先要考虑翻译的目的，同时还要注意到，风格特点不仅决定于语法、词汇和成语的规范，同时也决定于表现力的形式。任何一种修辞手段都具有表现力，因为它们都具有感情或评价作用。有时候甚至修辞上中性的语言手段也会获得表现力意义。译者必须同时考虑原作的修辞和表现力这两个方面，通过分析语言结构各个环节的修辞和表现力特点，并将它与作者的总体思想—艺术意图联系起来，从而确定原作的表现力、修辞色彩。

11. 成语的翻译

在任何一种语言中成语都是词汇中最活跃、最鲜明、最丰富多彩的部分。成语大多属于各种不同的功能风格，具有表现力色彩。即使是修辞上中性的成语也带有民族特点，在上下文中也可以获得表现力意义。因此，完全有理由认为，成语是一种最具有表现力的语言手段，应该从修辞的角度对其进行研究。成语在语言和言语中都具有独特的功能，因此在翻译中也应对其进行重点研究。

成语(фразеологизм)是若干词的组合，是形式上独立的结构，其组成词的意义全部或部分地被改变，具有成语性意义。成语的特点是稳定性，但这不是一般意义上的稳定性，而是在成语层上的稳定性、是各词汇部分有规律的依赖性以及结构—语义上的非模式性。成语与其他临时性的、非成语性组合有四个区分原则：形式上的独立性、非模式性、转义性和稳定性。但从译者的角度而言，转义性(全部转义和部分转义)也只有转义性是成语的决定性标准。

转义是各种程度不同、特点各异的语义发展，成语层上的稳定性就是成语各组成词在意义上的关联性。В. В. 维诺格拉多夫将成语区分为溶合性成语(фразеологические сращения)和结合性成语(фразеологические единства)。溶合性成语的各组成词是意义耦合(сопряженность значений)关系，成语的整体意义不是各组成词意义的综合；结合性成语是各组成词的成语性紧密组合，成语语义也是不可分割的，同样也表达统一的、完整的意义，但这些组合的整体意义是有理有据的，是各词汇成分意义联合的产物。

区分结合性成语和溶合性成语对翻译具有重要意义。如果遇到第一种成语，特别是在报纸上或其他不包含作者个性风格特点的文本中，由于结合性成语比喻性非常明显，译者应该传达原文结合性成语的形象性，虽不能说是同一形象，但至少应该是近似形象。溶合性词语则不然，溶合性成语的形象基础有时该语言的操持者也不能理解，因此对它的反映常常使用整体转换的方法。

12. 翻译中情态的传达

情态(модальность)是句子的灵魂，没有情态就没有语句。每一种语言表达情态的手段是不同的，因此译者常常需要对情态范畴进行替换。替换的规律是由译入语的规范和具体语句中的情态功能决定的。翻译理论和实践的主要任务是传达主观情态，即说话者对于语句与现实的关系的看法。

不同语言中情态表达手段各不相同，这就给译者提供了替换情态范畴的权利，有时候这种替换是不可避免的。替换的规律基本上是由译入语规范和该语句中的情态功能决定的。

翻译过程中情态的传达方法可以有多种，可以用与原文中相同的手段，也可以用与原文中不同的手段，或者根本没有形式上的表达手段。但不能认为后一种情况中情态没有被传达，只是在该句中情态不是显性的，而是隐性的。情态的传达应依据功能原则。

结　语

1950 年，列茨克尔的《论外译俄中的规律性对应单位》一文问世，作者提出的规律性对应理论开创了俄罗斯翻译理论中语言学研究的先河，也确立了列茨克尔在俄罗斯翻译学发展史上的地位。

当时很多人认为建立普遍的翻译理论是不可能的，因为翻译是个性化的创造过程，翻译不可能作为理论研究的对象；翻译活动纷繁复杂，翻译不可能成为统一的研究客体，也不可能有普遍的翻译理论；而语言学也不可能为翻译活动提供什么理论依据，以为译者不是和不同的语言体系打交道，而是和具体的文本内容打交道。但列茨克尔认为，在不同的翻译中存在普遍性的规律，而使用相同的对应和翻译方法也决不会使翻译丧失创造性；在不同的翻译形式中存在规律性对应；翻译必须有坚实的语言学基础，必须对两种语言现象进行对比研究，必须在源语和译入语之间建立一定的对应关系。

在《论外译俄中的规律性对应单位》一文中，列茨克尔不仅阐述了翻译对应的理论基础，还对翻译过程中的一些典型转换方法进行了描述。文章发表后引起了翻译理论界的强烈反响，对规律性对应理论有人表示支持，有人则提出了批评意见，认为文中的术语不够明确、缺乏系统性，理论过于规范化并且理论的语言学基础还不够坚实等。

1974 年，列茨克尔发表了专著《翻译理论和翻译实践(翻译理论的语言学论纲)》，书中作者对翻译的语言学基础进行了较广泛的论述，特别强调翻译的创造性特点，以回击关于规律性对应理论过于规范化的批评。同时作者进一步完善自己的理论体系，对一些术语进行重新定义，把规律性对应加以细化。

关于“翻译单位”问题，列茨克尔认为在笔译中不存在固定的翻译单位。笔译过程中翻译单位可以是词、词组、语段、整个句子、段落甚至是整个翻译文本。译者做出正确的决定不仅需要整个文本，还需要“文本背后”的情景。这里，作者把翻译单位理解为选择必要的翻译方案所不可缺少的原文单位。列茨克尔认为，逐字翻译是由于译者错误地选择了原文单位的对应词语造成的。逐字翻译产生的原因有：词源原因和语义原因。词源原因通常被称为“译者的假朋友”，即两种语言中形式相似而意义不同的词。语义逐字翻译是由于译者不恰当地用最常用的词义来代替语境意义或用成语的各个组成词的单独意义来翻译成语。显然，列茨克尔的“逐字翻译”指的是翻译中的错误现象，而不是一种翻译方法。

书中还论及了语法转换问题、翻译中的修辞与表现力色彩问题、成语的翻译问题、翻译中情态的传达问题，列茨克尔主要从翻译实践的角度进行分析，例证丰富、新颖，颇具说服力。

总之，《翻译理论和翻译实践——翻译理论的语言学论纲》一书在俄罗斯的翻译学发展史上具有重要意义，列茨克尔提出的规律性对应理论被认为是俄罗斯翻译理论中等值思想的萌芽，为俄罗斯翻译的语言学理论的进一步发展奠定了基础。虽然列茨克尔的翻译思想仍有很大局限性，但列茨克尔对翻译语言学理论的贡献毋庸置疑，他的翻译思想影响了众多俄罗斯翻译学家，俄罗斯的翻译学在很大程度上“源自”列茨克尔。

思 考 题

1. 简述对比语言学与翻译的关系。
2. 列茨克尔关于翻译的定义。
3. 简述列茨克尔关于规律性对应的思想。
4. 简述列茨克尔有关翻译转换的论述。
5. 列茨克尔是怎样阐述翻译的修辞基础的？
6. 如何在译文中传达原文的情态意义？

第十章　切尔尼亚霍夫斯卡娅的翻译理论

列昂诺拉·亚历山德罗芙娜·切尔尼亚霍夫斯卡娅(Леонора Александровна Черняховская)是苏俄知名的翻译理论家，多年从事翻译理论研究与翻译教学。1971年她完成了副博士论文《俄译英转达语句意义切分成分时的言语重构》(Перестройки речевой структуры для передачи компонентов смыслового членения высказывания при переводе с русского языка на английский. 1971)。1976年，她的专著《翻译与语义结构》(Перевод и смысловая структура. 1976)问世，在这部著作里体现了切尔尼亚霍夫斯卡娅的主要翻译思想。本书在苏联译坛占有特殊的地位。书中作者仅探讨了一个问题，即翻译时影响句法结构(在原著文本中是指语句的意义结构)选择的一个因素。该书由莫斯科国际关系出版社出版，共262页，由前言、正文(含三部分，其中第一部分包括三章，第二部分包括二章，第三部分包括十章)、结语和参考文献构成。

从切尔尼亚霍夫斯卡娅的作品结构上看，她继承了苏联语言学派翻译理论著作的传统，在研究纯粹的翻译问题之前先简要地介绍了作为翻译分析基础的普通语言学观点。本书第一部分详细分析了与语句实义切分现象有关的概念，第二部分研究了意义切分在英语中的表达特点。她提出一个假设，俄译英时句法结构发生变化的特点取决于这两种语言中表达主位—述位关系的方法。第三部分作者通过大量例证证明英语中表达意义结构的典型方法也是语义词序，而并非受到俄语语义词序的影响。

概括起来，切尔尼亚霍夫斯卡娅有如下翻译观点：

1. 翻译及其研究的对象

翻译是一种言语活动，其目的是改变言语作品(речевое произведение)的结构，即在保持内容不变的情况下改变表达方式，用一种语言来代替另一种语言。

众所周知，在不同的语言中表达同一内容的句子结构完全不同，这并不仅仅是因为表达的词汇和语法手段不同，还因为转达内容的方法不同，即对现实的切分(сегментация действительности)不同。假如在翻译中忽视不同语言生成句子的不同方法，只顾词汇和语法的对应，那么就会出现所谓的“翻译腔”(переводческий стиль)。因为表达语句意义中心的语言手段不同，不同语言的语句中强调意义中心的方法各有差异，这样在翻译中言语结构就会发生变化。

本书的研究对象是对比英语和俄语表达意义切分的语言手段，以及俄译英时语言手段差异所引起的言语结构的调整。

2. 翻译单位

言语作品的大小是随意的，因此必须切分出最小的言语作品，以便在这个范围内确定表达层面的意义等值。通常，意义等值是在句子层确定的。孤立的句子可以表达某些内容，甚至在没有上下文时可推算出话语信息(сообщение)的出发点和意义中心。在进入一定的交际环境后，句子就有了具体的交际任务。孤立的句子与有上下文的句子词序可以重合，也可以不重合，这完全取决于句子完成什么样的交际任务。本书研究的翻译单位不是语法单位，而是具体言语情景中与具体的非语言现实相互作用的句子，是从报刊文章中摘录出来的、能完成交际功能的语句(высказывание)，因此它是最小的言语交际单位。本书中多数情况下它的界线是与句子重合的。

3. 语法结构与信息结构

语句既有语法形式结构（формально-грамматическая структура)，又有反映内容组织规律的信息结构(информационная структура)，这两种结构互为基础，同时并存，因此对语句可进行双重切分：语法形式切分和意义切分。对比语法形式结构和信息结构的特点，还必须研究它们的成分。

语法形式结构已受到广泛的研究，在主要成分的划分上各家看法基本一致，但对次要成分的划分还存在着分歧。作者采纳了什维多娃(Наталья Юльевна Шведова)的观点，在语法结构中分出主语、谓语、扩展成分和加确词(конкретизатор)。

所谓信息结构，是指意群中意义关系所构成的语句内容结构。人们为解释意义切分建立了各种各样的模式，哪种模式能更准确地描述意义结构，至今仍是众说纷纭，但意义具有结构，这已是无可争辩的事实。惟有如此，接受者对同一篇章或句子才会有相同的理解。作者经过大量研究后提出，信息结构具有自己固定的表达手段——语义词序(семантический словопорядок)。

4. 语义词序

通常认为意义切分总是通过形式语法手段表示的，而且这些手段多种多样，不存在表达意义切分的唯一的、固定的手段。切尔尼亚霍夫斯卡娅通过对大量例证的对比分析指出，信息结构具有自己固定的表达手段——语义词序，正是语义词序这一俄英语中共同遵守的词序规则奠定了翻译模式的基础。

按句法规则排列的词序叫句法词序，而信息结构中意群间的语义关系是通过意群在语句间的排列顺序来实现的。这种取决于交际信息量(коммуникативная нагрузка)而不取决于句法构成的词序叫语义词序。

俄语属于综合语(屈折语)，句子中词与词间的语法关系是靠词本身的形态变化来实现的，词序自由。但在完成一定的交际任务时，即在一定的上下文中只能有一种词序，这种句法词序会适应语义词序，两者不会产生矛盾。在俄语修辞为中性的叙述语中，正常词序为意群按其交际信息量向句末递增而排列，这就是马泰修斯(Матезиус)提出的客观词序，或正常词序。而英语属于分析语，句子中词与词之间的语法关系是靠词序等手段表示的，有固定的句法词序，英语中是否有以交际信息量递增的规则排列的语义词序，这是值得探讨的问题。

作者批驳了当时盛行的一种观点，即英语的句法词序固定，句子不能按照交际量递增的规律排列。通过大量的分析研究表明：①对英语来说，信息结构成分按交际量递增的排列是典型的，而不是受俄语的影响。②语句成分的主位性和述位性有形式标记。

据作者统计，她所研究的英语材料中有93.9%的句子是按语义词序排列的，其中4.9%的句子主语是述位，依靠特殊的结构（比如there结构）移至句末，这样不会造成句法词序与语义词序的矛盾，而句子仍然是按交际信息量递增排列。究其原因，据马泰修斯观察，英语中主语意群有主位性质，它的主要位置在句首。这样就得出结论：英语同俄语一样，语义词序也是表达信息结构的主要手段。

5. 交际信息量

意群（смысловые группы）是构成信息结构的成分。构成意群的词在没有上下文的孤立句子中也具有客观意义，这就是它的意义结构（смысловая структура），或者叫含义量（смысловой объём），含义量越广，该词的语义值（смысловая весомость）就越低。例如，人称代词或不定人称代词含义量广，因为它包含的总信息比名词多，он（他）就比инженер Петров（彼得罗夫工程师）包含更少的具体信息。在一定的上下文中，词的含义量是可以确定的。不同含义量的意群相互作用，就具有了上下文关系，根据语义值和上下文关系，它们又构成了不同的上下文语义值（семантико-контекстуальная весомость）。读者根据以往的经验可以感受到这个上下文语义值。在言语行为中，有了上下文语义值，就可以确定交际信息量的大小（степень коммуникативной нагрузки）。凭直觉，很容易确定语句的两个极点——交际信息量最大的意群和交际信息量最小的意群。交际信息量的大小受两方面的影响：①它的含义量（即客观内容）；②上下文。

交际信息量小的意群，倾向于充当主位，具主位性质，而交际信息量大的成分倾向于充当述位，具述位性质。

6. 主位和述位与纯述位句和非纯述位句

主位（тема）和述位（рема）是德国语言学家布斯特（K. Boost）首先提出的，后来被布拉格语言学派广泛运用。马泰修斯把这一对概念叫做叙述的出发点或基础和叙述的核心。克鲁舍里尼茨卡娅（Крушельницкая）称其为已知信息（данное）和新信息（новое），尽管术语不同，但观点是一致的：把句子分切为两个意义部分——主位和述位。

主位——指叙述的出发点、基础或对象，表示已知的信息。

述位——指叙述的核心内容，表示新的信息。

马泰修斯注意到有些语句只包含新信息，他把这种语句分为四类，归入“引导句”（вводные），认为这通常是用于见面打招呼的语句。苏联语言学家拉斯勃勃夫（Распопов）也在俄语中分出六类“零基础”句，即语句只包含新信息，已知信息因某种原因没明确表示，但从上下文可以推测出来。由此可见，传统上认为只包含新信息的句子是无主位句或述位句，即语句中不包含主位。

切尔尼亚霍夫斯卡娅不赞同主位是已知信息的概念，认为主位也可包含新信息。她指出，语句中不论言语客体是否明确表示出来，它作为“思维的客体”、“言语的客体”总是存在的。她指出，主位或者指出某种已知信息，或者指出在此之前接受者完全不知道的信息，即主位也可以包含新信息。

书中详细阐述了纯述位句(монорема)和非纯述位句(дирема)这两个概念。由于切尔尼亚霍夫斯卡娅扩大了主位的内涵，从而导致纯述位句内涵的扩大。第一个引用纯述位句这一术语的是法国语言学家舍申耶(Сешейе)，他将其理解为由一个语言单位组成的语句，如 Bah!（Вот что!）法国另一语言学家巴里(Балли)认为纯述位句是只有一个发音成分的语句或只有述位的复杂语句。而尤尔琴科(Юрченко)把词汇上没表达已知信息的完全句和不完全句都归入纯述位句，已知信息应从现实中去寻找。切尔尼亚霍夫斯卡娅认为这种看法有失偏颇，她认为没必要到语言外去寻找所谓的已知信息，叙述的客体总是在言语情景当中，它在语句中可以明确表示出来，也可以不表示出来。

因为传统语法把只包含新信息的语句叫做纯述位句，作者沿用了这一术语，但其内涵已大不相同。切尔尼亚霍夫斯卡娅理解的纯述位句在语法上是完全句(不管语法上是单成分句还是双成分句)，其中主位成分明确表示出来，但也包含新信息，即指出接受者不了解的报道客体，这时主位可以由任何句法构成，包括词素。她所说的纯述位句不包括不完全句和“碎片句”，因为其主位没明确表示出来，而是由上下文来暗示，因此不包含新信息。纯述位句常用于句首或段首。尽管在纯述位句中主位包含新信息，但比起其他成分，它的新信息是最少的。作者对纯述位句内涵的重新界定不仅在实践中证明是正确的，而且对本书随后提出的翻译模式的选择具有重要的作用。

与此对应的概念，非纯述位句是主位不包含新信息的句子。区分这两个概念对翻译模式的选择非常重要，否则就会歪曲原作的意思。每种语言中的主位性和述位性都有自己的形式标记。比如，英语意群中主位的形式标记：上下文中提过的成分、定冠词、人称代词、指示代词、物主代词；意群的上下文语义值小。英语述位的形式标记有：不定冠词或零冠词；带逻辑重音；无主位标记；口语中的语调、重音等。

有时只有一种或几种形式标记是不够的。意群的长度也很重要，意群越长，越容易带逻辑重音，即述位标记；信息结构成分在句中的位置也是重要的形式标记。

作者指出，据统计，英语中只有 6.1%的句子是以述位开头的，在这些倒装句中，以述位开头的是主语，有述位形式标记(不定冠词或零冠词)。主语有述位形式标记时，肯定包含新信息。但主语有新信息也不一定是述位，这取决于后面动词的上下文语义值和语句的结构特点，而不取决于是否包含新信息。判断包含新信息的主语是否具有述位性，把该句划入纯述位句还是非纯述位句，对俄译英很重要，因为这属于两种不同的翻译模式。作者归纳了使包含新信息的主语具有主位性的四个因素：

①谓语是主动态，谓语后是加确词，动词带逻辑重音。

②述位性动词是被动态，谓语后是述位性加确词时，逻辑重音移到句末。

③结构的不定式是述位性动词，主位是主语，重音后移。

④句中有合成谓语，系词用 to be 结构或其他主位动词，如谓语的述位部分无主位标记，则述位部分带逻辑重音，作主位。

作者还归纳了使包含新信息的主语具有述位性的三个因素:

①谓语是主位谓语,不带具体成分。

②当谓语是被动态时,A. 用不带具体成分的主位动词表示;Б. 用只带主位加确词的述位动词表示。

③在〈Nominative + Inf〉〈Accusative〉结构中,如不定式是B中提到的动词词组之一,则主语带逻辑重音,作述位。

7. 俄译英时言语结构的转换模式

翻译时首先应保留信息结构成分,因为任何语句都是通过语义词序实现的,有了这个先决条件就可以认为,在生成语句时信息结构的成分是按交际信息量递增排列的。

在俄译英时,要保留句子的信息结构,在用英语组织语句时就必须使俄语意群的主位和述位功能在译文中保持不变,而句法结构须随译入语的规范进行改变,这通过两种途径来实现:①英语的意群保留与俄语同样的位置;②俄语意群的主位性和述位性在英语中借助各种词汇、语法和其他形式标记表达。

该书中的大量例子取自俄文报刊,译者是以俄语为母语的高级翻译人员,校对者是母语为英语的编辑。通过翻译人员的译文与操英语者的校对稿进行对比,更能展示言语结构的变化及两种语言生成的差别。

书中介绍了十种翻译模式:

(1)主位为谓语的非扩展非纯述位句的翻译

在这种结构中,言语结构的改变首先是为了保留信息结构的成分,这类句子的翻译并不困难,因为英语中语义词序也是按交际信息量递增的规律排列的。如:

Было много споров.

译为:There were many discussions.(曾经有许多争论。)

(2)主位为主语的非扩展非纯述位句的翻译

主位为主语是英语的典型语义排列方式,这时语义词序与句法词序不会发生冲突,有时英语比俄语更遵守交际信息量递增规则。如:

Бриттен — один из самых《вокальных》современных композиторов.

译为:Among the contemporary composers, Britten is the most vocal me.(布里顿是当代作曲家中最“声乐”的一位。)

此句中俄语用括号加重 вокальных 的述位性,而英语则把更具述位性的 the contemporary composes 作为主位扩展语放到句首,而把述位词移到句尾。

(3)主位为主语的扩展非纯述位句的翻译

在翻译主位为主语的扩展非纯述位句时,因为英语的语义词序与句法词序不发生冲突,因此语法结构不会发生根本变化,只是谓语可能会发生某些变化,如:

Я мечтал попробовать свинину.

译为:I dreamed of tasting pork.(我梦想能尝尝猪肉。)

俄语中有时省略动词谓语,但从上下文可推测出来,译为英语时谓语不能省略,需要恢复隐含的动词，这时，不能改变信息结构，否则就会歪曲原意，如：

Самые интересные заборы и ворота — в Диброве.

译为：Dibrovol is noted for its decorated fences and carved gates.

修改为：The most interesting gates and fences are found in Dibrovol.（最有趣的围墙和大门位于迪布罗沃。）

译者和校对编辑都从上下文引出谓语，但译者把俄语状语译作英语主语置于句首，俄语主语成了英语述位置于句末，结果也是按交际信息量递增排列，却与俄语相反。俄语回答的是 Где интересные ворота?（有趣的大门在哪里?）而译文回答的是 Чем славится Диброво?（迪布罗沃以什么出名?）

（4）主位为谓语的扩展非纯述位句的翻译

为了不歪曲原意，必须保留信息结构主位和述位成分的功能，但英语的语法规则是句首为主语，这样就必须改变句子结构。如：

Случаютсяу нас и принципиальные споры.

译为：Sometimes we have arguments of principle.（我们有时也进行原则性的争吵。）

俄语句子中整体是按交际信息量递增排列，但是不严格。

（5）主位为次要成分的扩展非纯述位句的翻译

当主位是次要成分时，尤其主语在句末，要保留语义词序比较困难，因为英语的非纯述位句与俄语一样，也是递增词序，而且要严格遵守语法规范：主语—谓语—次要成分。作者归纳了几个简单的模式，可大大减轻翻译的任务。

模式一：俄句首扩展状语译为英主位主语

В комнате установилась мертвая тишина.

译为：The room turned deathly silent.（房间内死一般的寂静。）

模式二：俄句首补语译为英主位主语

Первые шаги в этой области предприняла ЮНЕСКО.

译为：The first steps in this field were taken up by UNESCO.（在该领域迈出第一步的是联合国教科文组织。）

模式三：从上下文引出英语主位主语

В наш театр трудно достать билет.

译为：We are always sold out.（很难弄到我们剧院的戏票。）

模式四：使用 there 结构

Помимо делегатов, на съезде присутствовали иностранные гости.

译为：Besides the delegates of the Congress there were guests from abroad.（除了代表团成员，一同出席会议的还有外国客人。）

模式五：英语中谓语的倒装

У другого конца стола стояли два лакея в белых перчатках, ожидая конца церемонии.

译为：At the other end of the table two write-gloved lakeys stood waiting for the completion of the ceremony.

修改为：At the other end of the table stood two write-gloved footmen waiting for the completion of the ceremony.（桌子的另一头站着两位戴白手套的仆人，在等待仪式结束。）

编辑恢复原来的语义排列。主位谓语放名词前，使主语更具述位性。可倒装不仅是因为动词是主位性的，还因为谓语意群短，主语意群长。

翻译主位为次要成分的扩展句时，最常用的模式是把句首状语、补语译为英语主语。可保留该意群的主位性，但谓语要按语法规则变化。从上下文引入主语也是常用的办法之一，也可用引导词 it。当述位是主语时常用 there 结构，但受修辞限制。

(6) 主位包含新信息的语句

俄语的纯述位句与非纯述位句在结构上没区别，都按交际信息量递增排列。英语中有些纯述位句与非纯述位句不同，以述位峰启句，随后交际信息量下降，再向句末增加，在译俄语的主语倒装的纯述位句时比较复杂，英语的述位意群作主语置于句首。如：

Щелкали птички. Проехали бульдозер и автобус.

译为：Birds were clicking. A bus and a bulldozer ran past.（鸟儿吱吱喳喳。推土机和巴士来来往往。）

英语中有几种使主语述位化的手段：①不定（零）冠词；②加长主语意群（从上下文补充信息、意群内部通过句法变化扩大主语）；③用被动结构等。因此在译主语结构时一定要区分主位是否带新信息，是纯述位句还是非纯述位句，如选错模式，必然带来翻译错误。

(7) 带双级述位（двухступенчатая рема）的语句

俄语有种双级述位的语句，即后置的述位限定语，尽管被它修饰的意群是意义中心，但因为它在句末，提供补充信息且带逻辑重音，这样就形成两个述位塔：①述位；②后置限定语（一般节奏较长，是一组形容词、形动词、副动词短语或从句），无论在纯述位句中还是在非纯述位句中都有。

非纯述位句的翻译比较简单，按单塔的模式即可，保持信息结构，只变语法。

В конце праздника происходит грандиозное балетное представлениев городе фонтанов Петродворце.

译为：The festival ends up with a gala ballet performance at Petrodvorets the famous palace of fountains outside Leningrad.（在喷泉之城彼得宫内举行了一场盛大芭蕾演出后，节目结束了。）

（俄语的扩展主语译为英语的主位主语，在句首，俄语述位是主语加限定语，英语有句法变化，但按交际信息量递增，保持了语义词序）

主语倒装的纯述位句按非纯述位句译，但述位为主语例外。双塔也一样，翻译时第一塔移到句首构成第一峰，第二塔移到句末，构成第二峰，句法可变，也可不变。这样英语的双塔纯述位句就出现两个述位顶点，分别在句首和句末。

В отделах рукописей и редких книг хранятся рукописные книги, начиная с 11 века.

译为：The library has rarest collections of manuscripts dating back to the 11 century.

修改为：Old and rare manuscripts are kept here, some dating back to the 11 century.（在这儿，古老和稀有的手稿得以保存，有一些甚至可以追溯到11世纪。）

译者按非纯述位句模式，但句子是纯述位句，因句首包含新信息，编辑按单塔句译，主位带重音，在句首，节奏长，状语成了述位，在句末。

（8）俄语双峰结构（двухвершинные структуры）句译为英语的方法

俄语报刊文章有一类句子介于纯述位句和非纯述位句之间，除了句末有述位峰外，句首还有一个述位峰，具有很高的交际信息量。句首一般有表强调的 именно（正是），здесь（此处），но только（只不过，仅仅）等。一般带感情色彩，是俄语政论体的特点。

Но только десять лет назад он стал *тем танцором, которого знают и любят зрители.*（但他作为一名广受欢迎的舞者只有十年时间。）

这个句子在译为英语时不能机械保留俄语句子的结构特点，否则会歪曲原义。应进行句法变化，取消双峰，但修辞特色会降低。

译为：**And it is only ten years ago when** he became known *as a dancer*.

修改为：And he has *been known as a dancer* **for only ten years**.

这是一种方法，把第一峰移到句末。当必须保留对内容的强调时，也可以把第一峰与第二峰互换位置。

（9）超句内部的切分与联合

信息结构的成分可以是一个词，一个词组，一个从句或一个句子及一组句子。这样的扩展成分内部很复杂，内部还有信息结构。这对翻译很重要，不应把篇章机械地切分为句子，主位成分、述位成分是由一个或几个句子组成并不重要，重要的是完成交际任务。要翻译的是构成信息结构的整体意义，而不是个别的句子。作者认为要保持信息结构成分的功能不变，句法功能可以改变。句子的分与合主要是在信息结构的内部实施。如：

Родилось оно （имя） в древней Иудее. Там оно звучало так《Иоханаан》и означало《божья благодать》.

译为：It originated in ancient Judea as Johanan, God's blessing.（它起源于古犹地亚。在那里它读作“约翰安”，意为“神的恩赐”。）

（主位没变，述位简化为一个句子成分）

复杂的句法整体按功能也分为纯述位句和非纯述位句。不论信息结构内部如何变化，都不影响整个信息结构。

（10）翻译中信息结构的紧缩与扩展

前面只涉及信息结构不变的问题，但翻译时不能不考虑交际的参与者，即具有不同文化背景的人，语言外因素也会影响语言的变化。翻译时如要揭示隐含的、原文读者明白而译文读者不了解的东西，就会形成意义结构的扩展，而译文读者已了解的东西就需要缩减，如：

22 июня он ушел добровольцем на фронт.

译为：On the day Nazy Germany attacked Russian he went to the front.（6月22日他作

为志愿兵上了前线。)

翻译不是简单的符号转换，要考虑各种变化因素，包括接受者和社会环境及语言与文化的相互渗透。

结　语

《翻译与语义结构》的作者切尔尼亚霍夫斯卡娅在确定研究对象时，限定为影响翻译过程中句法结构选择的一个因素，因此她能够对该问题进行深入、全面的研究。本书以布拉格语言学派信息结构为理论基础，研究了与语句的信息结构成分转达有关的翻译中句法结构变化的最重要方面。其新颖之处在于，作者批判性地吸收、借鉴了马泰修斯、费尔巴斯(Фирбас)、巴里(Балли)及苏联语法学家什维多娃等人的观点，分析对比了俄英两种语言的结构成分，描述了报刊政论文体俄译英的翻译过程并归纳了十种语句的翻译模式。这些翻译模式的运用可排除母语干扰，具有很高的可操作性，研究的结果不论对实义切分理论，还是对翻译理论和实践都有重大贡献。

作者提出俄译英时，根据翻译模式，英语同俄语一样，信息结构成分都是以主位到述位结构排列为主导。与传统观念不同，作者指出主位同样包含新信息这样的观点，同时她还提出“双峰结构”和“双塔结构”的概念，这不仅对翻译的语言学理论做出了贡献，而且对更深刻地从语言学分析不同类型文本的主位、述位关系等复杂的现象提供了丰富的素材。

该书研究以俄英翻译为材料，例证全部由为英语报纸工作的俄国译者翻译，由母语为英语的编辑进行文字加工，可保证译文符合该语言的文体规范，编辑的加工修改展示了两种语言中报刊政论文本的修辞区别。全书所有的观点都有实际翻译的确切例证，证明她得出的结论是正确的。尽管研究是在俄英两种语言中进行，但所得出的结论无疑对弄清文本的信息结构对译法的选择和其他语言组合的翻译中具有重要的作用。

该书所研究的翻译模式只适用于修辞为中性的报刊文章的翻译，而其他言语类型，如感情色彩比较浓厚的文学作品、口语等，其信息结构与书面语差异极大，不能用这些翻译模式套用，需要专门进行研究。

思 考 题

1. 切尔尼亚霍夫斯卡娅是如何给翻译下定义的？
2. 切尔尼亚霍夫斯卡娅关于翻译单位的论述。
3. 切尔尼亚霍夫斯卡娅关于语法结构与信息结构的论述。
4. 切尔尼亚霍夫斯卡娅关于实际切分与翻译之关系的论述。
5. 什么是双级结构和双峰句？

第十一章　明亚尔-别洛鲁切夫的翻译理论

留里克·康斯坦丁诺维奇·明亚尔-别洛鲁切夫(Рюрик Константинович Миньяр-Белоручев, 1922-2000)是俄罗斯教育学博士。他撰写了大量的口译(特别是异声翻译)教学法方面的著作，并因此享誉俄罗斯翻译学界。这些著作主要都是应用型的，包含丰富的材料，可以指导制订教学方针、方法技巧和训练体系，以保障学员掌握口译的技能。明亚尔-别洛鲁切夫的翻译著作有很多，它们在我国至今均无汉语译本。这些著作主要包括:《听译教学法》(Методика обучения переводу на слух. 1959)；《异声翻译》(Последовательный перевод. 1969)；《口译教程》(Учебное пособие по устному переводу. 1969)；《翻译通论与口译》(Общая теория перевода и устный перевод. 1980)；《翻译的理论与方法》(Теория и методы перевода. 1996)；《异声翻译中的速记》(Записи в последовательном переводе. 1997)；《怎样成为一名翻译?》(Как стать переводчиком? 1999)。

不过，早在前三本著作中，作者在研究纯方法问题的同时，就已经开始涉及口译与普通翻译中的一些基本理论问题了。他的翻译通论思想主要体现在《翻译通论与口译》(1980)之中，并在《翻译的理论与方法》(1996)一书中得到了发展和完善。书中所包含的翻译思想对俄罗斯翻译理论来说，是一个很大的贡献。该书由作者语、正文、结论、简明翻译术语词典和参考文献组成。正文部分包含13章:

(1)翻译学是一门独立的科学;

(2)翻译科学研究的客体;

(3)言语行为与翻译;

(4)翻译与话语类型;

(5)信息储备的概念;

(6)文本信息量理论;

(7)翻译单位;

(8)翻译的方式与处理方法;

(9)转换的技能;

(10)不对应理论;

(11)翻译的分类;

(12)翻译的方法;

(13)文艺翻译。

概括起来，明亚尔-别洛鲁切夫的翻译理论有如下主要观点:

1. 翻译科学研究的客体

语言之间的交际，是一个十分宽泛的概念。翻译学研究的客体，是信息发出者(источник)、译者和接收者(получатель)参与活动的双语交际。它的中心环节是译者活动或者是原来意义上的翻译，即翻译是一种复杂的言语活动(речевая деятельность)。研究翻译学的客体是研究交际的形式，而不仅仅是研究译者本人的活动。

由于翻译学的客体是一种交际形式，所以有必要阐述交际的一般特点，并揭示运用两种语言进行交际的特别之处。这最好以研究交际的基本单位(элементарная единица)——言语行为(акт речи)为基础，因为它包含交际的所有特点。

言语行为包含交际者和言语产品(речевое произведение)。

交际总是在一定的现实(реальная действительность)中进行的，交际者本身也是现实中的一部分。交际赖以发生的现实通常被称为情景(ситуация)或言语情景(речевая ситуация)。言语情景中有正面因素和负面因素(如杂音、特殊的发音)。其中正面因素可简称为情景，而负面因素可称作干扰(помехи)。

言语行为中有信息发出者、接收者、言语产品和言语情景(把言语情景从前三者中独立出来只是相对的，是为了研究的方便，因为它本身就包括这些因素)。信息发出者制造出言语产品，把它发送给接收者。接收者获得言语产品时，提取其中的信息(информация)。

在交际过程中，接收者除了从言语产品中获取信息外，还获得其他信息。前一种信息有明确的目的性，后一种则没有。无明确目的性的信息有的有利于接收者接收信息，有的则不然。言语情景中有利于信息接收的信息称情景信息(ситуативная информация)，而伴有干扰的信息称背景信息(фоновая информация)。

交际之所以能够发生，是因为言语产品中有针对接收者的信息。言语产品由内容和形式组成，言语产品的内容构成了它的语义信息(семантическая информация)。言语产品的形式是其组成单位(词与词)之间内部联系与外部联系的总和。言语产品的结构是形式的一部分。它包括言语产品组成部分间的相互关系和内在联系。言语产品的结构信息(информация о структуре)虽然不包含任何语义信息，但是在某些情况下，却能够给接收者带来附加的美学效果。

2. 翻译学是一门独立的科学

翻译要成为独立的科学，必须拥有自己的研究客体(объект)、对象(предмет)和术语。时至今日，翻译仍然属于语言学的研究范围，翻译问题一般只限于语言间的对比研究。事实上，优秀的翻译著作都是由语言学家(如巴尔胡达罗夫)写出来的。把翻译理论归结为文本之间的规律，的确无法使之突破以言语为研究客体的语言学的范畴。翻译研究和语言学研究在客体上的一致，使翻译不能成为一门独立的科学。

翻译的科学，或称翻译学(переводоведение，переводология，транслатология)到底要研究什么呢？大多数研究人员认为，翻译研究的应当是翻译过程。他们通常把翻译过程看做是不同语言文本之间的转换。翻译的任务在于对比研究两种语言系统，解决翻译分论中的一些问题。然而翻译学所研究的客体不仅仅包括翻译过程。翻译过程本身包含于运用两种语言的交际中。尽管翻译过程是翻译研究的中心环节，但是翻译学还要研究原文(исходный текст)产生的条件、译文(переводный текст)接受的条件、交际双方的社会地位、言语情景以及伴随交际而出现的各种现象。翻译学研究的客体是两种语言之间的交际。有关这种交际的各种模式和有关交际的所有知识构成翻译研究的对象。认识两种语言之间交际的方法、特别是认识翻译过程的方法越准确，翻译理论就越可靠。故此，我们不仅要研究翻译学的客体中的语言学部分，还要研究其整体。翻译研究有着自己的术语，如“同声翻译”(синхронный перевод)、“死译”(буквализм)、“对应”(соответствие)、“译文”等。由此可见，作为一门独立科学必须具备的三个条件——客体、对象和术语，翻译学都已具备，所以翻译学是一门独立的科学。

翻译通论研究翻译的共性问题，与翻译条件、文本体裁和具体语言无关。它包含所有跨语言交际所具备的典型特点。翻译学不仅要有翻译通论，还要有其他有特色的翻译分论。翻译通论和翻译分论相互渗透，相互补充。

3. 言语行为与翻译

通过研究交际的基本单位(言语行为)可以看出，交际的固定成分包括情景、发出者、言语产品和接收者。代码和各种信息在交际中帮助接收者获得交际的结果(意思、附加的美学效果和噪音)。

作为一种复杂言语活动的翻译是必要的。这是因为“信息发出者—接收者”之间的关系被破坏了。这样，交际中就出现了新的转换者(преобразователь)——译者(机器或人)。他相对于原文来说是接收者，相对于译文来说又是信息发出者。“翻译”的出现，创造了一种全新的交际形式，它使交际成分的数量增加了一倍：两个信息发出者、两个情景、两个言语产品和两个接收者。

由此可见，翻译是一种复杂的言语活动形式，它使交际成分的数量增加了一倍，目的在于：当信息发出者和接收者所使用的代码不一致时实现话语信息(сообщение)的传达。该话语信息就是翻译中的不变量(инвариант)。

4. 翻译与话语类型

既然翻译中的不变量是话语信息，那么有必要联系交际成分来研究这个概念，以帮助接收者找到不变量。

交际成分中最主要的成分是言语产品。任何一个话语(высказывание)都是言语产品，但一个言语产品可能含有数个话语。根据语义信息的作用，话语的类型分为三种：

(1)目的性话语，即话语的意思与言语行为的目的一致。对于确定交际中的讯息来说，话语中的情景信息和语义信息的价值比为1∶1，即情景决定一半的意思。例如“我住在一楼”、“我等一下朋友”、“我不乘电梯”、“我喜欢步行”等话语中的语义信息并不一致，但它们都可以运用于相同的交际情景：让电梯里的人别等你了。目的性话语最常用于对话中，熟悉情景的交谈双方彼此很容易理解，而不了解情景的人则不理解。

(2)主题性话语，即话语内容由文本的主题(如表彰、祝贺等)决定，它的主要特点在于言语产品多用固定的言语手段。主题性话语常出现在口译的文本中。此时的情景信息与语义信息的价值比为1∶0，即话语的内容依靠情景来获得。

(3)信息性话语，即话语的主要特点在于语义信息起主要作用，理解话语的意思不靠言语情景，而主要靠语义信息。话语中的语义信息和意思是一致的。情景信息与语义信息的价值比为0∶1。

需要指出的是，绝大多数文本包含不同类型的话语，其中最常见的是信息性话语和主题性话语。

5. 信息储备的概念

对于同一言语产品，不同的接收者可能会获取不同的信息量。言语产品的信息量不是固定的，它取决于接收者的信息储备(информационный запас)。信息储备有五个等级。

一级信息储备是对词汇单位的最低限度的认识。接收者仅知道某一词汇单位属于某一生活领域，如“乞力马扎罗”是个地理术语，“公报”是个政治术语。这样的信息储备使交际中的信息大量丢失，从而无法实现讯息的传达。

二级信息储备是能确定词汇单位所表达的事物、现象的属别，但却不能确定其基本意义，如认为公报是“谈判双方制定的文件”，而不知道公报的基本意义是“正式公告”。这一级的信息储备还远不能达成有效的交际。

三级信息储备是确定言语单位所表达的事物、现象的类别。此时的交际者能够清楚地了解所指物的最本质的特点，能够把它从同一类的事物、现象中区别开来。如“乞力马扎罗”由一座未知山脉变成“非洲的最高点”，“公报”是一种政治文件，是“正式公告”。三级信息储备对词汇单位的了解，已经达到熟练掌握并可正确理解和运用的程度。

四级信息储备是对所指物有一定程度的系统化认识，如“乞力马扎罗”的海拔是6 010米，位于坦桑尼亚离赤道以南不远的地方，是一座死火山，易于攀登等。这一级信息储备对专家来说是必需的。

五级信息储备指的是深入事物、现象的本质，明了所指物的界线、它的非本质特征和可能发生的变化。这样深的认识可以在科学研究中见到，并且它涉及的仅仅是部分词汇。

了解词汇单位的使用方法，足以使它进入交际者的词典。自由运用词汇单位只有达到三级信息储备才成为可能，因为这时词汇单位的社会制约能力——把事物、现象、特征从周围现实(主观世界或客观世界)中区分出来——已经完全实现了。从翻译的角度来说，这种能力就是语言符号(词汇单位)的意义。

信息储备对翻译效果有一定的影响。毫无疑问，原文中一级或二级信息储备的言语单位越多，翻译所需要的时间就越长。

6. 文本信息量理论

翻译中的言语产品体现为文本形式。文本是一个有目的的有声或有形语言符号的连续体。对翻译通论来说，文本有许多共同点，其中一个最主要的与文本的内容相关，即文本的信息量(информативность текста)。和所有的系统一样，文本包含的单位有层次之分：句子、言语段(речевой сегмент)、词汇单位。

词汇单位和言语段的信息量根据其交际价值，可分为关键信息(ключевая информация)、附加信息(дополнительная информация)、加确信息(уточняющая информация)、重复信息(повторная информация)和零信息(нулевая информация)。例如：

В результате успешно закончившихся переговоров между правительственными делегациями России и Афганистана, ①‖ протекавших в обстановке взаимопонимания, ②‖ 24 февраля ③ ‖ в Кабуле ④ ‖ подписано российско-афганское соглашение об установлении регулярного сообщения между Россией и Афганистаном. ⑤‖ (在俄罗斯和阿富汗两国政府代表团之间成功举行会谈，并达成相互谅解的基础上，两国于2月24日在喀布尔签署了俄阿间建立定期通告制度的协定。)

上述文本可分成五个言语段。其中第三、第四和第五段的一部分(подписано российско-афганское соглашение о сообщении 签署俄阿通告协定)是关键信息。第二段是附加信息。确切信息是其他单位所含信息的一部分，并使这一信息明确化，如上例第五段中的 установлении 一词，因为它不是文本所必需的，соглашение о регулярном сообщении(关于定期通告的协定)已经含有这个意思。第五段中 российско-афганское 是第一段中谈判双方的重复，所以它是重复信息。零信息指的是失去语义信息的词汇或言语段，包括各种错话和改正以及所谓的“空话”(如 так сказать，вот，понимаете 等)。

每个言语段都含有上述一种信息。根据带有关键信息的言语段的数量与文本言语段的总数之间的关系，可以确定文本的信息量。分析文本的信息量可按下面的步骤进行：划分言语段，确定段的数量，依次确定每个言语段的信息的交际价值，计算出包含关键信息的言语段和其他信息的言语段的数量，用包含关键信息的言语段数除以总段数得出文本的信息量比(коэффициент информативности)。根据信息传递的规律，信息比不会大于1。

7. 翻译单位

在翻译过程中，原文可以分成许多个片断(отрезки)。翻译时，言语链中不可进行再切分并具有相对独立性的片断就是翻译单位。翻译的单位大小不等。翻译单位的划分一方面取决于译者的职业素质，如他对外语的掌握程度，他是否把握了文本的主题，以及他的记忆力、工作经验、反应速度等。另一方面，还取决于译者的工作条件。很明显，同声翻译中的翻译单位在书面翻译中未必合适。然而，文本中的有些片断在任何条件下都是翻译单位。它们包括公式化表达法(штампы)，情景套话(ситуационные клише)(含谚语)，术语和形象化表达(образные выражения)。它们在翻译时需要作单独处理，因为它们不同于其他言语单位，它们有着特殊的语义联系(семасиологические связи)(即与所指物的联系)。言语单位要成为翻译单位，它与所指物的联系至少是固定的、是人尽皆知(стёртые)或是临时的。

公式化表达法指的是因多次重复使用而失去原始意义的套语（дисфункциональные клише），如 вахта труда（劳动岗位）、пустить на самотёк（任其自流）等。公式化表达法是口语和书面语文本中经常重复的现成的说法。它存在于话语之中，本身不是一个独立的话语，相对来说没有功能，但在意思上有正面（“劳动岗位”）和负面（“任其自流”）之分。这类说法的语义联系是众人皆知的。所以翻译时，译者不去确定它的所指，不考虑它的内容而直接进行形式转换，即用译入语中已有的等值单位替代之。

情景套话是某一言语情景中机械再现的，同时也是必要的固定说法。如莫斯科电台开始播音时，俄罗斯的播音员一定会说“Говорит Москва”（莫斯科在播音），而不会像法国播音员说“Ici Moscoul”这里是莫斯科。情景套语与一定的情景有着固定的联系，是一个独立的话语，其语言手段僵化（ригидность）。所以翻译时，先要确定该套语使用的情景，然后在译入语中寻求同一情景下使用的对应套语。谚语的翻译方法也与此相近。

术语与所指物有着固定的联系。翻译术语需要了解两种语言的等值单位，并把它的所指从现实中区分出来（即达到三级信息储备）。

形象化表达一般指话语中的词用于转义，其语义联系是临时性的。如 *прокол* в работе（工作上的过失）、пожирать километры（飞驰数里）。翻译时需要确定它的所指物，然后在译入语中寻找对应的形象表达法。

8. 翻译的方式与处理方法

翻译方式（способ перевода）是翻译学的一个基本范畴，它不同于翻译技巧（приемы）和翻译方法（методы）。翻译技巧和翻译方法是由翻译方式衍生出来的，是译者活动的结果，而翻译方式是客观存在的规律。两种语言的转换实际上只有两类：一是从甲语言符号到乙语言符号，即在符号形式层面上进行翻译；二是从甲语言符号到其所指物或所处情景，然后由该所指物或所处情景到乙语言符号，即与符号的内容有关。

由此可见，翻译方式包括符号的翻译和意义的翻译。符号的翻译在符号形式层面上进行。译者对出现的符号的本质不进行有意识的思考，而是直接做出有声反应。此时的翻译是自动的，似乎由一种语言符号形式直接转换到另一种语言符号形式。意义的翻译先要确定语言符号的所指物或言语情景，然后在译入语中寻找等值符号。

翻译技巧是具体解决翻译中的难点。翻译技巧有许多种。以下几种最为常用，它们适合任何两种语言之间的翻译：描写法、具体化、概括化、反面着笔法、引申法。

这些技巧是对词汇语义进行转换，其结果是改变表达层面，保留语义结构。所有这些转换发生在三个不同的层面上：词汇层、词汇义素层和词汇语义层。

9. 转换的技能

转换的技能体现在寻找和解决某一情景或情景因素的自动转码中。翻译越有时间限制，就越有必要提高转换的技能。时间限制表现在各种口头翻译中，所以，转换的技能是培养口译人员的一个极为重要的任务。

培养转换的技能，需要按照主题原则（тематический принцип），把两种语言类似的语义次系统合并为一个封闭的总系统。也就是说，在练习主题变换之前，应当加强相应主题的词汇练习。

转换的技能是确定两种语言之间的符号联系。稳定的符号联系取决于语言的特点。那些使用频率高、具有单义性和相对非功能化的语言单位首先获得符号间的联系。所以，主题性话语之间比信息性话语之间更具有符号联系的特点，而目的性话语之间则没有符号联系。使用频率高、具有单义性和相对非功能化的语言手段主要是社会宣传材料中的公式化表达法和套话。也正因为如此，社会宣传材料才会首先作为口译、特别是同声翻译研究的对象。科学技术材料之所以很少得到同声翻译的研究，是因为其中的主要语言手段(术语)没有丧失功能，使用的频率也不总是很高。形象化表达因为没有上述几个特点，所以将文学作品作同声翻译或口译会显得很荒唐。

确立符号间的直接联系提高了转换的技能，但是它有时会导致各种死译：词汇死译(элементарные буквализмы)、语义死译(семантические буквализмы)和语法死译(грамматические буквализмы)。

10. 不对应理论

"对应"(соответствие)与"翻译方式"一样，也是翻译研究的一个基本范畴。其研究需要考察言语产品的各个组成部分：形式因素、语义因素和不同类型的信息。要使这些部分在译文中完全达到对应是不可能的。对应范畴实际上表现为对立的两个方面：直译(буквальный перевод)和意译(вольный перевод)。直译是指形式因素或语义因素的对应，其结果有时是完全正确的(如将 спутник 译为 spoutnik，将 artillerie 译为 артиллерия)，有时则会产生死译。意译只考虑确定文本间关键信息的对应，而未考虑形式因素和语义因素的对应。意译有时是必要的，然而当原文的形式因素或语义因素需要表达时，意译就不合适了。一个文本的翻译，甚至一个句子的翻译，往往是直译与意译的交替。是采用直译层上的对应，还是意译层上的对应，不仅取决于两种语言间结构系统上的特点，还取决于所要传达的信息。由于翻译的不变量等同于能够表示原文意思和(或)附加美学效果的信息，所以才有可能讨论翻译的信息模式(информационная модель перевода)。在这个模式中，译文保留了原文想要表达的信息。

翻译的信息模式之基础，是在原文中可分解出不同交际价值的信息(如有需要，还有结构信息)，并且交际中的所有重要的信息成分都传达出来了。

分解所要传达的信息凭的是直觉，但是它可以通过不对应理论(теория несоответствий)得以确定。不对应理论的出发点，是原文和译文的信息在数量和质量上都不一致。对比两个文本，可以发现，原文或译文的言语段中的信息或是增加了，或是减少了。这些言语段称为不对应部分。不对应理论的内容包括以下几点：在确定不对应部分时只考虑不对应的意义信息；所有不对应信息可分为丢失的信息和增加的信息；不对应信息存在于它们所在的言语段当中；根据交际价值，不对应信息分为关键信息、附加信息、确切信息、重复信息和零信息；作为不对应部分的言语段只包含其中的某一类信息；借助文本音节总数上的不同，可以确立翻译过程中的一些规律。

利用不对应理论可以区分不同类型的翻译错误。总的来说，翻译中的错误分为意义丢失和意义增加。根据错误的程度不同，具体有以下几种：一级错误，即最严重的错误，指增加了关键信息；二级错误，指丢失关键信息；三级错误，丢失或增加附加信息或确切信息；最后是修辞错误，指丢失或增加重复信息或零信息。

11. 翻译的分类

根据译者的工作条件和所译文本在体裁上的不同，翻译可作不同的划分。从体裁上看，翻译有文学类、科技类(含军事、医学、无线电技术等)、社会政治类等；从翻译方法上看，翻译有书面翻译与口头翻译之分，其中口头翻译又包括同声翻译、视译(перевод с листа)与异声翻译，而异声翻译则有单向式、双向式、记录式、句段式等形式。尽管“翻译什么”和“如何翻译”是翻译过程中两个独立的范畴，翻译时仍然需要综合考虑这两个方面，否则，译者便完成不了自己的任务，如文艺作品是不可能进行同声翻译或视译的。

12. 翻译的方法

翻译的方法是考虑具体的翻译处理方法，针对一定的翻译方式而形成的系统的翻译手法。它有以下三类：

(1)文本切分法。这种方法适用于书面翻译，它由下面几个步骤组成：

① 确定要切分的文本或文本所要切分的部分；

② 将文本切分为言语段；

③ 确定每一段中的主要信息；

④ 将每一段的主要信息用经济的方法(含各种符号，如用“>”表示“多于”)表达出来；

⑤ 根据已记录的信息创造译入语文本；

⑥ 审定译文，补充未表达的信息和删除增加的信息。

(2)记录法。该方法适用于异声翻译。与同声翻译相对，异声翻译指的是听完一段话语后进行的口头翻译。为了使译者在说话人发言时能够及时做好记录，为了使所做的记录能够帮助译者把握内容，并能用译文表达出来，使用这个方法时需要遵守以下规则：

① 析取原文的关键信息；

② 将所选的词用缩写的方法记录下来；

③ 将所要记录的信息竖直地记录在纸上，并标清句与句的界限，句内与句际的句法联系；

④ 运用经济直观的方法(主要是符号)记录信息，如“↓”表示“现在”，“:”表示信息的来源，“⅃”表示“过去、昨天、历史”；

⑤ 根据所做的记录，创造出译文。

(3)原文转换法。该方法用于同声翻译，其目的是转换原文，使之适合同声翻译。这种方法包括下面几点：

① 词汇转换。译者寻找的不是原文某个名称的外语解释，而是寻找同一所指物的

另一个外语名称，以便与译者已有的词汇相对应，从而实现直接转换。

② 语法转换。这种转换是为了简化句法结构。

③ 言语压缩。言语压缩不仅要使译文简单化，还要缩减它的音节数。实现言语压缩，首先是去掉次要信息。此外，言语压缩还需要通过词汇转换和语法转换来实现。

13. 文艺翻译

将翻译分为社会政治类、科技类和文艺类的基础，是原文中主要语言手段的语义联系互不相同。社会政治类的翻译主要与公式化表达法和套语打交道，其语义联系是众人皆知的(如 выйти на новые рубежи, поднять вопрос на должную высоту)。社会政治术语有时间性，它随着政治制度和为它服务的学说的产生(消亡)而产生(消亡)。社会政治类的翻译有着纯复制的性质。科技翻译要求译者精通术语(固定的语义联系)和相应的科技知识。这些知识也通过复制原文的单位来实现。

文艺翻译涉及的文本，充满带有临时性语义联系(即运用词或词组的转义)的语言手段。文艺翻译不同于其他翻译的地方，在于它必须传达原文内容中的结构信息。结构信息在大多数其他类型的翻译中处于次要位置，但是在文艺翻译中却占有首要的地位。它是衡量文艺翻译工作者才能的一个标准。要翻译有个人风格的散文(проза)，译者必须有相应的天分。诗歌翻译在大多数情况下是不可能的。

总之，不仅口头翻译与书面翻译不同，就是口头翻译内部的同声翻译与异声翻译也不相同。文艺翻译与科技翻译、社会政治翻译更是有别。其区别是艺术与科学间的对立。这正是翻译科学与翻译艺术的分界线，并使翻译既成了科学，又成了艺术。

结　语

《翻译的理论与方法》是一本理论与实践结合比较紧密的著作。它将翻译视为一门独立的科学，并以口头翻译为主要支撑，研究了翻译中一些普遍性的问题。该书体现了翻译信息论(информационная теория перевода)的基本思想。这一思想包括翻译的信息模式、文本信息量理论、不对应理论以及翻译的两个基本范畴——翻译方式与对应。

翻译的信息模式是借助信息论对翻译过程进行描写的结果：

(1)翻译只能部分保留原文的内容，信息丢失不可避免；

(2)翻译的过程不是语言之间的转换，而是信息的搜寻与传达；

(3)翻译的目的在于传达讯息或不变量信息；

(4)话语信息的结构具有可变性，它由各种信息组成；

(5)两种语言之间的翻译是在信息层面上进行的。

根据这一模式可以得出，译者的作用是在第一言语情景中找到不变量信息，并把它保留给第二言语情景中的接收者。

文本信息量理论的引入有助于区分信息价值上的不同，并确定信息量之比。而通过对翻译方式的研究，可以阐明翻译过程中转换的技能，有利于描写翻译的具体方法与技巧。利用对应这个范畴，可以把译文分成直译与意译两种形式。直译是形式因素以及语义因素的对应，而意译则是关键信息的对应。对应的情形可以通过对比原文和译文来实现。如果利用不对应理论来对比原文和译文的话，那么就可以评判被传达出来的信息的数量与质量。

明亚尔-别洛鲁切夫从信息论的角度出发，分析了交际的一般特点，区分出不同的信息类型和语义联系，从而确立翻译理论模式，具有一定的普遍意义。其中，“文本信息量确定过程”和“不对应理论”是明亚尔-别洛鲁切夫翻译思想中最为重要的两个方面。此外，他给翻译理论中一些传统的概念(如翻译单位)也注入了新的思想。

不过，由于作者没有充分考虑书面翻译中的实际情形，所以有些结论(如翻译方法中的文本切分法)具有相对性，并不符合书面翻译的实际情形，而仅仅适用于口头翻译之中。又如，作者将翻译目的(传达信息)与实现这一目的的方法对立起来，认为翻译本身并不是转换，而只是传递原文中的不变信息，所以三种转换形式中的前两种形式(词汇转换与语义转换)只是语言操作(лингвистическая операция)，只有第三种形式(信息转换)才是真正的翻译操作(переводческая операция)。这样的观点显然并不十分可信。另外，书中赋予一些惯用的翻译术语(如“转换方法”等)以新的意义，给理解造成一定的困难。

总的看来，从口头翻译的角度来研究翻译通论，这是本书的特色之处。它体现了翻译通论与翻译分论之间相互促进、共同发展的动态过程。

思 考 题

1. 简述明亚尔-别洛鲁切夫关于言语产品信息储备的思想。
2. 简述明亚尔-别洛鲁切夫关于文本信息量的理论。
3. 简述明亚尔-别洛鲁切夫关于不对应理论的论述。
4. 简述明亚尔-别洛鲁切夫关于翻译单位和翻译方法的论述。
5. 明亚尔-别洛鲁切夫是怎样看待文艺翻译的?

第十二章　托佩尔的翻译理论

巴维尔·马克西莫维奇·托佩尔(Павел Максимович Топер, 1923—　)是俄罗斯翻译理论家，比较文学专家。他于1923年10月1日出生在莫斯科，曾经当过红军，上过军校，参加过苏德战争，1945年11月复员后回到莫斯科，同年考入国立莫斯科大学语文系。作为文学评论家和文艺学家，П. 托佩尔从1950年开始发表作品。1955年他参加了《外国文学》杂志的创建工作，并在这个杂志社工作到1974年，曾任文艺评论部主任，编委。从1974年起至今任俄罗斯科学院高尔基世界文学研究所研究员，部门主任，主任研究员。П. 托佩尔是语文学博士，出版了大量比较文学研究和文艺翻译理论方面的著作和论文，其中于2000年出版的《比较文学体系中的翻译》(Перевод в системе сравнительного переводоведения)是他关于翻译理论的重要著作之一。此外，他还经常为一些翻译著作写序，如，1980年为Г. 加切奇拉泽(Гиви Гачечиладзе)的专著《文艺翻译与文学交流》(Художественный перевод и литературные взаимосвязи)作序，1985年为保加利亚翻译家安娜·利洛娃(Анна Лилова)的著作《普通翻译理论概要》(Введение в общую теорию перевода)的俄文版写序，他的翻译思想就散见于他的这些著作和序言中。

《比较文学体系中的翻译》是一部详细描述文艺翻译理论发展史的著作，也是一部系统介绍从比较文学角度研究翻译的专著。全书共253页，分五章。第一章：当今世界的翻译——比较文学与翻译；第二章：翻译是社会生活和人类文化现象——几点初步想法；第三章：传统与翻译——俄罗斯翻译思想史；第四章：寻求最完美的定义——作为讨论客体的文艺翻译理论；第五章：翻译是创作——几个因袭的交际方面。作者在该书中论述了翻译在文化历史和现代生活中所起的纽带作用；描写了传统问题和俄罗斯的翻译思想发展史；详细研究了由俄罗斯国内外著名学者提出的各种不同的翻译思想，批评地阐述了围绕这些翻译思想开展的讨论。在各种不同类型的翻译活动中作者最关注的是关于文艺翻译特点的争论，关于文艺翻译在世界文学进程中的作用的争论，关于翻译作为语言艺术的体裁特点的争论，关于译者创造个性特点的争论以及有关翻译批评问题的争论。

П. 托佩尔的主要翻译思想是将文艺翻译视作文学创作的一种特殊形式，这种文学创作处于不同语言和不同民族文化的接合处，并最终服从于艺术规律，因此，它不可能被详尽无遗地理解，不可能从语言学的角度彻底解释清楚。早在1968年托佩尔就在《简明文学百科词典》第五卷中提出了这一观点。他在解释“文艺翻译”这一词条时写道：“文艺翻译是一种文学创作，在这一文学创作过程中将以一种语言存在的(文学)作品用另一种语言再现出来。”

众所周知，在前苏联及俄罗斯的翻译理论中，在文艺翻译理论方面自从1980年加切奇拉泽发表《文艺翻译与文学交流》以来，一直没有重要著作问世，因此作者这一著作的问世具有十分重要的意义。

概括起来，П. 托佩尔主要的翻译思想如下所示：

1. 从比较文学的角度研究翻译

П. 托佩尔首先描述了翻译在当今世界所起的重要作用，然后阐述了文艺翻译在比较文学中的地位。他说，直到1988年在德国慕尼黑举行的国际比较文学协会第十二次代表大会上，翻译问题才第一次被列为大会发言的三个报告之一，报告人是德国翻译家弗兰克，报告的题目为《翻译研究的"历史"与"体系"》。而在这之前翻译问题只是以间接方式列入历史比较语言学的研究范围。

1985年英国翻译家T. 赫曼斯编了一本名为《操纵派译学文选》(Манипуляция литературой)的论文集，书中写到："翻译学是比较文学最重要的流派之一。"自此确立了翻译学在比较文学中的地位。

在谈到文艺翻译与比较文学的关系时，托佩尔还引用了Д. 久里申(Дюришин)的论述。Д. 久里申提出"文学之间的共性"构思。这一构思的一个典型特点是把文艺翻译看成是文学过程中的独立现象，因此也是独立的研究课题。他说："文艺翻译问题是跨文学研究过程的最重要领域。这首先是因为文艺翻译是文学之间相互影响的最直观的表现之一。这也是它的本体论本质：它充当跨文学交流的产品，同时在很大程度上制约和决定跨文学交流的本身。"

久里申的构思中最重要的方面是把翻译问题放在世界文学范围内研究。这也说明，"翻译属于民族文学过程"这一特点在任何时候都是正确理解翻译的本质、地位和作用的前提。

托佩尔指出，比较文学研究的方法之所以很有前景，还因为它提供了比较各民族文学创作的可能性。这一情况对翻译研究是非常重要的，因为翻译学的研究基础在任何情况下都是完成具体翻译行为的两种民族语言。

托佩尔说："翻译的特点，它的优缺点不是抽象存在的，不是'独立'存在的，也不只是存在于与原文的比较之中，而是存在于自己的语言中，即通过自己读者的理解与接受而存在。文艺翻译的规律，如果不是通过抽象地对比两个文本来研究，而是把它们当做两个国家文学发展过程中相互关联的现象来研究原文与译文，那么，它们就能够完全得到揭示。"。他的这一论述表明，要想完全揭示文艺翻译的规律，就必须从比较文学的角度来研究。这一思想的提出打破了只从文本本身研究翻译的传统，为翻译研究开辟了新的领域。

2. 翻译是以形象译形象

П. 托佩尔继承和发展了Л. Н. 索伯列夫"以形象译形象"的思想。后者是在谈到文学翻译的方法时提出这一思想的。托佩尔指出，文艺翻译的本质特征就在于它不仅仅与语言的交际功能发生联系：词语在这里充当文学的"第一要素"，也就是语言的美学功能。文艺词语不等同于人们日常交往中的词语，借助它创造出特殊的“艺术现实”，这也是艺术家形象思维的产物。当然，形象性是人类语言自古以来就固有的，因此形象性的传达问题在翻译任何种类的文本中都有可能出现。为了求得译作与原作一致，译作必须从整体上再现原作的形象体系。

“偏离”原作的现象在翻译过程中是不可避免的，这是在当今每一本理论著作中都得到证实的公理。通常认为，这些偏离可能与“语言因素”和“超语言因素”有关。不管是哪一种，它们都有可能被程序化，即寻找要求译者选择的逻辑对应单位。翻译文学作品时情况就更复杂，因为它要求译者要善于为自己的读者再现文字艺术作品的形象世界。他的成功不仅构建在译文接近于原文之上，而且构建在以无法衡量的译文作品的美学作用的基础上。要看译作在新的环境下所起的作用如何，首要的标准就是读者的理解与接受。因此，要使得另一种语言翻译的文学作品像艺术作品一样发挥作用，它的译者应当重复它的创作过程，靠译者天才的力量用另一种语言重新再现它。为了让文艺作品保留对读者产生的美学作用，译者不仅应当用另一语言的词语翻译原文的单词和词语结构，而且应当翻译原著的形象体系，也就是说，必须以形象译形象。

3. 文艺翻译是创作

文艺翻译是创作，这不仅因为译者完成了译入语语言手段的选择，而且也因为他在新的条件下，包括语言的、民族的、社会的、历史的等条件下重新创作一部艺术作品。文艺翻译就是创造新的文化财富，其规律最终在艺术的范围内。

译文是文学作品存在的一种形式。作为比较文学研究方法范围内的、并构成比较文学一部分的文艺翻译理论问题还很少得到科学的研究。对翻译是否是创作的问题也一直争论不休。与原文创作不同的是，文艺翻译是第二次创作，也就是说，它取决于翻译的客体：译者给予已经存在的作品以新的生命。同时，翻译是一个历史概念，不同的时代给它带入不同的具体内涵，并对它与原文文学作品的相互关系作不同的解释。每一国家的文学史都直观地展示了这一点。

译文也和原文文学作品一样，和其他艺术作品一样都会老化，但老化的方式各有不同。语言艺术作品要老化得更加迅速，因为它是用不断变化的人类语言创作的，而较之其他艺术门类“语言”与社会生活成就的联系而言，人类语言与社会生活成就的联系要更加紧密。

翻译过程与原作的创作过程有本质的区别。作家是从客观现实和自己对这一现实的感悟出发，通向用词语表述的形象的；而译者的出发点是原文和用想象恢复的、以形象体现的现实，并通过对这种现实的“第二次”感悟，再用译入语表述新的形象。因此，在文学作品翻译过程中所进行的分析远远超出了研究外语文本的范围。文艺作品的译者应该理解作者所描写的生活，理解作者所刻画的人物，应该看到主人公的手势，听到他们的对话，深入理解他们的思想体系和感情世界。为了做到这一点，译者必须了解作者的创作目的，他不仅应当完全理解原作，而且还应当掌握使这部原作区别于作者其他作品的特点，以及使原作作者区别于其他作者的特点。译者必须同时“从内部”审视原作的世界和“从旁边”来看待这部作品。译者应当将原作的内容与形式作为不可分割的整体来理解和接受；对于译者来说，原作文字表达的思想(形象)和特点应当融为一体，成为文艺翻译的客体。(Топер 2000：38-39)

托佩尔的这一观点与卡什金和加泽奇拉泽的现实主义翻译思想相比，显得要更加全面。对于卡什金来说，文艺翻译最重要的不是词的形式，而是位于词背后的和体现在其中的形象，不是文本，而是位于文本背后的和作者所见到的固定在作品中的生活现实。加切奇拉泽提出“原作艺术现实”的概念：如果说在作家面前是他反映的现实，那么在译者面前就是已经“反映出来的”“原作的艺术现实”，文艺作品的译者与原文作者的本质区别在于，译者的创作是第二次的，也就是说，他要受到“原作艺术现实”的限制，“原作艺术现实”在他的创作中所起的作用，与客观现实在作家的创作中所起的作用是一样的。他认为，现实主义的翻译方法能使译作“永恒地、无止境地接近原作”。

翻译同任何创作过程一样，是整体的创作过程，局部是受整体左右的，且局部只能与整体相对而存在，因此，要把创作过程归入技术过程，就会既要努力探索一个具体的形象，又要根据本族语的规律找一个具体的句子，还要再现原文片段的整体。

彼此相距甚远的语言，在翻译中不可能用直接的语言对应单位来传达。翻译无论从美学角度，还是从语言学角度来看都是一种创作。

4. 翻译是一个辩证法的王国

影响翻译活动性质的因素有很多，首先是翻译的客体，翻译的目的和翻译的条件。不同语言之间没有，也不可能有直接的对应单位，每一种翻译行为都是在两种语言的范围内完成的，而这两种语言之间的相互关系在时间流逝的过程中不是永恒不变的。翻译是一个辩证法的王国。真正翻译的创作其本质是矛盾的，因为它既要把外语作品变成本国文学的事实，又要保留它是另一民族的创作。如果译文不能成为本国文学的事实，那它将不会作为艺术作品接受。如果它不会作为另一民族的创作保留下来，那它将不再是译作。译者应当不断解决似乎是相互排斥的难题，并把不相容的东西结合在一起。

5. 文艺翻译是文化发展的动态因素

文艺翻译永远是文化发展的动态因素。译者在一定的客观条件下履行自己的社会使命。这些客观条件是：祖国文学的性质，对本国文学语言的研究程度，翻译传统的强弱，影响读者理解与接受的生活环境的差别(生活的、地理的、政治的)，文化水平的差异等。这些条件决定了限制译者活动的具体范围。译者的天才能扩大可能翻译的范围，并因此丰富本国文学和语言的资源(在这里译者原则上与作家没有区别)。可译作品的领域总是有扩展的倾向，因此，原则上没有不可译的作品，只是有些作品由于客观的或主观的原因还没有被翻译出来。今天看起来不能翻译的东西在明天就有可能翻译。

译者应该精通两种语言。文学翻译要求不仅是掌握译文语言，甚至不单是完全掌握，而是要创造性地掌握译文语言，也就是要能够用这种语言创作艺术财富，即使是第二次创作。因此，更准确地说，不是掌握语言方面的“数量”区别，而是“质”的差别。正如英国翻译家萨沃里(T. Савори)所写的：“应该批评地掌握外语，实践地掌握母语”。托佩尔说：“的确，‘译者的’的接受意味着要对原文采取分析的(‘批评的’)立场；用自己的语言来重现外语原文要求创造性地（‘实践地’）掌握语言，善于充当语言的‘主人’。”

6. 译者的创作个性是客观存在的

关于译者的创作个性问题，托佩尔说：“如果译文在另一语言环境中是作为独立的语言艺术作品发挥作用，并且只有在语言艺术的范围内才能得到接受和评价，那么从比较文学研究的角度看它能够与原作进行比较，与同一种语言的不同译本进行比较，与另一些语言的不同译本进行比较。作为同类现象，对它们之间差别的理解要受到它们的语言特点、环境、时代、读者的接受程度、文学传统和译者个性的客观制约。”他认为，关于译者个性的问题还研究得很不够。格鲁吉亚学者和翻译家加切奇拉泽积极提出译者的创作个性问题，他说：“译者的创作个性是现实存在的，尽管有人想尽可能把它从理论中清除出去，但它仍然存在。”托佩尔认为，译者的个性问题纯属于文艺翻译的领域。文学作品译者的成功不仅取决于译文是否接近于原文，而且还取决于译作的美学作用。文艺翻译的任务就是再现作为整体的文学作品。每一种翻译都是对原作的诠释，因此译者的创作个性不可能不在翻译中体现出来。

7. 翻译批评应从整体上考虑

关于翻译批评，托佩尔认为，文艺翻译领域的批评不应在词句层面上进行，而应从整体上考虑。任何一种翻译，尤其是文艺翻译，都是一种诠释，诠释是文艺翻译的本质现象，而且不只是在语言意义上对文本进行诠释，而是对文艺作品本身进行诠释，“重新表现”作品中所描写的生活。“绝对的”译文是不可能永远存在的。伟大的艺术创作是永恒的、取之不尽的，对它进行重复翻译（诠释）的可能性是这种无限性的表现形式之一。翻译不是制作拷贝，而是增加精神财富。

因此，翻译批评方法的基础也应该是对文学作品的诠释。但是文艺翻译领域“译者的诠释”和“批评家的诠释”是不同的。对译者而言，紧跟在分析阶段之后的是创造性的综合阶段；而对批评家而言，分析阶段之后则是以逻辑公式来表达分析的结果。

翻译批评是特殊的和独立的文化和社会生活现象。自然，它和比较文学研究和翻译理论有着最直接的联系，翻译理论只能是归纳的和分析的，而不是演绎的和指令的。翻译批评是实践与理论之间的联系环节。托佩尔把翻译批评定位于跨文化交际领域，从而把翻译批评提高到了全新的高度。翻译批评不再仅仅是在技术层面上对译作进行分析批评，翻译批评被赋予了一个更重要的任务，那就是评价翻译实践在跨文化交际中所取得的效果，即读者对译作的理解与接受。

8. 关于俄罗斯翻译思想史的分类

虽然俄罗斯现在出版了不少研究翻译活动的著作和文章，但还没有一部描写俄罗斯翻译史的著作。托佩尔把自古以来历史上有关翻译的文献做了梳理，在书中详细介绍了俄罗斯的翻译思想发展史。他把俄罗斯翻译思想发展史分为四个阶段：第一阶段是从古代到 18 世纪末；第二阶段为 19 世纪上半叶；第三阶段是 19 世纪下半叶；第四阶段是世纪之交和20世纪初。他在书中介绍了每一阶段的主要翻译理论家及其思想。

结 语

托佩尔可能是苏俄译坛文艺学派“最后一个莫希干人”①。虽然《比较文学体系中的翻译》是一本全面介绍翻译理论，尤其是文艺翻译理论发展史的著作，也是俄罗斯翻译理论界第一部系统介绍从比较文学角度研究翻译的专著，但作者还是利用一切机会宣传文艺学派的观点(如，以形象翻译形象)，在肯定费道罗夫理论的同时也指出其理论的不足。作者在书中对一些诸如翻译的意义、翻译的定义、翻译方法、可译与不可译、直译和意译等传统问题进行了论述，同时也对一些新的问题提出了自己的看法，例如，作者认为，在影响翻译活动的众多超语言因素中翻译的赞助人，翻译的目的，翻译的环境是最重要的；翻译文学是祖国文学的一部分等。作者在书中回顾了俄罗斯翻译思想的发展史，详尽地研究了俄罗斯国内外著名学者所提出的不同翻译思想，并就由此而产生的争论进行了评述。

该书史料丰富，作者在每一章的最后都列有详细的注释和参考书，这对我们研究翻译理论具有极大的参考价值。

人类社会进入20世纪下半叶以来，译坛主要从语言学的角度研究翻译理论，而且出版了大量的著作。虽然也有一些学者认为，只能从文艺学的角度来研究文艺翻译，甚至产生了两大理论流派之间的争论，但自1980年加切奇拉泽出版自己的专著《文艺翻译与文学交流》一书以后，文艺学翻译理论领域再也没有出现过什么重要的著作，因此，该书的问世无疑是对文艺翻译理论研究的一大贡献。

托佩尔继承和发展了卡什金、加切奇拉泽、索伯列夫等文艺翻译理论家的理论。他的很多思想，如从比较文学的角度来研究文艺翻译，文艺翻译是一种创作，翻译是一个辩证法的王国，译者的创作个性是客观存在的等等，对我们从事翻译研究有很大的借鉴作用。托佩尔认为，比较文学研究的方法前景广阔，因为它提供了比较各民族文学创作的可能性。他还认为，任何翻译的背后都有一个事实，翻译的任务就是把用一种语言所报道的内容让没有掌握这门语言的读者或听众理解与接受；文艺翻译的本质差别就在于它不仅与语言的交际功能发生联系：词语在这里充当文学的第一要素，也就是语言的美学功能。文艺词语不等同于人们日常交往中的词语，作家借助它创造出特殊的艺术现实，这也是艺术家形象思维的产物。在谈到文艺翻译的方法时，托佩尔指出，正确的步骤不是从翻译开始，而是从文学开始。这些观点有助于我们弄清文艺翻译理论的实质，

---

① 1757年，英法两国为争夺美洲殖民地而不停交战。在哈德逊河以西地区的诸多土著中，有一支叫莫希干族的，战争使之仅剩了老战士千家谷父子和他的白人养子豪克依三个人。一次，英军少校德勤在护送上校之女歌娜姐妹去威廉亨利堡途中，被实是奸细的休伦族向导马瓜诱骗，遭到法军民团的伏击。危急之中，三个莫希干人解救了他们，并护送他们去威谦亨利堡上校蒙路的营中。途中，他们看到了被法军屠戮的民宅，从豪克依口中，歌娜也理解了她们与土著在文化习惯上的诸多差异，并为他们对自由的维护精神而感动。“最后一个莫希干人”现用来比喻捍卫和维护某一思想或事物的最后一个人。

他告诉人们，文艺翻译虽然离不开语言，但这种语言是艺术语言，是具有美学价值的文学语言，翻译时必须从文学的角度加以处理。

他关于俄罗斯翻译思想发展史的分类(四个阶段)与费道罗夫的分类阶段有所不同。费道罗夫将俄罗斯翻译思想史分成五个时期：(1)古罗斯时期；(2)18世纪；(3)19世纪；(4)19世纪末至20世纪初；(5)苏联成立之初到20世纪80年代。(《翻译通论基础》，高等教育出版社，1983年)。

针对翻译批评他提出了一个新的想法，即宽容，可惜关于这个问题作者没有展开。该书由于涵盖较宽泛，因此对各家之言的论述不够深刻，只是简单地列举，显得很零乱，需要读者去细细品味。

思考题

1. 托佩尔认为从比较文学的角度研究翻译的根据是什么？
2. 为什么说翻译是以形象译形象？
3. 为什么说翻译是一个辩证法的王国？
4. 为什么说翻译是民族文化发展的动态因素？
5. 托佩尔是怎样看待翻译批评的？
6. 托佩尔是怎样看待译者个性的？
7. 简述托佩尔对俄罗斯翻译思想史的分段。

第十三章　斯多布尼科夫的翻译理论

俄罗斯当代翻译理论研究主要是在莫斯科等中心城市的高校展开的，莫斯科语言大学、莫斯科军事外语学院等学校的一批专家学者推动了翻译理论，特别是语言学派翻译理论的发展。近年来，俄罗斯外省的翻译研究也取得了长足的进步，许多院校开设了翻译系并致力于翻译教学和翻译理论研究，出现了多本翻译实践教材和翻译理论著作。

2001年下诺夫哥罗德国立语言大学出版社出版了瓦季姆·维塔里耶维奇·斯多布尼科夫(Вадим Витальевич Сдобников)和奥莉加·弗拉基米罗夫娜·彼得罗娃(Ольга Владимировна Петрова)合作编写的《翻译理论》一书。瓦季姆·维塔里耶维奇·斯多布尼科夫1985年毕业于下诺夫哥罗德国立语言大学，现任该校翻译系系主任。除《翻译理论》一书外，与人合著有《英语商务应用文的写作与翻译》(Деловая документация на английском языке: составление и перевод, 1993)、《翻译系四年级学生英语商务翻译的术语基础》(Терминологический минимум по коммерческому переводу английского языка для студентов IV курса переводческого факультета, 1999)、《英语修辞实践教程》(Практикум по стилистике английского языка)，主编《文艺翻译的理论、实践和批评问题》(Проблемы теории, практики и критики художественного перевода)，撰写有《翻译理论的某些“永恒”问题》(О некоторых “вечных” проблемах теории перевода, 1997)、《翻译的语用观》(О прагматических аспектах перевода, 1998)、《在非标准翻译情境中译者的任务》(Задачи переводчика в нестандартной переводческой ситуации, 1998)、《作为翻译质量评价标准的等同和等值》(Адекватность и эквивалентность как критерии оценки качества перевода, 1997)、《文学文本中男女性使用侮辱性词语的特点和翻译》(Учет особенностей употребления инвектив мужчинами и женщинами при переводе художественного текста)等论文。奥莉加·弗拉基米罗夫娜·彼得罗娃现为副博士，下诺夫哥罗德国立语言大学副教授，著有以英语为语料的《翻译理论与实践导论》(Введение в теорию и практику перевода на материале английского языка, 2002)。

《翻译理论》一书被俄罗斯联邦教育部语言学教学方法研究协作组推荐为语言大学和外语系学生使用的教材。该书介绍了翻译理论最普遍的问题、翻译过程的普遍规律以及一些翻译类型的规律和特点。全书分前言、五个章节和翻译学推荐书目等部分。

第一章紧密联系翻译实践的发展概述了俄罗斯翻译理论思想史。该章还探讨了翻译语言学理论产生和发展的前提。

第二章对翻译语言学理论作为语言学一个分支学科的地位及其客体、对象和任务作出了描述和定义，同时审视了翻译理论与其它语言学学科的联系。

第三章探讨了翻译理论的普遍问题，如翻译的定义、翻译类型的分类、语言中介的其他类型、言语信息的功能及译者的功能、翻译的语用学观、翻译的阐释学观、翻译质量评价问题等。针对每一个问题介绍了不同的，有时甚至是矛盾的观点。在旁征博引的基础上，作者亦提出了自己的观点。

第四章探讨了与翻译技巧有关的问题。在该章节中分析了翻译过程和描写实现该过程规律的不同方法。该章分四小节，即翻译的模式化问题，翻译的方式、手段和方法，翻译不变量和翻译单位。

第五章阐述了翻译专论的一些基本问题，主要是口译理论（交替翻译和同声翻译）和文艺翻译理论。作者之所以选择口译和文艺翻译作为翻译专论的描写对象，主要是因为他认为口译和文艺翻译的区别最为明显，代表着不同翻译类型的两极。

作者大量引用了现有研究成果，因为他认为，如果不搞清翻译学的主要流派，各流派的区别，所阐述观点的实质，以及对俄罗斯国内外翻译理论形成和发展作出巨大贡献的人物，那么对现代翻译理论基础的认识是不可能完整的。

书后所附翻译学推荐书目有 14 页的篇幅，涵盖了翻译通论、分论和专论。

概括起来，斯多布尼科夫有如下主要翻译观点：

1. 翻译史观

要理解翻译理论这一新的学科是如何产生的，必须了解翻译活动的历史。从翻译史中我们可以发掘出翻译理论形成和发展的先决条件。尽管翻译理论作为一门学科产生于 20 世纪，但许多翻译问题在若干世纪以前就为译者和学者们意识到并由他们探讨过。可以说，许多世纪以来，他们探讨的是同样一些问题，这些问题在今天被视作“永恒”的问题。通过对翻译活动史和翻译思想史的研究，我们可以理解这些问题的实质，认识解决这些问题的可能途径，寻找对这些“永恒”问题的全新阐释。

作者将翻译史分为以下三个阶段：第一阶段为 18 世纪，第二阶段为 19 世纪，该阶段又细分为 19 世纪上半叶、19 世纪中叶和下半叶，第三阶段为 20 世纪上半叶，该阶段也细分为世纪之交和世纪之初、20—30 年代和 50—60 年代等。

18 世纪以前，俄罗斯在译作的数量上，译者所涉及的不同文学体裁的广度上以及对翻译任务和可能性的理解上大大落后于文化发达的西欧国家。但是，在 18 世纪这种情况有了根本性的改变。该段时间内俄罗斯在所有文化领域，包括翻译领域实现了一个大的跨越。可以说，俄罗斯在几十年内集中地翻译出版了欧洲从 15 世纪起几百年内所翻译的作品。在 18 世纪百年中，彼得大帝、俄罗斯第一个译者职业组织《俄罗斯会议》（《Российское собрание》）、特列季亚科夫斯基、莱蒙诺索夫和苏马罗科夫等人或组织在翻译活动的发展中起了巨大的作用。

到了 18 世纪和 19 世纪之交，俄罗斯译界改写原作，使原作“适应俄罗斯习惯”（склонение на русские нравы）的风气非常盛行，杰尔查文和茹科夫斯基正是这种翻译思潮的代表。普希金为俄罗斯的文学翻译开辟了一个新的阶段。在 19 世纪上半叶别林斯基对翻译也有精辟的论述。19 世纪中叶是民主革命思潮和“为艺术而艺术”思潮激烈冲突的时代。在翻译中这种对立表现为，前者允许对原作有一定程度的偏离，在整体上传达原作独特性的前提下可对作品进行俄化，以唤起读者习惯的联想，而后者则尊崇在形式上复现原作。费特和韦坚斯基分别代表着逐字翻译和自由翻译的不同阵营。19 世纪下半叶俄罗斯翻译作品的数量在逐步增长，出现了魏因贝格等职业译者。尽管如此，该时期译作的整体质量明显下降，翻译理论则在魏因贝格等的努力下有所发展。

在 19 世纪和 20 世纪之交及 20 世纪之初，翻译文学的数量继续增长，开始积极翻译西班牙、意大利、斯堪的纳维亚文学，尤其诗歌翻译经历了一个高潮，“白银时代”的象征派诗人从事了大量的翻译工作，自觉地以赋予俄罗斯诗歌文化新思想、新形象、新主题和新形式为己任。在该时期翻译领域的实质性成就不多，散文作品的翻译质量低下，如巴尔蒙特译作颇丰，但由于翻译时对原作进行了过度地自由发挥，佳译不多。20 世纪初众多译者、哲学家和语言学家们对可译性进行了探讨，不可译论盛行，如波铁布尼亚和巴丘什科夫等都持这种观点。勃留索夫在该时期的翻译思想史上有一定的地位。20 世纪 20—30 年代《世界文学》出版社在翻译理论和实践的发展中起了重要的作用，出现了第一部翻译问题的理论著作《文学翻译原则》，随后出版的《翻译理论和实践》(芬格尔)和《文学翻译问题》(阿列克谢耶夫)以及《文学百科辞典》“翻译”词条(斯米尔诺夫)为文学翻译理论奠定了基础。在这一时期译者的技巧也达到了很高的水平，20 世纪 30 年代起除文学作品外还从事其他种类的翻译。20 世纪 50 年代中期出现了许多探讨翻译实践问题和建立统一翻译理论问题的著作。在该时期对翻译理论能否成为科学，如果可行又如何来建立的问题进行了激烈的辩论。费道罗夫《翻译理论概要》的出版是语言学派和文艺学派大辩论的导火线。20 世纪 60 年代末翻译语言学理论作为新的学科的地位获得了确定。

2. 翻译语言学理论的对象、客体和任务及与其他语言学科的关系

斯多布尼科夫认为，翻译理论的对象和客体问题至今是一个悬而未决的问题。不同研究者对该问题持不同的，甚至是截然不同的观点，如列夫津(Ревзин)和(罗森茨维格(Розенцвейг)严格区分翻译过程和翻译结果，他们认为，翻译理论的客体是翻译过程本身。但什维策尔(Швейцер)认为翻译理论的对象包括翻译过程和翻译过程的结果，科米萨罗夫(Комиссаров)则认为翻译是复杂的综合性现象，受到多种不同因素的影响，因此不能将翻译过程和翻译的结果对立起来，翻译理论的对象不局限于翻译过程及其结果，同时包括影响翻译过程进展及其结果的所有语际交际的其他方面。

在总结各家观点的基础上，斯多布尼科夫提出：我们把翻译语言学理论的客体理解为语际交际框架内的翻译中介活动，它可以直接(过程)或间接地(翻译过程的结果)表现出来。翻译理论的对象是对翻译过程的规律，影响翻译过程进行和决定翻译结果的各种因素的研究。

作者将翻译学和翻译理论的概念进行了区分。翻译学是比翻译理论更宽泛的概念，它包括翻译理论、翻译活动史、翻译批评、翻译词汇学、翻译教育学等。可见，翻译语言学理论只是翻译学的一个部分，与此同时，翻译语言学理论也具有综合的性质，并包括翻译通论，翻译专论和翻译分论。

斯多布尼科夫还根据科米萨罗夫提出的翻译语言学理论的任务来构建翻译通论。翻译理论与其他语言学学科，如对比语言学、社会语言学、心理语言学和篇章语言学关系

密切。

在早期的研究中往往把语言和语言现象的对比与翻译的语言学理论等同起来，特别是在翻译理论和对比修辞学之间画上等号。斯多布尼科夫认为，两者在语言对比研究的方法描写上有着紧密的联系。对比语言学的研究资料对翻译语言学理论无疑是非常有益的。在研究语言 A 和语言 B 功能单位的相互关系时，对比语言学为构建翻译理论创造了必要的基础。构成翻译"技巧"的许多翻译转换方法最终归结于翻译过程中相互"碰撞"的语言之间的功能结构差异。尽管对比语言学和翻译理论的联系非常紧密，但是不能把它们等同起来。对比语言学的任务在于比较不同的语言，搞清它们的相似和相异之处。翻译理论则把翻译作为一种语际交际、语言中介的特殊形式来研究。其目的在于揭示翻译机制、实现方法、影响翻译的语言内和语言外因素的实质。除初始和最终文本外，翻译理论还考虑到不同语言的交际双方间的社会文化和心理差异以及翻译过程中一系列其他社会文化和心理限定因素。翻译不仅是语言编码的普通转换，而且还是在另一种文化土壤上以理解为目的的文本适应。

翻译是受社会限定的现象。社会因素影响着翻译过程和翻译结果，因此翻译具有一系列进入社会语言学研究领域的多种实质性特征。在社会语言学研究的问题中，"语言和社会结构"、"语言和文化"、"语言和个体社会学"等问题与翻译有着直接的关系。据此，什维采尔划分出了社会语言学视角下翻译研究的三个方面：即(1)作为社会世界(социальный мир)反映的翻译；(2)作为受社会制约交际过程的翻译；(3)翻译的社会规范。

就自身最不易察觉的那部分而言，翻译是一种心理过程。翻译的三个阶段，即理解原文、对源语形式的变换思维(отмысливание)、译文文本生成均具有心理学的本质。由于心理语言学的客体是言语活动，而翻译理论的客体是言语活动的一种特殊类型，因此两者的任务在许多方面有所吻合。心理语言学有关语句生成和理解机制、言语行为结构、语言能力模式的研究成果完全适用于翻译理论。运用心理语言学研究的成果实现翻译过程的模式化，便可以建立翻译的不同模式。心理语言学的成果可运用于对同声翻译特殊性的研究。在研究笔译的特点和规律时，也可运用心理语言学的试验方法，如对翻译作为文本生成过程的心理语言学机制进行实验研究。"翻译能力"也是翻译心理语言学分析的课题之一。

篇章问题是翻译理论的中心问题之一。篇章既是翻译第一阶段分析的对象，也是翻译过程最后阶段综合的对象。篇章形式表达了发出者通过语言的中介所实现的交际意图。篇章语义学和篇章修辞学均对翻译理论有着重要的意义。许多学者研究篇章类型学与翻译理论相互联系的问题，因为篇章的体裁区分与翻译策略直接相关。译者首先应该作出原则性的选择——保留源语的规约还是用译入语的规约替换。任何篇章都是多功能的，必须区分出篇章的功能主体。正如什维采尔指出的那样，篇章功能主体的特点、交际目的及社会文化规范一起决定了翻译中必须保留的不变量。

3. 关于翻译的定义

毋庸置疑，"翻译"概念本身是翻译理论的基本概念。在该章节，斯多布尼科夫阐述了翻译定义的演变过程。首先斯多布尼科夫介绍了巴尔胡达罗夫、阿赫玛诺娃、加利佩林、科尔尚恩斯基、费道罗夫和安娜·莉洛娃等学者的翻译定义，指出早期的翻译定义有两大不足：第一，翻译被视为过程本身，这些定义没有清晰地说明为什么要把"一种语言的言语作品转换为另一语言的言语产品"或者为什么要"用另一语言的手段传达该言语产品所包含的信息"，采用这种翻译定义，研究者不可能确定影响翻译过程的所有因素，不可能确定这一过程的实质；第二，早期翻译定义或多或少对翻译过程的结果提出了一定的要求。

后来的翻译定义采用了目的论观点（телеологический подход）。相比较而言，"翻译的目的论定义"把翻译视作根据一定目的，在另一语言集体的语言、文化和文学中起特殊作用的文本的创造。当然，每一具体的翻译文本具有一定的质量，在内容和形式方面与原作的接近程度不一。但是任何在双语交际过程中创造的文本都能完成介绍原文、替代原文的功能。根据翻译定义的目的论观点，这些文本均应被视作翻译。

现阶段，翻译被视作语际交际或者语言中介的特殊类型。斯多布尼科夫推崇科米萨罗夫的翻译定义，即翻译是一种用译入语创造交际上与原文等价文本的语言中介，与此同时，这种交际等价体现在翻译接收者将译文和原文在功能、内容和结构层面等同起来。任何翻译过程都符合该定义，且该定义没有对译文提出任何规范化的要求。

拉特舍夫的翻译定义（翻译是语言中介的类型，其社会使命在于使间接的双语交际在交际的完全程度、效果和自然程度上最大可能地接近于普通的单语交际）揭示了翻译作为人类活动类型的实质特点。但是斯多布尼科夫并不同意拉特舍夫的以下论述："翻译的社会使命在一些传统的要求中得到了反映，根据这些传统要求，如果接收者掌握相应的语言，他应像理解原文那样来理解译文，译文读起来也应像原文一样，也就是根据译文的语言不应感受到它来源于异域"。该论述对翻译质量提出了一定的要求，意味着如果译文读起来不像原文，或者能感觉到它来源于异域，那么它就没有完成自己的社会使命，因此，也就不被视作翻译。但是以上特点即使降低了翻译的质量，并不阻碍它完成替换原文的功能。译作不具有最优的质量并不意味着它不能完成自己的社会使命，而是完成自己使命的程度较低，没有保证语际和文化间的交际完整程度，但在整体上保证了交际。

4. 翻译类型的分类及语言中介的其他类型

翻译理论中存在两种主要的翻译类型划分，其一是根据翻译文本的性质划分，其二是根据翻译过程中译者行为的性质划分。

根据体裁—语体分类法可以将翻译分为两个功能类型：文学翻译和信息（专业）翻译。斯多布尼科夫不同意科米萨罗夫把侦探小说归为信息翻译的立场，同时指出，这种划分是有条件的，是以翻译文本所完成的主要功能为定位的。文学文本在整体上是各种信息的来源，而信息文本，特别是社会政论文本高度集中了文学语言的成分。

根据翻译过程中译者言语行为性质的划分法又被称作翻译的心理语言学划分法。本划分法考虑到理解原文文本和生成译文文本的方式，并把翻译活动分为笔译和口译。

当然，还存在是否有人参与翻译过程，在交际过程中使用单一还是多个符号系统以及符号系统类型的分类原则。

斯多布尼科夫结合所有的分类原则构建了一个基本包罗所有翻译类型的分类法：

首先将翻译分为符际和符内翻译；符内翻译有语际翻译和语内翻译之分；语际翻译有机器翻译和人工翻译之分；人工翻译有文艺翻译和信息翻译之分。信息翻译分为公文、科技、报刊政论、军事和其他专业翻译。信息翻译的各个类型均有笔译和口译两种形式(报刊政论翻译没有口译形式)；口译又分为同声翻译和异声翻译；异声翻译相应分为单向翻译和双向翻译。应该指出，传统上认为文艺翻译只有书面形式，但斯多布尼科夫认为电影的同声翻译也属于文艺翻译，因此文艺翻译可分为笔译和同声翻译两个类型。

斯多布尼科夫承认，该分类法并不追求描写的完整性和结构的绝对逻辑性，但是可以准确地描写翻译活动的类型并考虑到各类型的特点。该分类法容易受到质疑的是把体裁—语体和心理语言学分类法归并到了一起。

语言中介的概念比翻译宽泛。翻译只是语言中介的一个类型。其他类型的语言中介被称作适应性转码。实践中运用以下类型的适应性转码：

节译(сокращенный перевод)是出于道德、政治及其他实际性质的考虑在翻译的时候省略原文的部分内容。

缩译(адаптированный перевод)是在翻译过程中对原文的结构和内容进行简化和解释，以方便不具有足够知识和生活经验的一部分读者的理解。某些研究者针对该类适应性转码也使用“译述”(пересказ)的术语。

以上两种适应性转码与翻译本身最为接近。另外，还存在着摘译(реферирование)的适应性转码类型，在摘译的过程中缩减原文文本的容量，只保留其内容的主要成分。

斯多布尼科夫还引用了拉特舍夫的意念文本化(текстуализация интенций)的适应性转码类型，其实质在于交际一方并不形成需要翻译或缩译的书面文本，而是向语言中介者提出一定的交际任务。译者用译入语形成文本，即将交际一方的意图转化为另一语言的文本。

在实践中还存在着上述适应性转码类型的“杂合”(гибридные)。所有适应性转码类型的共同点在于预先确定转述原文所包含信息的大致容量和规则，其目的在于减轻最终接受者的理解负荷并促进语际交际目的的达成。

5. 言语信息的功能及译者功能

翻译是语际和跨文化交际条件下语言中介的类型，在于传达言语信息的功能。言语信息的功能和语言的功能完全对应。由雅可布森言语交际的6个功能出发，斯多布尼科夫进一步将言语信息分为6个主要的功能，即指称功能(денотативная функция)、表情功能(экспрессивная/эмотивная функция)、诗学功能(поэтическая функция)、元语言功能(металингвистическая функция)、交际维持功能(фатическая функция)和意志表达功能(волеизъявительная функция)功能。斯多布尼科夫以实例详细探讨了翻译的这些功能。

指称功能是对物质对象情境的描写，在翻译中传达有关言语外现实的信息。传统认为该功能最为重要，因为翻译的任务在于传递初始言语信息的内容，但作者认为，这种观点只是部分正确，仅针对个别翻译类型而言。表情功能是说话人对所说话语的态度。译者在理解分析初始言语信息和综合形成译文的阶段均应考虑言语行为的特点。译者应比较初始和最终言语信息的表情性，注意到某些外部同类手段在表情程度上有所区别。诗学功能把言语行为参加者的注意力放在语句形式本身上。语言形式本身在交际上有实质意义，形式不能机械地转移到其他语言的组织中去，寻求功能对等伴随着指物意义的变动。元语言功能定位于编码，即在交际过程中使用的语言本身，在一定的情境下它可以优先于其他功能。交际维持功能用于维持交际行为参与者之间的接触，需要一定的言语信号表明接受者在继续聆听言语信息。在不同语言中这些信号现实化的情况是不同的。在翻译时需注意同样一些句子在不同语境中可完成不同的功能，如 I don't know 有时完成指物功能，有时完成交际维持功能。意志表达功能体现在呼格和命令式上。

言语信息的功能在翻译中的传达是必要的条件。不同的文本由于作者的交际目的、体裁的不同完成不同的功能。由于文本的功能有多种，所以必须在这些功能中区分出主旨功能。译者的任务在于再现所译文本的功能，考虑这些功能的层次和重要程度，特别注意传达主旨功能。

斯多布尼科夫认为，应该区分言语信息的功能和译者所完成的功能。他赞同明亚尔-别洛鲁切夫（Миньяр-Белоручев）把完成交际功能作为译者主要义务的观点。明亚尔-别洛鲁切夫还把意识形态功能作为译者的独立功能，并认为意识形态功能不仅补充交际功能，并在大多数情况下决定了交际功能。就此斯多布尼科夫表达了不同的意见。不同语言集体的代表在世界观方面的差异是理所当然的现象，自然会经常阻碍言语信息的完全传达。必须考虑操不同语言的人之间世界观的差异，这决定了翻译的内在质量，同时也是实现交际功能的条件。没有必要把意识形态功能作为独立的功能，它是交际功能的一个成分。斯多布尼科夫补充了明亚尔-别洛鲁切夫关于交际功能三个成分的观点，即元语言功能、载蓄功能和校正功能。此外，译者发挥的功能可以不完全取决于译文文本的严格限定，而取决于语际交际的条件，尤其是出现非标准翻译情境的场合，如根据具体语境筛选和适应的功能、证人功能、护卫功能、校正功能等。

6. 关于可译性问题

在过去各个时代，可译性问题始终是引起译者和翻译研究者关注的主要问题之一。可译性被解释为（1）从一种语言翻译到另一种语言的原则可能性；（2）源语语言在译入语中找到对应的可能性。不管用于何种意义，可译性总是引起一些翻译实践者或翻译理论研究者的怀疑。斯多布尼科夫简单地介绍了可译性问题研究的历史沿革，列举了但丁、塞万提斯、洪堡、萨丕尔、沃尔夫等不可译论者的观点。他指出，严格来说，不可译论从来不是翻译研究中的主导观念，因为它和翻译实践本身相矛盾。某些学者秉持的是绝对可译论，如巴尔胡达罗夫认为"……既然'发达'和'不发达'语言的对立在学术上站不住脚，那么我们提出的翻译的原则可能性（可译性）原则建立在用另一语言的手段传达一种语言所表达的意义基础上，是不受限制的并适用于任何两种语言"。斯多布尼科夫特意用黑体标出了"任何两种语言"的字眼，指出实践证明并不是时时刻刻都能运用绝对可译原则。

斯多布尼科夫持相对可译论的观点。在每个特定历史阶段可译性具有相对的特点。在人类历史的每个时刻可译性都受到一定的限制，但这种可译性限制是暂时的。正如同人类对世界的认识是从较不完整进展到较完整的，可译性也从非完全可译性向更完整的可译性发展。促进可译性发展的因素有两个，其一是广义上各民族的自身发展，进而引起各民族语言的发展和相互丰富；其二，民族间接触数量的增多促进了可译性的增强，民族间接触的增多促进了民族间相互认识的加深，弥补了民族思维差异，使不同民族能够理解他民族所特有的概念。

阻碍完全可译性的限制因素分为纯语言限制和由两种文化差异决定的语言外限制。作者指出了 7 种阻碍完整可译性的语言因素：

(1) 不同语言对现实范畴化的不同；

(2) 民族空白的存在，即源语使用者用于表示特有事物词汇单位在译入语中没有对应单位；

(3) 文本定位于使用本语言较低层次(如音位层或词素层)的特点；

(4) 在文学文本中赋予在译入语中没有对应单位的源语方言修辞意值(значимость)；

(5) 原文作者的目的在于形式上的噱头和玄妙费解；

(6) 在文本中使用文字游戏；

(7) 在文本中使用外来语。

从一种语言翻译到另一种语言原则上是可能的，但是受到一定的限制，但是这些限制并不阻碍语际交际在足够完整范围内的实现。促进可译性的主要因素是语言和文化的相互丰富。社会发展的每个新的历史阶段，由于民族语言和文化的更大共同性，可译性变得更为完全。

现在持不可译论观点的研究者越来越少。其原因在于现在的翻译理论把翻译放到语际交际的更大框架内去探讨。从这种翻译观出发，针对传达个别语言单位意义或文本语言特点相关的众多困难的探讨已经失去意义。翻译作为跨文化交际的组成部分不存在克服不了的阻碍。

7. 翻译的语用学观

在单语交际中符号和使用者之间的关系可以用“符号发出者—符号—符号接收者”的公式表示。

翻译过程的中心是译者，他应该注意到影响翻译过程的所有因素，再现原文文本的语用潜能。翻译交际过程并不是像大多数研究者所认为的那样从译者分析原文文本开始，而是从交际一方产生一定的交际意念开始。在交际一方的生活过程中，在周围环境的作用下会产生某种需求，在这种需求的影响下出现了交际意念，是交际者参与他周围及围绕他发生的一些过程的结果。这种需求可以通过创造言语作品，即文本来满足。因此，交际活动的下一步是创造文本。为实现某种交际意念创造的文本具有一定的功能。对每一个文本来说，必须区分出它的主旨功能，也就是文本作者在文本创造过程中所预先考虑的功能。总体上，文本的主旨功能在于产生一定的交际效果，也就是对文本接收者施加一定的语用影响。由此，交际活动的下一步是接受者理解所创造的文本。在跨语言交际条件下所创造的文本首先被译者所获得，所以译者分析原文文本是翻译交际的必要阶段，该阶段更多地与翻译阐释学相关联，但是从语用学的角度来看，该阶段也具有一定的研究价值，因为这种分析的目的在于揭示文本创作的目的，文本创作者的交际意念，该文本满足何种需求，即文本完成何种主旨功能。

在透彻理解初始言语信息发出者的交际意念和原文文本的主旨功能后，译者创作新的文本，完成与原型(即原文)同一主旨功能的其他语言的文本，该文本的对其接受者所施加的交际效果类似于原文对自己的接受者所施加的交际效果。只有在译文对自己的接受者施加了交际影响后才可以说，翻译交际的过程完成了。

8. 翻译的阐释学观

译者的活动是从对原文文本的分析、解读和理解开始的，在所有传统的翻译模式中分析阶段是翻译过程的初始阶段。斯多布尼科夫没有去探讨把理解的范畴划分为翻译学中心范畴是否合理，但他指出译者理解原文文本是成功翻译的先决条件，这一点毋庸置疑。

理解可以解释为从文本中汲取一定容量的信息。理解了原文后，接受者(可以是译者)丰富了自己的信息储备。同样，对文本的理解程度取决于接受者在认识文本前所掌握的信息(知识)储备的层次。对某些研究者来说，理解文本意味着从文本中汲取信息并把信息转化为知识。

译者—阐释者首先对需要翻译的那部分信息感兴趣。正是这一部分信息被称作言语信息，因此译者的任务在于从文本中汲取言语信息并用其他语言的手段来表达。不管理解的过程是如何进行的，其结果是解释者(译者，译文接受者)从中汲取的信息的价值不一致，因此有必要区分交际相关信息和交际非相关信息。在译文中必须传达交际相关信息，而交际非相关信息不一定需要传达或者可以不传达。

对文本的理解程度，从文本中完全汲取信息的可能性取决于文本本身的主客观属性。客观属性不取决于或者相对不取决于文本作者，而主观属性则取决于文本作者。斯多布尼科夫不同意伽达默尔过于绝对的论述，后者说：“如果我们确实想揭示理解在人类存在，包括在我们社会存在中的地位，那么，在思索这个现象的时候，我们应该不再沉迷于理解中存在干扰的问题。在通向理解的路途中如果存在干扰的话，那么它是一种先决条件”。从译者的观点来看，在通向文本理解路途上所存在的每一个障碍，包括与文本形式和内容相关联的障碍都是重要的，因为它确定了完全理解原文的可能性，确定了实现高质量翻译的可能性。在一些文献中探讨了“文本信息冗余/文本信息缺失”即“文本信息确定性/文本信息不确定性”的对立。这些文献的作者认为，由于任意词语具有多义性，所以任何文本都具有不确定性，并且这种多义性并不能由语境来消除。斯多布尼科夫认为，没有必要过于夸大每一个文本的不确定性。最终，许多文本在接受者的理解和解释中是完全确定的。不管原文的确定程度如何，译者在所有的情况下应追求读者/听者对译文文本作出单义的解读，这可能出现四种情况：(1)原文具有确定性——

译文具有确定性；(2)原文具有确定性——译文具有不确定性；(3)原文具有不确定性——译文具有确定性；(4)原文具有不确定性——译文具有不确定性。

跨语言交际的三方参与者(原文作者、译者—解释者和译文接受者)的交际能力是相互关联的。如果译文接受者不具备足够层次的交际能力，那么最好的译文也不会被其所理解。特别需要注意译文接受者的非语言能力，也就是交际能力的语言民俗部分(лингвоэтническая часть)，比如，一定程度的非语言能力能够保证比较轻松地识别互文文本，这是译者所必须考虑的因素。

9. 翻译质量评价问题和翻译标准观

翻译质量范畴是译学的主要范畴，所有其他的范畴都处于从属地位。斯多布尼科夫认为翻译研究者在探讨翻译质量评价标准时使用了过多的术语，如“等同”、“等值”、“文学翻译”、“现实主义翻译”等，而且不同研究者对这些术语作不同的解释，因此斯多布尼科夫对选择其中一个作为共同接受、共同承认的翻译评价标准表示怀疑。必须尽可能地减少评价“好”译文的定语数量，与此同时，要选择能够涵盖翻译最实质方面的标准。

斯多布尼科夫认为必须区分“直译”(буквальный перевод)和“逐字翻译”(буквалистский перевод)。按词进行，但不破坏译入语规范且不扭曲原文内容的翻译被作者称为“直译”，按词进行，但拘泥于字面意义，破坏译入语规范或扭曲原文内容的翻译被称为“逐字翻译”。

斯多布尼科夫在回顾“等同”和“等值”等术语产生和使用的基础上提出了自己的译文评价标准。对等同的解释可以追溯到斯米尔诺夫，尽管他对“等同”的定义一直受到批评。斯多布尼科夫认为，斯米尔诺夫的定义有一个不容置疑的优点，即必须传达作者的意图(当然“无意识”的意图不是在所有的情况下都需要传达)。斯多布尼科夫认为，如果“等同翻译”的术语被赋予新的内容，则这个问题可以得到解决。

斯多布尼科夫以普通交际理论的观点作为出发点。在该领域的研究中区分出所谓的翻译的功能交际等同，要求在最大可能的程度上再现文本的主旨功能，该主旨功能是在信息(сообщение)发出者的交际意念基础上形成的，并以保证通过信息施加一定的交际效果为目的。从这个观点出发，只有根据初始信息发出者交际意念来再现初始信息功能主旨的翻译才能被称作等同翻译。译文的等同性属于功能—语用范畴，它定位于源语信息发出者的意图和该信息接收者的反应。

除“等同”外，斯多布尼科夫认为必须区分出第二个翻译质量评价标准，这个标准就是等值。构建语句时对语言材料的选择取决于作者所确定的目的，取决于作者的交际意念。只有把语言材料的分析和对生成语句的言外条件的分析结合起来，译者才能理解作者的交际意念并在创造译文时考虑到这个意念，因此在评价译文时还应该指出它与原文的联系，即等值的标准。斯多布尼科夫赞同科米萨罗夫对等值的定义，而不同意有些研究者把“等同”和“等值”作为同义概念的观点。

综上所述，翻译质量由两部分组成，即等同和等值。等同意味着在译文中再现初始语句的功能，而等值要求译文在语言上最大程度地接近原文。另外，翻译质量的两个成分间具有等级关系。达到译文等同性的任务确定了等值层次的选择，也就是说，等值是从属于等同范畴的。在比较原文和译文的片断时不宜使用“等同”的术语，因为翻译的等同性由译文是否符合信息发出者的交际意念来确定，而该意念是通过原文文本整体来实现的，因此等同概念只适用于评价译文的整个文本。对等同不存在层次的概念，译文要么是等同的，要么就是不等同的。

对翻译的每一类型存在着不同的等同和等值的对应关系，而且等值层次也各不相同。斯多布尼科夫仅探讨了四种可能情况：

(1) 译文整体等同，在文本的各个层次上均等值；

(2) 译文整体等同，但在文本的个别层次上不等值；

(3) 译文可能等值，但不等同；

(4) 译文可能既不等值也不等同。

10. 翻译的模式化问题

现代语言翻译学理论的主要任务之一是描写翻译过程本身。

当前翻译理论中比较流行的是：(1) 情境-指称模式；(2) 翻译的转换模式；(3) 翻译的语义模式。

情境-指称模式的出发点是所有语言符号的内容都反映某种物体、现象和现实中的各种关系。语言符号中所反映的现实中的物体被称作所指。现实中情境是物体的总体及其它们之间的关系。言语片断包含有关于现实情境的信息。任何情境原则上可以被任何语言的手段描写，其原因在于，我们周围的现实具有不取决于人们语言属性的共性。即使在某种语言中严重缺乏相应的称名，同样一个现象仍可以以不同方式被不同语言描写。情境-指称模式如此描写翻译过程：在原文文本理解阶段，译者通过分析语言符号的意义及其相互关系揭示这些符号所表示的所指对象，这些所指对象的整体在现实中组成怎样的情境，随后在译者的意识中出现了对原文所描写情境的想象，他再用其他语言的手段描写这个情境。

转换模式以乔姆斯基的转换（生成）语法为理论基础。斯多布尼科夫指出，奈达认为转换模式是通用模式的观点是没有理论根据的，与其他所有模式一样，转换模式的解释力是有限的。

根据翻译的语义模式，翻译的过程是在原文文本中区分出义素并在译入语中选择包含相同义素单位的过程。翻译的语义模式具有一定的解释力。它可以解释两个文本间产生语义差别的原因，指出确定翻译方案的一系列实质性因素，但是该模式也有一些实质性的不足之处。

11. 翻译的方式

内在线性翻译（интерлинеарный перевод）和转换翻译的对立实质上构成了翻译方式的范畴。有些研究者不区分“内在线性翻译”和“逐字翻译”，斯多布尼科夫也同意内在线性翻译是逐字翻译的观点，但是认为必须区分这两个概念。“内在线性翻译”是纯操作性的术语，而“逐字翻译”是评价性的术语。

在翻译原文文本的某个语言现象时不使用转换的方法而考虑形式—结构对应就是内在线性的翻译方式；任何使用翻译转换(词汇转换、语法转换、修辞转换)而拒绝形式—结构对应的方式就是翻译的转换方式。需要指出，词汇转换翻译在句法角度上可能是内在线性的，而句法转换翻译在词汇上可能是内在线性的。

12. 翻译的不变量

对于翻译不变量问题不同研究者持不同的观点。在不同的时代，原文文本和译文文本的语义内容、用于传达的言语信息、语句的含义等先后被认为是翻译不变量。

斯多布尼科夫认为，在翻译的所有情况下，唯一不变的是与原文文本发出者交际意图相符的文本功能。但这并不意味着所有其他的参数在翻译中不能或不应该保留。在语句的不同层次范畴间(言语信息—含义—功能)存在着辩证的联系。由于这种辩证的联系，不变量往往具有综合的特点并包括文本的不同参数。最高层次的不变量是功能，它相对取决于较低层次参数(含义和言语信息)。在翻译时再现功能必须再现言语信息和含义。特别是在科技和公文等专业翻译中，传达文本中所蕴含的信息是再现文本含义和功能的条件。要再现文本的功能必须在翻译中保留那些由原文作者交际意图所确定的文本特点，而这些特点又确定了言语信息接收者的可能反应。同样，含义的再现往往取决于在翻译中对言语信息(即用于传达的信息)的传达。但是翻译不变量的各个成分间的联系不是一成不变的。在一些跨语言交际的情况下，为了再现含义，进而再现文本的功能，必须放弃对言语信息的完整再现。在另一些情况下，语句的含义本身有所改变，但最主要的成分，也就是文本的功能被保留下来。

13. 翻译单位

翻译实践证明：要达到等同翻译必须考虑整个原文文本的内容和意义，因此斯多布尼科夫认为翻译单位是文本。把文本视作翻译单位符合功能交际翻译观。从这种观点出发，原文文本是用源语表达发出者交际意图的方式和对文本接收者施以所希望的影响的手段。发出者的交际意图包含在整个文本内，必须分析整个原文文本方能清晰了解该交际意图。在创造译文时，如果我们不把文本翻译完毕或者只翻译一部分，一个片断，我们并不能保证能对译文读者施以所希望的交际效果。换言之，语际交际的成功取决于原文文本和译文文本在整体上的交际等值。把不同语言层次的单位，原文文本的片断或者源语和译入语单位间的相互关系视作翻译单位不符合翻译过程中所要解决的现实问题，即创造出与原文文本交际等值的文本。与此同时，把文本视作翻译单位并不意味着可以对文本的单独部分或单位作任意的处置。在一定情境下，复现原文文本所制造的交际效果要求最大限度地完整传达个别词语单位和句法结构意义中所包含的信息，特别是在专业翻译中要经常性地寻找语际对应单位；而在另一些情况下，如文艺翻译及某些报刊政论翻译中，要求译者放弃寻找对应单位，放弃传达原文单位所包含的全部或者部分意义。翻译策略的选择取决于跨语言交际行为和所翻译文本的特点，因此翻译的最终单位是文本。

14. 口译理论

口译的任务在许多方面和其他类型的翻译是相似的。但是从实现口译的主要机制及其实现条件的观点来看，口译和笔译有一定的区别。20世纪下半叶起，口译的运用范围有了明显的扩展，研究者开始关注口译规律的系统研究，进而产生了口译专论，分别研究异声翻译和同声翻译。

斯多布尼科夫认为，当前的口译研究主要从以下三个方向进行：(1)研究影响译者汲取原文所含信息的因素；(2)把口译视作译入语特殊的言语类型加以研究；(3)把口译作为翻译的特殊类型加以研究。

斯多布尼科夫认为，口译可以分为以下类型：单向异声口译、单向句段异声口译、双向句段异声口译、同声翻译。

口译与笔译相比既有共同点又有区别。它们的区别在于：

(1)理解原文文本和创造译文文本的形式不同：口头形式和书面形式。

(2)时间因素的不同：从事笔译时，翻译过程不受严格的时间控制。而口译时，译者翻译的时间是极其有限的，因为译者受控于报告人的语速，他需要在报告人发言的同时给出译文或在报告人停顿后马上翻译。

(3)运用原文的片断不同：笔译中译者一般逐句翻译，但是他拥有原文，可将每一语句置于全文中考虑。在口译中译者是根据片断来理解和翻译文本的，不可能寻求整个原文文本的帮助。

(4)与语际交际参与者的联系不同。笔译中翻译与交际方往往没有直接的联系，而口译时译者和交际方有直接的言语接触。

在论述了口译的特点后，斯多布尼科夫分别就异声翻译和同声翻译阐述了自己的口译理论。在异声翻译框架内探讨了初始言语信息的总体特点、初始言语信息的听解、翻译速记、输出言语信息的总体特点、输出言语信息的形成机制、输出言语信息的数量特点、输出言语信息中补充单位的地位和功能。

在同声翻译框架内，他回顾了同声翻译的研究历史和研究方向，指出了同声翻译和异声翻译的区别，探讨了同声翻译的模式及其优缺点、同声翻译中的“同步性”、同声翻译的极其复杂条件、概率预测的机制和言语冗余、概率预测的层次、同声翻译中的言语压缩。同声翻译的极其复杂条件包括同声译员在听、说的时候受到声响和语义上的干扰，缺乏足够的时间，由外部限定的活动速度，源语言语和译入语言语生成的不对等条件等因素。概率预测机制和超前综合的机制能保证听说同步，而言语的压缩则保证了同声翻译的可行性。

15. 文艺翻译问题

文艺翻译所面临的问题和其他翻译类型所面临的问题大体上是一致的。文艺翻译如同其他任何一种翻译需要用译入语的各种手段再现源语所表达的一切。文学翻译的特点和翻译中所产生问题的性质首先取决于文学文本本身的特点。斯多布尼科夫认为，目前尚没有一致认可的文学文本的定义和文本分类的原则。在指出费道罗夫、莱斯和科米萨罗夫等学者文本分类原则不足的基础上，他提出，把文本划分为文学文本和非文学文本的基础在于人类具有逻辑思维和形象思维两种思维体系。逻辑文本建立在对世界作出逻辑反映的基础上，用于传达事实信息，而文学文本依赖于对世界的形象反映，用于综合传递包括智力、情感和美学等信息，并具有对读者施加情感影响的功能。必须指出，这种划分也是有条件的，因为有些文本兼有逻辑文本和文学文本的特点。

在谈及文学翻译的任务、对文学文本译者的要求及译者的功能时，斯多布尼科夫指出理论上可以确定文艺翻译的三个目的。其一，向读者介绍作家的创作，因为读者不通晓作家写作的语言而不能阅读原作；其二，向读者介绍其他民族文化的特点，展示该文化的独特性；其三，仅向读者介绍书籍的内容。译者的任务在于尽可能完整地理解原文所有内容(或者理解形式的所有功能)并用新的形式来复现。只有译者在阅读文本和复现原文的两个阶段均能胜任时，才可能实现文艺翻译，而不仅仅是文学文本的翻译。

斯多布尼科夫介绍了译坛的语言学学派和文艺学学派争论的缘起和各自的观点，指出语言学派和文艺学学派争执的原因在于各自将文艺翻译互不可分的两个方面绝对化。在绝大多数情况下作者创造而译者再现作品不是为了它的语言形式，而是为了它的内容。但是这一艺术内容只能以语言形式存在，因此我们不是在探讨译文形式和原文形式的等同，而是译文形式和内容的等同。

斯多布尼科夫还论及了文学形象以及在原文和译文中创造形象的方法问题，他指出：在译文中如同在原文中一样，不可能有任何偶然的东西。每一个词语、任何对成分的改编总是为保留或不保留形象服务的。

翻译文学文本中民族文化和时代特点同化或异化问题是文艺翻译研究的一个主要问题。译者不得不经常在两个极端中寻找妥协。译文不应被读者理解为“己文本”(свой текст)，也不应被理解为“异文本”(чужой текст)，而应被视作“另一文本”(иной текст)，即易懂的、但又不会和自己本土的民族文化环境产生联想的文本。译文应包含一定数量的、足以创造异国情调并解释主人公行为和感受的国情信息，但是不应该用过多的、不能被读者所理解的民族特有事物或者异化的句法来影响读者理解内容。译文不一定需要读起来不像译文，但是它必须像原作一样读起来轻松(在有些情况下是繁复)和自然。

时代特点归化和异化问题在许多方面等同于民族文化归化和异化问题，这里也存在着“己——另——异”的对立。在翻译前几个世纪所写的作品时，译者可以选择以下三个翻译方案中的一个：(1)只考虑保留作者的交际意图，把原作的语言现代化；(2)把读者带入原文的环境中，用与源语同时代的译入语形式；(3)用少量的古词语，使读者能感受到事件发生于久远的时代，但不影响对文本的理解。

文学文本作者和译者是两个互动的创作个体，译者在译文中完整再现作者的形象(образ автора)必须具备两个条件，即译者必须是具有丰富个人经验和高度适应性的创作个体；译者必须在深入作者的世界观、伦理观和审美观体系和艺术手法的基础上从事翻译。

诗歌翻译的问题主要是由诗歌文本的特殊性引起的，因为诗歌文本的形象基础和形式与产生该文本的文化和语言结构特点紧密相连。尽管诗歌翻译所面临的任务与文艺翻译整体上相同，但是形象性的高度浓缩，每个词语超高的语义修辞负荷以及对在相当程度上由语言结构特点所决定的，同时也是重要的表达手段的形式的高度重视，使诗歌翻译所产生的问题更为尖锐和复杂。

结 语

斯多布尼科夫和彼得罗娃的《翻译理论》是一部比较全面的翻译教材，同时也可以看作是一部理论著作，涵盖了翻译史、翻译通论和翻译专论的众多方面。当前，译学研究已经发展到一定的水平，有更多的资料和前人的理论可以借鉴、总结和运用，因此这两位作者能够从一个新的高度和广度审视翻译问题。全书旁征博引，对近几十年来俄罗斯翻译理论的发展做了梳理和详尽的介绍，在对一些理论问题的阐述上罗列了各家的观点并作出了较为精辟的分析和评价。可以说，斯多布尼科夫和彼得罗娃对整个翻译理论的发展有深刻的理解，“吃透”了各流派的观点。同时，分析各家之说非常客观，既指出某一观点与前人观点相比所取得的进步，但也开诚布公地指出不足之处，作为教材面面俱到。此外，根据行文的需要对其他国家一些著名翻译理论家(如奈达)的观点也作了一定的介绍，甚至引用了中国学者申丹的研究成果。该书用大量的篇幅探讨了翻译专论，对口译和文艺翻译的研究做出了归纳和总结，这对翻译语言学著作来说是不多见的。两位作者在一些理论问题上有自己独到的见解，如对等值等同概念的论述等，对语言学和文艺学流派的观点做到了兼收并蓄。

通过该书可以得出结论，两位作者所持的是功能交际的翻译观，例如他们把文本视作翻译单位，把文本功能视作翻译不变量等。

由于该书是俄罗斯高校翻译专业的教科书，所以全书以观点的介绍和评价为主，斯多布尼科夫和彼得罗娃自身的理论观点不多，无重大的突破性的创见，这也是该书的缺陷所在。但瑕不掩瑜，该书对所介绍的各家之说均表达了自己的看法，这对翻译理论研究的发展有一定的贡献，也说明外省翻译系的翻译理论、实践和教学正处于积累的过程之中，在未来有可能出现突破性成果。

思 考 题

1. 简述斯多布尼科夫的翻译史观。
2. 斯多布尼科夫是如何给翻译下定义的？
3. 简述斯多布尼科夫关于言语信息功能的分类。
4. 简述斯多布尼科夫关于可译性的论述。
5. 简述斯多布尼科夫关于口译理论的观点。
6. 斯多布尼科夫是怎样看待文艺翻译的？

第十四章　加尔博夫斯基的翻译理论

尼古拉·康斯坦丁诺维奇·加尔博夫斯基(Николай Константинович Гарбовский，1946—　)1970年毕业于莫斯科军事外国语学院，1989年获得语文学博士学位，现为莫斯科大学外语系教授，《俄罗斯译协》学术委员会成员，至今已发表了学术论文100余篇，1982年出版了他主编的《翻译的语言学问题》，2004年出版了他的专著《翻译理论》。

《翻译理论》一书被俄罗斯教育部指定为高等学校《语言学和跨文化交际学》专业的教学用书。全书包括绪论、第一部分经验(文明史中的翻译)、第二部分翻译理论和第三部分翻译方法。在绪论中加尔博夫斯基区分了翻译通论，翻译分论及翻译专论，通过分析费道罗夫、什维采尔、勒代雷、列茨克尔、穆南、维诺格拉多夫、明亚尔-别洛鲁切夫、巴尔胡达罗夫等著名学者的翻译定义，指出无论是作为结果的翻译，还是作为过程的翻译都是值得深入研究的，仍然有许多问题待解决。

第一部分经验(文明史中的翻译)共分七章。第一章论述了为什么翻译史在时间和空间上呈现间断性。加尔博夫斯基列举了科帕涅夫(《文艺翻译理论和历史问题》)、乔治·斯坦纳(《通天塔》)、米歇尔·巴拉尔(《从西塞罗到本雅明》)、戈齐里济和胡胡尼(《翻译思想和翻译史中的复兴和改革》)等对翻译史的划分，指出每种划分的优点和不足之处。加尔博夫斯基认为翻译史在时间和空间上的间断性是各民族间语言和文化的发展不同造成的。第二章翻译经验和神话传说。通过一些神话传说来了解古代的翻译活动和译者的作用及地位。第三章翻译和宗教，分析了《圣经》翻译的一些杰作。《圣经》翻译是人类文明发展中最重要的现象之一，《圣经》翻译的历史可以分为三个时期：最初把《圣经》翻译成欧洲语言的古代时期；中期欧洲各种新语言产生，并用来翻译《圣经》；20世纪中期以来的现代时期。每个时期对《圣经》翻译的要求各不相同。加尔博夫斯基主要介绍了《七十子希腊文本》的传说，它的成书历史及其在翻译史上的意义；圣哲哲罗姆及其翻译的《通俗拉丁文本圣经》；马丁·路德及其《圣经》德译本的翻译原则和方法以及这一译本产生的影响等。第四章翻译理论的发轫，副标题为翻译和语言艺术。西塞罗是第一个奠定翻译理论基础的人，他在许多文章中都谈到过翻译、译者以及对翻译的理论思考。西塞罗最先提出意译和直译的问题，这一问题一直争论了两千多年。哲罗姆继承了西塞罗的翻译思想，在《致帕马丘书》中提出了基本的翻译原则——避免逐词死译，努力传达话语的意义，而不是单个词的意义。埃蒂安·多莱比较系统地提出了翻译理论，加尔博夫斯基在这一章详细地研究了埃蒂安·多莱的翻译理论基本原则：(1)译者必须完全理解所译作品的内容；(2)译者必须通晓所译语言和译文语言；(3)译者必须避免逐字对译；(4)译者必须采用通俗的语言形式；(5)译者必须注意表达的和谐，保证连贯和相互衔接，不仅要赏心，而且要悦目。第五章翻译批评的发轫。作为一种文学活动，笔译传统上一直在文艺学和翻译的语言学理论范围内进行研究。文艺翻译史表明翻译过去是，现在仍然是文艺学的客体，确切地说是文学批评的客体。翻译批评和所有文学批评一样具有主观性和评价性。加尔博夫斯基论述了翻译批评的特点和其存在的价值，他认为从哲罗姆开始就存在翻译批评，详细介绍了勒欧纳多·布鲁尼的翻译批评论文《论优秀的翻译》和巴歇·德·梅齐利亚克的翻译批评论文《论翻译》，并列出翻译错误原因的种类。第六章翻译和语文学。在过去的两千年间翻译活动对译入语作用始终争论不休。特别是某一民族语言处于转折期，社会上已经明显意识到自己语言的表现力时，争论就尤为激烈。法语和法国语文学的转折期出现在 16 世纪。加尔博夫斯基评述了法国 16 世纪杜贝莱和阿米欧的翻译观点以及 17 世纪“不忠的美人”①的翻译现象。从中可以看到译入语自身的发展同翻译原则和方法之间的关系。这一章还讲述了法国语文学对俄语语文学发展进程的影响。第七章翻译和双语现象，副标题为加拿大的翻译经验。在加拿大由于历史原因形成了英法双语的局面，翻译被赋予重要意义。加拿大被称为翻译之国。在这一章中介绍了加拿大的翻译史，加拿大的翻译产业，加拿大的翻译教学和加拿大的职业翻译联合会。

第二部分翻译理论共分八章。第一章现代翻译理论的产生，副标题为其他学科范围内的翻译理论。现代翻译理论发端于 20 世纪五十年代。加尔博夫斯基分析了现代翻译理论产生和迅猛发展的主客观原因，论述了现代翻译理论与文艺学，现代翻译理论与语言学，现代翻译理论与对比修辞学之间的关系，以及跨学科研究翻译的方法。第二章现代翻译理论的客体和对象。在总结分析费道罗夫、什维采尔、明亚尔-别洛鲁切夫、巴尔胡达罗夫、科米萨罗夫等学者的观点基础上，加尔博夫斯基提出了自己的见解，给出了自己的翻译定义。第三章翻译研究的系统方法。副标题作为系统的翻译。翻译研究系统方法的方法论价值就在于这一方法能够揭示翻译这一客体的整体性和分析保障这一整体性的机制。翻译研究的系统方法能够给出翻译这一客体更为全面和详细的理论图景。加尔博夫斯基从对文本翻译转换的整体性，文本翻译转换的结构性，翻译与周围环境的相互作用，翻译的层级性，翻译描写的多样性等系统基本特征的论证，证明翻译是一个系统。第四章翻译单位。翻译单位的划分是现代翻译理论中最有争议，也是最复杂的一个问题。在这一章中阐述了支持和反对划分翻译单位的两派各自的理由，区分了翻译单位和语言单位，翻译单位和意义单位的界限。第五章翻译理论的范畴：等值和等同。这一章中涉及了一系列与翻译等值相关的问题，如等值的定义、数学和逻辑学中的等值、等值和意义、所指和实指、翻译中的客观性和主观性、等值和等同、忠实性和确切性、多层次的等值理论、形式等值和动态等值理论、作为标准范畴的翻译等值、等同、等值和翻译评价、等值和规律性的对应等。第六章翻译是双语现象的特殊情况。加尔博夫斯基谈论了翻译和语际干扰、翻译和语言的普遍现象以及翻译干扰等问题。第七章语际不对称，副标题为“翻译的假朋友”。这一章中包括语际不对称的类型 、语际不对称类型的逻辑基础(全异关系、全同关系、交叉关系、从属关系)。第八章翻译等值物和文艺

① Van Hoof H. Histoire de la traduction en Occident, Paris, 1991. P. 51.

形象，副标题为翻译是艺术。加尔博夫斯基从本体论层面、符号层面、认识论层面和美学层面分析了文艺形象和翻译等值物之间的共性，从而证明翻译是艺术这一命题。

第三部分翻译的方法论共分十一章。第一章语际转换理论。这一章中探讨了翻译理论中转换这一术语的内容，翻译转换方法采用的原因。第二章转换操作的类型。加尔博夫斯基列举了什维采尔、明亚尔-别洛鲁切夫、巴尔胡达罗夫、科米萨罗夫、利沃夫斯卡娅、加克，保尔·维纳和让·达尔贝勒纳等人对转换的划分，并进行了评析。第三章翻译转换的符号学方法。符号关系的类型(语用、语义、句法)是翻译文本转换的基础。建立在符号关系基础上的翻译等值层次对应着相应的翻译转换类型。第四章语用转换和语用限制的转换。这一章中主要讲了二者的区别。第五章语义转换。加尔博夫斯基阐释了翻译的语义模式以及翻译理论中“改译”和“等值”两种翻译方法。第六章意义转换的逻辑语义基础，副标题为变换的类型。这一章中主要探讨了对应概念间不同逻辑语义关系类型而采用的各种变换，如具体化、概括化、代词替换、反面着笔、同义替换等。第七章单义概念的操作，副标题为翻译的专有名词。这一章涉及的是专有名词的翻译问题，如翻译中人名语音的变换，古希腊罗马英雄名字的传达，人名中的形象与翻译等。第八章特有事物的翻译，介绍了几种特有事物的翻译方法。第九章句法转换。加尔博夫斯基根据实义切分理论探讨了翻译的句法层面问题。第十章变形，加尔博夫斯基认为文本变形是一个翻译策略，变形作为有意识的翻译行为不能同翻译错误相混淆。第十一章翻译错误的类型。加尔博夫斯基通过大量的例证分析了理解和表达阶段以及修辞出现的翻译错误。

加尔博夫斯基的主要翻译观点有：

1. 关于翻译定义

翻译是一种社会现象。翻译的社会地位使它依赖一系列社会因素。交际者的社会地位，也包括译者本人的社会地位，翻译的社会意义，交际条件和许多其他条件既限制了翻译过程本身，也限制了译者所创造的“产品”的性质。

翻译是一种很复杂的精神活动。“译者”反映现实的复杂性就在于他理解的是别人意识所反映的现实存在的事实。这种反映的双重性是作为翻译的心理过程的基础。

翻译总是以利用一定的符号系统为前提。翻译既可以在不同符号系统间得以实现，也可以在同一符号系统不同变体间得以实现。语际翻译是翻译理论的主要客体，但是某种符号关系所具有的一些规律对于语内翻译和符际翻译也是有效的。

翻译始终是一种由人(或由机器模仿人)实现的从一个符号系统向另一符号系统，或者从一个符号系统的变体向另一变体的转换。但不是所有从一个符号系统向另一符号系统的转换都是翻译。起中介作用的社会功能是翻译同其他运用两种语言的交际相区别的主要功能。

翻译是把从用一种自然语言手段创造的言语信息中得到的意义解码，并把它们用在另一自然语言手段创造的言语信息中再现出来的一种操作。

翻译总是部分转达原言语信息中的意义。翻译同其他交际中介(摘译，拟作，转述等)的区别就在于翻译追求最大限度完全准确地再现原言语信息中意义的整个系统。绝对完全地传达全部意义是翻译的最高任务，应该追求达到这一目标，但是达到这一目标实际上是不可能的。

必须找到使翻译同其他语际中介相区别的传达原文言语作品意义系统的完整性和准确性的最佳值。这就使原文和译文的关系问题凸现出来。这一关系可以用等值这一术语来确定，因为意义相同的，意义相等的或者在某种关系中相当于其他的，能够被替换的物体和数量是等值的。

列举了翻译概念的这些特征，加尔博夫斯基给出了自己对于翻译的定义。翻译是一种在使用不同语言体系的人们之间起交际中介作用的社会功能。这一功能是在操双语的人以诠释者的个人特点来反映现实存在的心理活动中实现的。诠释者实施两种符号系统间的转换，以求得等值地(最大限度地，但总是部分地)传达包含在一个交际者发给另一交际者的原始言语信息。

2. 翻译理论与其他学科的关系

(1)翻译理论与文艺学

在翻译的文艺学理论中或更确切地说在文艺翻译的理论观点中(这些观点散见于文学评论的著作，文艺翻译理论的专著，以及从事翻译的作家和诗人撰写的前言，评论，日记和信札等)，不是所有的看法都像翻译语言学著作中阐述的那样准确和有科学根据。但是这些观点中也有翻译语言学研究和翻译语言学理论所未涉及的，翻译文艺学观点是试图在原文和译文中把握和比较文艺作品的整个文本。

绝对的翻译——即译者绝对准确地、没有任何歪曲地再现原文文本——是不可能的。由此可以得出翻译理论是一种相对选择的理论：有选择地用译入语表达原文文本内容中所反映的那种现实的形式；有选择地保留在译文中的原文言语作品的意义；在无法避免损失的条件下放弃那些应该在译文中“被牺牲的”文本。

选择总是具有个性的。翻译的文艺学研究方法关注译者的个性，应从译者作为艺术家所具有的个人品质的角度来理解译者的选择，译者的决定。翻译的文艺学研究方法允许把翻译作为艺术来看，但不是那种广义上的、在某一活动领域达到高超技艺的艺术，而是作为再现艺术形象来源的现实存在的一种艺术。这一方法可以找到翻译同其他种类的艺术相接近的范畴。

(2)翻译理论与语言学

20世纪60年代在结构主义语言学和控制论的影响下，语言学的模式概念走进了科学日常生活。翻译研究者积极响应了这一新方法，着手创建了各种不同的翻译模式。每一个模式都可以看作是一个单独的翻译理论，分别依靠语言学的某一分支，利用其研究的方法。转换生成语法是翻译转换模式的基础，语义理论产生了翻译的语义模式，交际语言学产生了翻译交际模式等。翻译理论创建伊始就宣布自己属于语言学的应用领域，因此必须依靠基础语言学的原理，这一状况在当时完全是合理和适宜的。翻译理论继承了语言学积累的知识，并依靠这些知识建立自己的新理论。同时语言学本身无论是针对自己的客体，还是自己的对象，也经常拓展自身的“领地”，产生了相关的科学分支：社会语言学、心理语言学、民族语言学、地域语言学、篇章语言学等。现代语言学对象范围的拓展使翻译理论得以突破纯结构比较研究的束缚，依靠相关科学的原理更加准确地确定了自己的研究对象。

但是语言学和翻译理论的联系不是单向的，而是双向的——翻译理论从语言学中引进思想和方法，语言学在自己的研究中也依靠翻译研究。从广义上来理解翻译可以使研究者把翻译作为语言学分析的通用手段。

(3) 翻译理论与对比修辞学

瑞士语言学家巴利在20世纪初提出了对比研究本国语和外国语修辞特征的思想。这一思想在加克的《法语和俄语比较类型》、《对比词汇学》，费道罗夫的《普通修辞学和比较修辞学概论》等著作中得到发展。这些修辞学著作以各种方式同翻译理论相联系。对比修辞学和翻译理论是相互联系的，但是它们又是不能相互替代的。翻译理论使对比修辞学得以依靠等值和等同范畴，为对比修辞学提供了广泛的材料，研究者用来作为相似的现象加以比较。翻译通论范畴同时也是对比修辞学一种基本研究方法。

对比修辞学，特别是运用"平行比较法"研究具有相似功能的文本的对比修辞学，为翻译分论提供了关于言语交际变体的重要信息。对比修辞学使译者和翻译理论家注意到交际情境背后言语交际传统固定下来的形式。对比修辞学以言语体裁范畴丰富了翻译理论。对比修辞学以言语标准范畴丰富了翻译理论。

(4) 翻译理论与符号学

符号学，确切地说是符号学的分支——语言符号学，对于理解翻译过程的实质和机制是非常重要的。一个符号体系的手段原则上可以阐释另一符号体系，这一原理消解了翻译史上传统争论的"可译性"问题。在符号学中阐释和被阐释的体系之间存在着差异性，这就使翻译得以摆脱理论根据不足的"忠实性"要求，同时显示出形象(翻译)在多大程度上忠实于原型(原文)。

翻译理论的一些原则完全建立在符号学的概念上。关于符号关系(语义的，语用的和句法的性质)的符号学原理对于翻译理论来说是富有潜力的。翻译的符号学研究方法可以把翻译描写成运用符号体系进行系统阐释的活动。

翻译理论的"符号学化"，就像翻译理论的"语言学化"一样会导致科学知识的单一化，相应地使翻译理论湮灭在其他学科之中，歪曲和限制了翻译理论的研究对象。事实上如果把文化学、社会学、人类学、心理学等置于一旁而不顾，那么对于翻译这一整体性过程的深层机制的研究就会是不完全的。

3. 翻译研究的跨学科方法

人们可以通过语言学来研究译者实现的具有复杂社会功能的精神活动，因为这一活动是言语活动，即借助人类自然语言来实现的。不论是把一个符号体系转变成另一个符号体系过程的符号学，作为意义转换过程的逻辑学，还是通过自己的现实棱镜来理解他人现实的认知语言学，对于翻译来说都颇具意义。翻译活动作为心理活动的一种形式可以通过心理学来研究，作为社会角色相互作用的一种形式可以通过社会学来研究，在译者对自己的劳动成果承担责任方面可以通过法学来研究。翻译过程甚至可以通过医学来研究，例如整个翻译过程中口译人员的血压和脉搏是如何变化的。翻译作为文艺作品，它的创造过程传统上可以通过文艺学来研究。作为再现现实的特殊形式翻译对艺术理论也展现出兴趣。

翻译理论远远超出了语言学的框架，因为所研究对象的特点要求吸收诸如逻辑学、文化学、人类学、民族学、心理学、社会学等其他学科的知识和方法。这是否证明了翻译理论的跨学科地位呢？是否证明了它是一种所谓“连词符式的”科学方向呢？恐怕并非如此。这仅仅证明了翻译作为对象可以从不同的方面，由不同的学科进行研究。翻译理论作为一门独立的科学学科不可能是跨学科的，也不可能是连词符式的。翻译研究需要跨学科的方法，但是在科学方向相同的情况下，对它的跨学科研究方法和它的跨学科地位是两码事。

4. 翻译文本转换的整体性

翻译活动毫无疑问具有整体性性质。作为整体统一过程的翻译转换是由许多常用的、既相互联系又制约的、性质特殊的转换操作构成的。如果就此把原文文本向译文文本的翻译转换看作是独立的转换操作的叠加，那是错误的。在一个体系的符号之中蕴含的翻译意义，用另一体系的符号部分地转换时，译者实现的操作涉及符号关系的所有类型(语义的、语用的、句法的)。翻译史上翻译转换过程的整体性通常用整体和局部这样的术语来讨论。人们认为，译者阅读完原文后，合上原文，着手用另一语言再现出来，这样的翻译是“理想的翻译”。这时在译者的意识中原文是作为一个整体的言语作品而存在的。

把翻译作为一个完整的体系可以解决翻译理论中最重要和最有争议的问题之一，可译性原则问题。这一观点还可以解释一些翻译方法的使用，包括删减、替换、以及补偿。翻译整体性概念和与之相联的理论观点对于解决翻译的一个重要问题——翻译单位的划分也是极其重要的。事实上，翻译作为整体的系统过程是对构成这一过程的单独部分而言的。这些单独部分在整体的框架内应该列为第一性，因为它们构成了翻译单位。

口译实践特别是同声翻译看上去与翻译的整体性概念相对立。口译翻译者不总是能够预先获得原文文本，以便了解它，使自己对它形成整体印象。但是在这种情况下翻译过程的整体性是由其他因素确定的，就是译者对这篇文章的印象，它的体裁，它的题目等等。总之，翻译的整体性不取决于翻译完成的方式和完成的条件。

5. 翻译与周围环境的相互影响

翻译活动是和周围环境紧密相联的。翻译和周围环境的联系是复杂的，多层次的。谈到翻译时首先指的是具体的翻译过程，在具体的时间和空间展开的翻译行为。

交际情景是译者第一性的和主要的现实。作为语际中介的译者在这一情景中总是和交际的其他两个参与者(原文作者和译文接受者)相互影响。译者总是求教于原言语作品的作者，无论在时间和空间上相距多远。甚至在翻译几个世纪以前创作的作品时，译者也有自己对待作者的道德标准，这一标准反映在译者小心翼翼地对待作者的思想和情感，作者的形象体系和风格。这时与其说指的是想象中的作者，不如说指的是现实的个性。译者在自己的意识中创造作者的形象，同他进行内心的对话。

当原文作者直接参与交际，像口译中经常发生的那样，情况就有些不一样了。这时译者要注意的不仅是作者的言语和其中包含的意义及情感，还有作者的情感状态，甚至是非言语手段(表情和动作)表达出的暗示。译者要注意作者的威信和在交际参与者中的地位(主要针对译文接受者)。口译进行的交际情境中经常发生信息发出者和接收者之间角色的互换。这种角色的互换通常发生在谈判中。当在谈判中只有一个翻译时，译者就轮流翻译双方的话语。译者通常是一方的雇员，一个文化的代表，在他的意识中一种语言强于另一语言。在双向翻译时，译者的道德标准指的是平等注意所有交际参与者的思想和情感，在他们之间建立中介。

翻译文本的接受者同原文作者一样不仅是存在于现实中的，也可以是译者想象出的抽象的对象。翻译作品的读者就是这种抽象的对象。应该说，在现实世界中读者是客观存在的，但是这只能是在翻译完成并出版之后。在翻译过程中译者同他所建立的读者模式间相互影响。在确定翻译策略时，译者通常以这一模式为目标，但是在模式中可以拥有某种具体的个性特征。一位文学翻译家曾说过她的所有翻译作品都是通过自己年少的儿子来检验，如果他理解并喜欢译文，就说明翻译是成功的。而面向优雅品位的读者的想法则指导了古典主义时期的译者行为。

必定与译者相互作用的第二现实是原文文本。译者不难直接感觉到原文文本。在确定的具体交际情境条件下，译者通过声音或视觉渠道来理解原文文本。原文文本构成了整个翻译过程的基础，因为在其中包含了译者应该重新认识和诠释的所有必要信息。但是原文文本对于翻译来说是一个外部客体。原文文本作为外部世界的客体在翻译之初或翻译过程发展之中以书面或口头形式为译者所了解。

翻译同原文文本所描写的和译文文本所再现的现实存在之间的相互作用是最复杂的。翻译同这种现实之间相互作用的复杂性就在于这一现实通常不为译者所直接感觉到，而是以某种物化在源语符号中的抽象概念——理想实质为译者所感觉到。事实上理解原文文本时，译者接触的不是现实存在本身，而是原文作者意识中所反映的这一现实存在的某一片段的形象。作者的现实图景可能是这一现实或多或少的确切反映，现实客体理想的复制。作者的现实图景可能是关于客观世界的歪曲认识，有时是一种杜撰，即原文作者模式化的某种理想结构。在翻译时，现实片段的作者图景和译者对这一片段的认识相互接触。解码原文文本符号时，译者凭借主观认知经验和自己理解用源语符号编码的意义的能力，在自己的意识中创建自己关于这一片段的图景。译者对于现实存在的片段的认识与作者的认识一样主观，因此二者之间的完全重合未必是可能的。有时译者关于现实世界的想象比作者的想象更完整，更准确，这时就产生了译者改变原文文本意义系统可能性的复杂道德问题。这一问题可以有不同的解决办法。确信地球是圆的现代译者不会去改正对宇宙结构有不同认识的古代作者的看法。译者的任务在于显现一定时期的知识水平，其中也包括不同时代所具有的错误。译者在科学文献中遇到例如不准确的日期多半不加改动地留在译文中，但用确切的注释来补充译文。在口译条件下译者碰到原文中的不准确的地方，可能保留下来不加任何的改动。但这样译者就使自己处于危险的境地，因为成为了关于现实客体错误认识的“合作者”，在没有原文文字材料的情况下错误可能归罪于译者。因此如果译者有同原文作者协商这类有争论的观点的机会，他就必须利用这一机会来避免产生怀疑。

译者关于现实世界的认识的准确性也可能低于原文作者。在这种情况下翻译过程中可能出现新的错误认识代替关于现实存在的真正认识，特别是在原文文本形式包含某种双重意义的情况下。译者对于原文言语作品中所反映的现实存在的不准确认识是翻译错误重要源泉之一，特别是“特有事物”的翻译，即源语世界中存在的，在译入语文化中没有确切对应物的客观存在的事物。

6. 翻译的等级性

任何作为言语活动的翻译都在整体上服从译入语的标准，服从在其框架下进行翻译的言语体裁的标准，甚至作者的个人风格。具体的译入语形式的选择依等级地服从于整个文本的形式。众所周知，用押韵的形式翻译诗体作品时，必须在很大的程度上偏离包含在单独词汇中，甚至整部作品中的语义。诗歌作品的语义是依等级地服从译者的美学追求的，服从译者在译文读者中创造出类似原文作品在原文读者中所引起的印象的要求。翻译军事科技文献也要按照体裁的标准来进行：译者追求术语最大限度的准确，努力避免使用描写性的迂喻法，过长的和过于复杂的句子。这样，每个具体翻译的言语标准都依等级地服从于言语体裁的标准和译入语整体的标准。

翻译可以作为文化间交际总系统中的亚系统来研究，也可作为中介服务这一总系统中的亚系统来研究，翻译以自己不同的侧面进入两个系统。文学翻译是文学创作总系统中的亚系统，而科学文献的翻译是科学信息交换总系统中的亚系统等。

7. 描写的多样性

翻译理论正努力建立作为交际行为的翻译过程的模式。一些简单的模式随着理论的发展，根据呈现在翻译研究者眼前的翻译活动机制获得了不同形式的繁化。

各种翻译模式的建立反映了翻译描写的多样性，证明了翻译这一活动的复杂性，原则上证明了翻译不可能只研究单个图景，即便是在主要层面基础上建立翻译的全景也是不可能的。尽管翻译描写是多样的，翻译研究方法是不同的，但是在所有的理论中翻译作为系统的主要性质，即翻译的阐释实质是完全显而易见的。事实上，无论我们从哪个角度看翻译，我们都是在努力去发现用另一符号系统阐释包含在原文言语信息中的意义是如何实现的。

8. 翻译是艺术

加尔博夫斯基认为翻译的中心范畴是翻译的等值范畴。艺术形象概念是狭义上的艺术的中心范畴。艺术形象的范畴包括本体论的、符号学的、认识论的和美学的层面。艺术形象的本体论层面在于艺术形象是一种理想存在的事实，这一理想存在被表现为与再现的现实存在客体的物质基础不同的物质基础。翻译也是一种理想存在的事实。翻译等值是物质的，是作为反映译者心理活动的理想存在的物质表现。翻译等值甚至同所再现的客体(原文文本符号)在形式上不相符。即使原文文本和译文文本在形式上相符，它们在各自的物质基础上仍是不同的。言语作品的书写形式或语音形式不相符是区别的基础。在符号学层面艺术形象是符号，即在一种文化内意义交际的手段。译者选择的等值物也是一种符号，在其中原文现实客体的信息被编码。译者通过另一符号体系再现原文中的意义系统。在认识论层面艺术形象是一种虚构。译文文本的等值是理想的、想象的。事实上翻译活动的基础中存在着原文文本的个人理解和对原文等值物的主观想象和选择。在纯美学层面上来说，艺术形象是一个统一整体，这一定义完全和翻译等值定义相符。艺术形象范畴和翻译等值范畴的结构在最不同的层面上是极其相近的。这就有理由认为，翻译活动离艺术并不遥远。

翻译的确是一门再现艺术，但不是“第二性艺术”。译者没有像临摹匠那样复制已有的言语作品。正如所知的那样，翻译的确被原文言语作品的框架所限制。但是翻译的艺术不在于重复已经创造的某种东西。翻译的艺术在于要在另一符号系统为另一文化环境，有时是为另一时代创造新的作品。把言语作品从一种语言向另一语言翻译是一个创造过程，就如同按文学作品导演电影和戏剧，排演歌剧和芭蕾，取材圣经故事，其他文学体裁的绘画和许多其他类型的符际翻译。

翻译作为和艺术相近的创造活动，仍然整体上依靠科学知识，依靠理论，这一理论研究翻译决定的合理性，区分可能的和不可能的，正确的和错误的。

9. 语用转换和语用决定的转换

加尔博夫斯基认为应该区分语用转换和语用决定的转换。当译者有意识地改变原文作者所追求的交际效果时，就可以说是语用转换。翻译史上有许多诗歌作品被翻译成散文作品，译者有意识地改变了交际效果，改变了原文作品的美学功能。当译者认为读者更重要的是尽可能详细和准确地了解原文的内容时，就进行有意识的语用转换。这些作品开始完成新的启蒙功能，介绍其他民族的事件、精神和思想。语用决定的转换以在译文文本中等值地达到原文文本中表现出的交际效果为自己的目的。这类转换的结果是保留了原单位的语用意义，同时语义意义和句法意义可能完全或部分地改变。

如果说语用转换改变了原文的语用意义，并且可能把翻译带到了等同性的边缘，也就是使翻译近似于其他类型的语际中介，那么语用决定的转换则是为了保留原文文本的交际效果，是获得语用意义的一种手段。语用决定的转换和语用转换的区别在于语用决定的转换涉及的不是作为整体的文本本身，而是其组成部分。应该注意到语用决定的转换的一个最重要的性质，即改变原文意义的部分成分是为了追求在译文中保留整体的意义。确切地说，整体地理解言语作品的语用决定性注定了语义层和句法层的翻译转换。尽管语言系统和文化系统不对称，但必须在译文中传达原文的交际意义确定的不同翻译转换的合理性。

10. 专有名词的翻译

貌似简单的人名翻译经常迫使译者去思考在译入语中选择何种等值物来传达它们。该问题不仅限于音译或形译。译者遇到已有约定俗成的翻译形式的人名时应该特别小心。这时译者面临着基于音译方法给出更为准确的新的翻译，还是保留准确性稍差但以为广泛熟知的原有翻译的抉择。选择取决于人名掌握的程度。至少译文读者不应该产生在讲其他人的印象。人名翻译的问题还在于译者把适用于一种语言的音译标准，运用到了另一语言上。

选择正确的人名翻译形式不总是按着从一种语言到另一语言的固定模式，译者应该查找参考材料。译者在原文中遇到第三国的人名时，译者应该查出人名的原有形式，然后按照本国的翻译标准来翻译。有时一个人名存在几个翻译模式，这也造成译者选择的困难。

成语中的人名的翻译也有一定的复杂性。不同语言的成语中运用人名的情况是不对称的。一种语言的成语中运用的人名，在另一语言的成语中没有的情况是常见的。这时译者就面临着抉择，或者采用等值的方法，用改换了形象的成语去替换原文成语，或者保留原文的形象仿造外国成语。

许多人名拥有特殊的语义，引起一定的联想。在任何情况下传达这些表达的形象性都是非常复杂的。这说明人名的翻译不总是能找到完全等值的替换。

地名翻译也构成翻译的问题。任何一种语言中地名的构成都是一个复杂的语言历史过程，不能归结为一个或几个构词模式。在不同的语言中大多数地名都有不同的转义意义。译者在翻译用于转义意义的地名时不得不极其仔细，因为上下文并非总是能帮助理解它们的意义。

11. 变形是翻译的一种策略

变形首先是和翻译理论相联的，确切地说是译者意识到没有任何损失的翻译是不可能的。作为翻译行为变形首先触及到的是言语作品的形式。有意识的形式变形指的是译者用散文体传达诗体文本，原文文本具有的音韵被改变，译文文本添加了某种补充或删除了某些片断。变形作为有意识的翻译行为不能同翻译错误相混淆。变形受一定的翻译原则支配。这一原则首先以对翻译最终目的认识和选择与这一目的相应的翻译策略(转换原文文本的策略)为前提。翻译是一种经常性的牺牲，问题在于什么是应该牺牲的，这种牺牲能够带来什么。

12. 翻译错误的类型

翻译错误不同于变形，是无意识形成的。研究理解错误的本质应该建立在分析译者的认知经验基础上。理解原文意义系统的翻译错误类型有：

(1)原文语言掌握不够；

(2)认知经验不足，对原文中被描写的周围的现实了解不够；

(3)对原文中的意义系统的疏忽，没有理解作者所说的对象；

(4)不能区分原文作者的修辞特点。

这些错误类型之间是相互联系的。区分翻译错误的本质是相当复杂的，因为比较原文和译文是最通行的解释错误的方法。但是这一比较并非总是能够显示不对应产生的原因，可能是理解的错误，也可能是表达的错误。

理解阶段的错误可以涉及到作为符号的文本的所有层面，包括语用层，语义层和句法层。译者遇到被称为间接言语行为的表述(表述的外部形式掩盖了作者的真实意图，引起言语作品接受者的其他反映)时，可能产生原文表述语用层面上的错误理解。成语，隐喻和其他修辞手段经常完成一定的语用功能，从而造成理解的困难。为了解码它们的语用意义就要求深入了解异国文化，并特别注意言语情景和交际条件。语义歪曲是理解阶段最普遍的一种翻译错误。这既可以涉及概念(简单的和复杂的)，也涉及整个表述的意义。句法歪曲由不理解构成表述的各成分之间的逻辑联系特点和交际切分引起。没有理解原文文本意义的翻译错误出现在言语链的不同层面上。主要包括：(1)简单概念层；(2)复杂概念层；(3)判断层；(4)具体情景的概念层。

表达阶段的错误首先是由不精通译入语，以及在译入语中寻找等值对应原文形式的形式的能力不足造成的。

结　语

1953年费道罗夫的《翻译理论概要》一书出版问世，这本书从语言学的角度对翻译理论进行了较系统、较全面地论述，从而成为翻译语言学派的滥觞之作。在《翻译理论概要》这本书中，费道罗夫提出翻译理论应该由“翻译通论”和“翻译分论”等方面组成。这一观点后来在其他翻译理论家的著作中得以继承。伴随着科学知识的迅猛发展，翻译通论问题研究得以不断的深化。加尔博夫斯基的《翻译理论》一书主要是以翻译通论问题研究为主，对翻译理论的主要问题进行了梳理研究，这一研究是建立在前人和他同时代的人对这些问题的研究基础之上的。然而加尔博夫斯基不是把别人的观点加以简单的罗列，而是对这些观点加以分析评论，找出它们之间的联系和不同之处。这种研究有利于我们从整体上来把握翻译语言学派对翻译通论问题的研究，同时也加深了对这些观点的认识和理解。加尔博夫斯基对翻译理论中的一些主要问题的论述可谓是详尽入微：比如对翻译等值问题的研究就涉及等值的定义、数学和逻辑学中的等值、等值和意义、所指和实指、翻译中的客观性和主观性、等值和等同、忠实性和确切性、多层次的等值理论、形式等值和动态等值理论、作为标准范畴的翻译等值、等同、等值和翻译评价、等值和规律性的对应等。

加尔博夫斯基在梳理已有观点的基础上，也不断地提出自己的观点。譬如，他认为翻译是一种在使用不同语言体系的人们之间起交际中介作用的社会功能。翻译依赖于一系列社会因素。翻译理论是一种相对选择的理论：选择用译入语表达原文文本内容中所反映的那种现实的形式；选择那些能够并且应该保留在译文中的原文言语作品的意义；在不可避免损失的条件下放弃那些是应该在译文中“被牺牲的”。翻译研究应该运用跨学科的方法，但是加尔博夫斯基不同意翻译具有跨学科地位的提法。翻译理论有自己的研究对象。他反对把翻译理论研究符号学化或语言学化，认为那样会导致翻译研究的片面化，使翻译理论湮灭在其他学科之中，歪曲和限制了翻译理论的研究对象。这些对于翻译通论问题的研究来说起着方向性的指导作用。在一些具体的问题上加尔博夫斯基也阐述了自己的观点。

加尔博夫斯基秉承了翻译语言学派的观点，但是对于文艺学派的观点他也兼容并包，加以吸收利用。他通过对作为翻译中心范畴的等值概念和作为艺术中心的艺术形象概念的对比研究，认为翻译是艺术。

在《翻译理论》一书中，加尔博夫斯基还探讨了适用于任何语言翻译的翻译转换方法，以及这些方法产生的原因，研究了这些方法的类型。加尔博夫斯基运用了大量翔实的例证使自己的论述更加直观，更具用说服力。这一部分的论述对于翻译实践具有一定的现实指导意义。

《翻译理论》一书所涵盖的翻译问题是比较广泛的，这就使得在有些问题的阐述上略显单薄，不过作为一部教材来说能够做到这样也是难能可贵的。

思考题

1. 加尔博夫斯基给翻译下的定义是什么？
2. 加尔博夫斯基是怎样阐述翻译学与其他学科的关系的？
3. 简述加尔博夫斯基论翻译与周围环境的相互影响。
4. 为什么加尔博夫斯基认为翻译是艺术？
5. 简述加尔博夫斯基关于语用转换和语用决定的转换的论述。
6. 加尔博夫斯基是如何对翻译错误进行分类的？

第十五章　维诺格拉多夫的翻译理论

韦涅季克特·斯捷潘诺维奇·维诺格拉多夫(Венедикт Степанович Виноградов, 1925—2009), 1952年毕业于列宁格勒国立外语师范学院翻译专业, 1976年获语文学博士学位, 曾是莫斯科大学语文系教授。研究领域涉及西班牙语的语法学, 词汇学和文学, 翻译理论和对比语言学等。主要成就有: 提出了词汇信息量的分析体系, 总结了翻译对应规律和翻译中表示民族特有事物的词的传达手段, 系统描写了西班牙语语法和词汇。至今发表了80多篇学术论文, 学术著作包括:《西班牙语词汇学》(1994),《西班牙语语法》(1990),《西班牙语语法练习集》(1997),《文学散文翻译的词汇问题》(1978),《翻译实践和理论》(1973),《西班牙语和俄语词法学对比研究》(1986),《翻译学导论》(2001)等。

维诺格拉多夫2001年出版的《翻译学导论》(通论和词汇问题)一书集合了他的主要观点, 此书的主要目标读者群是语文系和翻译系高年级学生、研究生及所有对语言对比研究和翻译学问题感兴趣的人。《翻译学导论》采用功能分析来研究翻译问题, 认为翻译的关键是文本意义信息的传达。该书共分两部分: 第一部分阐述了翻译通论的问题, 包括所译文本的分类、等值特点、翻译过程的模式和阶段、背景信息的本质等; 第二部分从理论角度思考现代翻译学中的词汇问题, 这其中包括词的定义、词汇信息量的确定、语际翻译中词汇对应种类的厘定等, 同时还通过翔实的语言材料对原文和译文中的具体词汇层进行了对比研究, 内容涉及民族特有事物词、新词语、古词语、专有名词、成语、双关语等。维诺格拉多夫的翻译理论观点主要如下:

1. 翻译定义及翻译理论的任务

维诺格拉多夫认为翻译是社会需求所决定的, 把一种语言用口头或笔头文本表达的信息(内容), 借助另外一种语言等值的文本, 予以传达的过程和结果。对这一定义维诺格拉多夫做了两点解释: 首先, 信息是指原文中既包括意义, 也包括修辞、情感—表情、功能、评价、体裁、审美等特点的所有内容, 并应用另一种语言传达出来; 其次, 他还明确指出, 等值指的是在译文中最大限度完整地, 等同地保留原文的体裁特点以及原文所包含的各种信息。维诺格拉多夫认为译文和原文等值是个相对的概念。等值的层次和特点取决于译文的体裁和翻译方法。

维诺格拉多夫指出翻译理论的任务应该包括: 翻译过程及其规律的研究; 揭示不同层次语际翻译对应的本质、特点和规律; 描写翻译手段和方法; 翻译实践史和理论史的研究; 评价翻译在本国文化发展中的作用。据此, 翻译学应有若干分支: 翻译通论、翻译分论、翻译专论、翻译实践史和理论史、翻译批评、机器翻译理论、翻译教学法。翻译学研究中还应运用跨学科的研究方法，与之相关的学科包括语言学、文艺学、历史学、社会学、心理学、民族学、符号学、信息学等。翻译学主要研究一种语言的精神文化产物向另一语言传达的过程。翻译学属于人文学科范畴，其客体是人类精神文化的载体——语言和文本。

2. 翻译文本及其分类

维诺格拉多夫指出翻译学中存在两个相互联系的研究层面：过程层面和文本层面。翻译过程发生在人的大脑意识中，人们无法直接观察到，因此过程层面的研究主要依靠演绎法。而文本(文字的或声音的)才是具体翻译分析的物质客体。文本类型在很大程度上影响着研究方法的选择。译者的任务和目的取决于他所译的文本体裁。因此，文本的分类对翻译来说是必要的。语文学家试图对文本进行分类的尝试由来已久。但由于文本的复杂多样，文本类型间语言手段和言语变体的相互渗透，古往今来，学者们对分类标准莫衷一是。维诺格拉多夫从语言的功能以及语言和言语的风格出发，合理地划分出六种基本功能修辞文本类型：口语文本、公文事务文本、社会信息文本、科技文本、文学文本、宗教作品。

3. 等值的问题

依据所译文本的特点，维诺格拉多夫提出了自己的等值观点。他认为，翻译理论中的等值应该是原文和译文中所包含的内容、意义、语义、修辞、交际功能等信息保持相对一致。翻译等值还取决于原文文本产生和译文文本创造的环境。这种阐释使等值概念更为完整和具有多层次性。等值定义中指出的所有参数都应在译文中保留，只是实现的层次不同，这要取决于翻译文本、翻译条件和翻译方法。维诺格拉多夫强调指出无论何种翻译，传达文本意义信息是最重要的。他反对交际功能理论，认为夸大翻译中的交际功能因素会导致对原文和译文内部内容和信息实质的忽视，而用主观臆断代替客观现实的存在。

根据自己对文本类型的划分原则，维诺格拉多夫具体分析了造成各种文本类型相对等值的因素：

(1)口语文本包括同声传译和异声传译。同声传译的等值问题非常复杂，不能达到高层次的等值。因为同声传译时，译者的言语发出与理解源语口头言语信息的信息几乎是同时实现的。正是这种时间因素降低了等值层次。除此之外，为储备时间必须压缩信息，这也是影响等值的因素之一。

(2)公文事务文本的主要目的是传递内容。等值的相对性在于两种语言的套语和修辞结构上的差异，直译和译文修辞中性化的程度，不同语言中中性风格特征不相一致等。

(3)社会信息文本中大量使用惯用套语、固定句式、报刊用语、政治术语和概念、表示社会特有事物的词汇等。等值的决定因素在于报刊杂志风格上的差异，原文和译文词汇数量上的差异。译文往往比原文用词更多。

(4)科技文本的相对等值的程度取决于它的分类。科技文本翻译最主要的是传达思想、思维逻辑、学说的本质、论证的严密。为此，译文中要经常改变原文句子的句法结构，减弱原文中情感色彩。这样势必会影响原文和译文的等值层次；此外，术语阐释或理解的不确切也是造成无法完全等值的原因。

(5)文学文本的等值有其特殊规律。译作只是无限地接近于原作。译作源自原作，由原作决定，但同时又具有一定的独立性，成为译入语的现实，因此不同文化对同一作品的理解各不相同。影响原文和译文等值的因素还包括译者对原文理解的独特性、不同的语言体系、社会文化环境的差异等。

(6)宗教作品，如圣经翻译中，神学术语、固定短语和套式的使用，文本的古语化特征，暗喻、象征的阐释、直译的使用等都决定着等值程度。

4. 背景信息和隐性信息、长时背景信息和短时背景信息

文化是人类业已积累的和正在积累的物质财富和精神财富的总和。民族间的物质精神文化差异构成民族社会文化资源，这些或多或少都在语言中有所体现。维诺格拉多认为，翻译学应该对文化和语言的差异进行研究。这样才能更深入完整地理解原文，进而借助另一民族文化的语言再现这些信息。

维诺格拉多夫认为，背景信息是某一国家或民族所特有的，由该国或该民族大多数人所掌握的，反映在该民族共同语言中的社会文化信息。背景信息首先包括一个民族所特有的历史事实和国家制度，地理环境特点，特有事物，民族和民俗概念等等，也就是翻译理论中通常所说的特有事物词汇。每种语言首先是民族内部交流手段，不可能不反映其所属社会的物质精神文化特有的民族事物。这些反映民族特有事物的概念一种是无等值物词汇，另一种则是联想词。维诺格拉多夫认为，翻译实践中这种无等值物词语总是可以找到某一对应物的，而对联想词而言不同语言对概念相近词语信息的理解却不尽一致。

背景信息和更为广泛多义的隐性信息紧密相连。隐性信息包括文本的语用先决条件、认知前提、蕴含、言外之意、垂直上下文、隐喻、象征、双关语，以及作者有意在文本中隐含、补充的内容。言外之意一般指的是在表述中为受话人所理解的，和直接表明的显性意义共存的隐含意义。隐性信息还可是垂直上下文，即文本中包含的没有明确表述的历史语文信息。垂直上下文包括：(1)语言本身决定的，不以文本作者意志为转移的隐含信息；(2)言语发出者的意愿决定的，使形成的文本包含对某一语言、文学、社会事实的暗示，从而引导去发现第二性的文本和情景。实现这种垂直上下文的手段是各种各样的暗喻。暗喻有的是以原型文本(прототекст)为基础，这类文本通常是本国和外国文学作品、神话、民俗作品、谚语、俗语、名言警句、各种引言等；有的则是以与现实中的事件和史实相关的原型现实(простореальность)为基础的。

背景知识是一种历史现象。维列夏金(Верещагин)和科斯托马罗夫(Костомаров)将背景知识划分为现实的(актуальный)和历史的(исторический)两种，相应的，背景信息也就分为现实信息和历史信息两种。维诺格拉多夫认为在现代翻译学中，更为重要的是根据信息存在的时间、活跃的程度将背景信息分为长时信息和短时信息。长时背景信息是世代相承的民族精神文化的组成部分。具有长时背景信息的词汇对文本的理解不

构成障碍。这些词已经被收录在各种词汇参考书（详解、双语、百科及其他辞典）中为人们所使用。短时背景信息是一种替代品，这种信息被人们所应用，又很快被忘记，因此在辞典中没有体现。例如一些时髦的词汇、表达、临时委婉语等。每个时期都有其短时背景信息，并在文学作品中有所反映。现实的和历史的短时背景信息是引起翻译困难的因素之一。

5. 翻译理论中词的定义和词的信息量

维诺格拉多夫从翻译理论角度将词定义为：词是语言的基本单位，它包含一套传统上固定的信息集成，用以形成思想并传达句子成分构成的言语信息。“信息”与传统概念“意义”相比，到底优势何在呢？为回答这一问题，维氏作了三点阐释：首先，“意义”这一术语是个多义词，每次使用都需加以确切说明。科姆列夫（Комлев）列出七种表达“词汇意义”的基本概念。但是研究者们对这七个基本概念的解释不尽相同，从而导致意义的本质也各有千秋。其次，也是最主要的，言语中词所获得的各种含义、评价、情感和表情特征往往不属于“意义”这一概念的外延，而这些特征对于分析语言，比如文学作品的语言是十分重要的。现有的任何一种“意义”都与“信息”的外延不相一致。第三，翻译学中的意义不是作为一个语言学范畴来研究的，而是作为内容单位，也就是研究词汇单位的含义。译者最重要的是要研究语言和言语中词的含义、感情—情感、修辞等以及对比研究具有某些特征和色彩的词的信息量问题。语言学信息分类：纯语法信息（грамматическая）反映的是零位语法范畴的内容。形式信息（формальная）反映的是词汇表达层面的信息。

维诺格拉多夫将词汇信息分为语言（языковая）信息和言语（речевая）信息两种。

语言信息又分两类：超语言信息（экстралингвистическая），指的是自然界和人类社会不同物质精神形式所具有的概念语言信息（лингвистическая），指的是语言内部内容，反映了语言体系客体之间的关系，构成语言链条的规律。当语言学信息反映超语言事实时也就是获得实意信息时，成为翻译考虑的问题。

超语言信息包括：

（1）含义信息（смысловая）通常是词的词汇意义核心。在词的信息构成中意义信息占主位导地位，没有这个意义也就没有词；

（2）情感—表情信息（эмоционально-экспрессивная），表达人的情感和感觉，表情情感功能即在于传达情感，也在于对受话人给予情感影响；

（3）社会—地域信息（социолокальная），指出词汇发挥作用的社会环境。词语不仅表达意义和情感内容，同时也传达自己的社会属性和区域分布，如方言词。社会—地域信息有时是翻译中无法逾越的语言障碍；

（4）时间信息（хронологическая），分暂时信息（временная）和历时信息（диахроническая），任何语言的词汇都与社会和历史的发展密不可分，如新词和古词；

（5）背景信息（фоновая），译文中保留原文的民族色彩取决于正确理解背景信息的程度，只有再现原文所有思想、审美内容才能在译文中保留民族本质；

（6）区分信息（дифференциальная），由词的词类属性和语言体系特点决定。

上述内容涉及的是静态的语言词汇体系，其中每个词都有共知的意义和含义，通常称为独立的、语言信息。而在言语中，词的信息是非独立的，受上下文制约的。言语中的词，特别是文学言语中，不仅实现了词的惯用意义，还获得了新的语义和情感意味。这些言语信息是对超语言信息的补充。研究言语信息的本质、特点、类型和变体对翻译尤为重要。言语信息至少有五种类型：

(1)联想—形象信息(ассоциативно- образная)：具有文学语言的特点。在词汇层面上，指的是词的各种转义用法以及作者修辞格的内容。

(2)新造词的情感—表情信息(словотворческая экспрессивно -эмоциональная)：通常指被称为随机词或随机意义的作者独创词的信息。意义信息有机地同情感和表情意义融合在一起。

(3)暗喻信息(аллюзивная)：接近背景信息，与背景信息不同的是这种信息没有在词汇中固定下来。读者或听者意识中产生的联想构成暗喻信息。

(4)功能信息(функциональная)：语言中的每个词都预先确定主要传达何种实义信息。语言的美学功能始终是区别文学作品语体和其他语体的功能。翻译中，功能和意义信息是相互影响的。

(5)副语言信息(паралингвистическая)：表现言语作品作者个人特征的信息。

翻译理论中词汇信息内容的研究必须把全民语言词汇体系中的词汇内容同个人用语的词汇含义以及文学作品美学体系中词的含义相区分。只有这样才能去追求文本的等值翻译。

6. 词汇等值规律和语际相关范畴

词汇语际对应不是偶然的，而是语言现实的客观存在。翻译学中分析语际词汇等值不是为了制定某种规则，以便用译入语中相应的词和成语来机械地替换原文词汇单位，而是为了研究译文中词汇单位传达了什么，与原文词相区别的情况下如何形成与原文语句意义相应的思想，或者比较分析互相比较的词和成语的语义、修辞、功能特征。

词汇—语义层的语际对比可发现有规律的词汇—语义相关范畴，现有的共时语际相关范畴分为绝对同义词、相对同义词、同音异义词、近音词。阿库连科(Акуленко)将语际同义词划分为外表相近的(внешне сходные)和外表不同的(внешне различные)。在此基础之上维诺格拉多夫把外表相近的语际同义词细分为：语际完全同义词(межъязыковой полный синоним)，单语层面上的完全同义词非常少见，而在语际同义词中去是习以为常，只是使用范围不同。语际相对同义词(межъязыковой относительной синоним)，只是物质意义内容相符。语际反义词(межъязыковой антоним)指的是彼此之间概念意义逻辑相对立的词。区分语际反义词在翻译学中没有语际同义词所起的作用大。为了确定翻译对应特点，除了语际同义词和语际反义词之外，还可以划分语际上义词(межъязыковая гипонимия)、语际下义词(межъязыковая гиперонимия)和语际同指改换(межъязыковая перифрастичность)。翻译学中判定语际上、下位词是必须的。

在各种语际词汇对比中，语言学上的词汇对比占有主导地位，它们是翻译对比的基础。维氏认为，翻译词汇对应是指原义和译义的词和词组，在自身的某一意义上传达了等同的或相对等同的意义信息量，并且功能对等。词汇翻译等值种类划分具体如下图所示：

等值手段	语言中的功能特性	信息量	形式
直接等值	常规等值，第一性等值	完全等值	完形等同/非完形等同
同义词等值	常规等值，第二性等值	部分等值	完形等同/非完形等同
上、下位义词等值	随机等值	部分等值	完形等同/非完形等同
同指改换性等值	随机等值	部分等值	非完形等同
功能等值	随机等值	部分等值	完形等同/非完形等同
音译等值	随机等值	部分等值	完形等同

完形等值是译文中的词对应原文中的词，译文中的词组对应原文中的词组。非完形等值是译文中的词组对应原文中的词，或者相反。完全等值指的是超语言信息量相符。部分等值指的是意义信息完全或部分相符，其他信息不相符。常规等值存在于语言层，被双语词典和其他词汇书籍固定下来。常规等值又分第一性的和第二性的。第一性常规等值指的是语际完全同义词。第二性常规等值指的是语际相对同义词。常规等值是翻译活动的基础。随机等值以原作的风格，译入语的特点和译者的创作个性为前提。随机等值又分为三种情况。第一种是纯翻译随机词，译者依据原文中作者独创词的意义和功能创造的符合原文和译文语境的新词。第二种是描写性的短语或词，在概念意义上与原文中相应词汇单位不符。第三种是翻译借词。直接等值是传统意义上的词汇等值。同义词等值由语际层面的相对同义词完成。上、下位义词等值，语际上位词和语际下位词是这一等值的基础。同指改换性等值指的是用描写短语对应原文中的词，从而说明这一词汇单位的意义。功能等值指的是原文和译文中的词汇单位功能相符，意义有别。音译等值指的是原文表示民族特有实物的词和译文中的音译之间的关系。

7. 具体语际词汇对比

任何一种类型的文本翻译永远都是一个创造过程。要求译者通晓所对比的语言，具有一定的技能和技巧，必须明白语言不仅是思维的物质外壳、交流的手段，还是人类在其历史进程中一切认知的载体。语言包含了民族文化，译者的任务就在于帮助本国人去了解拥有另一种语言和文化的人，促进文化对话。

维诺格拉多夫意识到词的信息意义在翻译过程的重要地位，从理论上，如上所述，作了详尽分析的同时，还列举大量事实对原文和译文中的具体词汇层进行了探讨。

(1) 含有背景信息的词汇

维诺格拉多夫以主题分类的方式对犯有背景信息的词汇进行了分类。

a. 日常民族特有事物词：① 表住所、日常用具；② 表衣物、餐具；③ 表食物、饮料；④ 表劳动和工作；⑤ 表货币、度量单位；⑤ 表乐器、民族歌舞和语言；⑦表民族节日、游戏；⑧ 表称呼。

б. 民族和神话特有事物词：① 表民族；② 表神灵、神物、传说。

в. 自然界特有事物词：① 表动物；② 表植物；③ 表自然景观。

г. 国家行政机构和社会生活(现实的和历史的)特有事物词：①表行政单位和国家机构；②表社会组织、政党；③表农工商企业；④表军警的划分和官衔；⑤表公民职位和职业、称号和称呼。

д. 专有名词：①人名学；② 地名学；③ 文学作品人名；④ 公司、博物馆、剧院、宫殿、饭店、商店、浴场、飞机场的名称。

е. 联想民族特有事物词：① 植物性象征；② 动物性象征；③ 花卉象征；④民俗、历史、文学书面暗喻；⑤ 语言暗喻。

维诺格拉多夫提供了五种翻译表示民族特有事物词的方法：

①音译法，最初音译时通常加注，或在行文中加以巧妙的解释；②上、下位义词翻译法；③借用法；④阐释法；⑤借形法。

(2)原文和译文中的新词和随机词

现代语言学家把言语中的新词分为两类：语言新词(或新词)，个人言语新词(或随机词)。一般来说新词的翻译不会产生困难。通常遵循的翻译原则：①借助译入语中已有的等值新词；②音译法和描述法。随机词语总是具有表现力，即使是在日常言语中随机词语的基本功能也不具有称名功能，而具有标志功能。随机新词有两种，潜在词语(потенциализмы)和作者个人用语(эгологизмы)。作家都会在自己的创作中运用随机词。遗憾的是，随机词的翻译并没有得到重视。译者往往注意不到随机词，把它们视为不熟悉的通用词或方言词，而用一般的词语去翻译。即或注意到待随机词，也不敢使用创造手法，而是采用具有一定补偿的描述性的等值方法去翻译。随机词的意义和内部形式都很丰富。随机词的意义并不仅仅是其各个组成部分含义的叠加，即意义不仅取决于内部形式内容，还取决于上下文。随机词意义的双重性质使译者可以运用符合上下文要求的新词仿造作者个人用语。

(3)原文和译文中的古词

古词语分旧词，纯旧词，修辞性旧词。古词的运用取决于作品体裁和作者的意图。原文中的旧词如果是为传达情感表情特征的，翻译时就不会引起特殊的困难，可以用译入语中的古词或书面语词来对应。文学作品可以是在创作之后马上被翻译，也可以是几十年后，甚至几百年后。时间距离拉大了原文和译文的距离，从而影响译者的翻译目的以及译文的语言特性。从理论来讲上存在着共时翻译和历时翻译。共时翻译指的作者和译者是同一时期的人，译作在原作创作的时代完成。共时翻译中，高超的译者对原文中的古词语理解不费力，接受并使用它们的修辞功能。历时翻译指的是对过往世纪作品的翻译，原作创作的时间与译作之间的时间间隔相当长。历时翻译中，译者很难判断在原作创作时期哪些词是古词以及作者使用它们的修辞目的。

选择传达古典作品语言手段时，读者有理由要求译者首先要遵守历史时空距离，拒绝词语的现代化。在历时翻译时古词语成为语言时间修辞化的主要手段，完成了与之相对应原文古词语所不具有的特殊翻译功能。如果原文的古词语是营造时间色彩和历史认知的手段，那么译文中的古词语也具有这一功能。这时原文的古词语往往会在译文中的古词语中找到自己的直接对应。

(4)原文和译文中的专有名词

维诺格拉多夫把专有名词分为普通名词和含义专有名词两类：

①普通专有名词。在日常交际和专有名词作为一般功能使用的语境中，专有名词的内部形式通常不被注意。内部形式是指具体客体的词的特有结构。因此从理论上讲具有源语普通名词形式的普通专有名词的意义翻译会导致大量信息的被歪曲，从实践上来看会导致极大的混乱。因此如果源语和译入语是不同字形的两种语言，那么译者应根据现有的规则音译专有名词；如果两种语言字形相同，那么传达时可用形译。在这种情况下还是会有困难和一些例外。如音译普通专有名词会涉及到约定俗成、名从主人、现代化的原则。维诺格拉多夫认为普通名词的翻译不需要多大的创造，译者只需有必要的知识积累和必要的职业翻译技能。

②含义专有名词。维诺格拉多夫认为含义专有名词的翻译具有创造性。文本中含义专有名词的实质和功能的分析，以及传达方法都是翻译探讨的问题。译者必须凭借自己的知识、直觉和经验确定主人公名字的文学含意，评价它的文学作用和功能，作品的体裁和语体特点，判断原文和译文文学传统，原文创作的时代等等，甚至确定作品中的这一人物在民族文化历史中的地位。人物越典型化、越具有文学表现力，在本国文学中的作用就越重要，普通名词化的程度就越高，翻译就越成问题，这一名词音译传达就越合理。翻译含义专有名词这一创造性任务不仅仅在于用新的语言外壳再现含义专有名词的内部形式，而在于译入语传达方式和方法的选择。

(5)原文和译文中的成语单位

现代翻译学根据语用任务合理划分出三类固定词组：

词汇性成语(лексические фразеологизмы)；

述谓性成语(предикативные фразеологизмы)；

比较性成语(компаративные фразеологизмы)。翻译时必须保留原文语境中固定词组所传达的意义、情感—表情、功能修辞的内容。每一类成语的翻译都有其各自的特点。

①词汇性成语的传达：在日常言语中词汇性成语实现的是整体意义，而不是作为其组成部分的各个词的词义叠加。词汇性成语的内部形式是中性的。人们接受的是成语本身的意义及其语境色彩。要求译者追求原文和译文中词汇性成语的形象和结构等值未必是合理的，实际上是做不到的，理论上也是没有根据的。译者应该寻找与原文词汇性成语在意义、情感、功能修辞上的等应物，而不是绞尽脑汁地再现这一成语的内部形式(当然也有例外)。要传达内部形式只有当作为构词手段、文字游戏和科学分析时才会注意到。因此，译入语中具有等值信息量的成语或单独的词语都可以作为原文词汇性成语的对应物。当然，译者应该追求以成语来翻译成语。这是一个基本的要求。但有时是不可能的：译入语中没有概念上等同的成语，即便有，在修辞特点上也不相一致。在这种情况下要借助词的对应，描述性翻译和仿造等方法。

②述谓性固定词组的传达：述谓性固定词组是特殊的翻译问题。与等同于一个词汇

概念的成语不同，述谓性成语中的形象内容，也就是它们的内部形式，通常保留了自己的意义。即成语的直义和喻义共存。成语的意义和成语的隐喻内容译者应该予以传达。实践证明，通常由五种传达的方法：

完全对应——译入语中有意义，功能，修辞特征均等同源语的成语，且二者的形象内容完全或基本相符。

部分对应——意义功能修辞色彩等同，但形象内容不同。

仿造法——其先决条件是译入语再现的形象是译入语读者完全理解的。

替代法——保留意义，形象内容改变，创造新成语。

转述法——描述性翻译，该方法不可避免地有修辞和信息的损失。

③比喻短语：性质或行为名称+连词+隐喻。比喻成语翻译通常使用两种方法：选取相对应的成语或仿造原文短语。因此，在用译入语等值传达时，尽管也保留了意义、修辞和功能上的等值，但仍会导致民族特点的损失。另一方面，比喻短语的仿造，也可导致某些民族色彩的弱化，因为仿造是由自由的词组构成，不是成语，因而被视为作者独创的比喻。

(6)原文和译文中的双关语

双关语问题的研究展示了现代翻译学派技艺的加强。维诺格拉多夫主要研究了文字游戏的语言学规律和在译文中传达的手段。

①形式上受限制的谐音双关语的翻译(каламбур-созвучие)

用历史上的人物，神话或文学人物、地理名称来称呼作品中的主人公构成这类双关语的基础，译者不仅要考虑文字游戏包含的功能意义，还有形式主导成分的谐音(созвучие)，一经定下来，多数情况下是不会改变的。最简单的翻译方法是寻找符合上述要求的普通名词。寻找所需词语时，译者的勤奋和机智不总是起作用的。这时就应采用比较复杂的造词的方法，创造译入语新词。译者在创造类似双关语时通常保留原文中作为基础的专有名词、文字游戏的语音谐音形式。只有在特别困难时才放弃这一原则。

②形式上不受限制的谐音双关语的翻译

原文和译文中形式上不受限制的双关语的基础是同音异义词、用词错误、“假的”词源、相似的词和表达的喜剧对比等。形式上受制约的翻译中主导词在译文中本质上是不可改变的，但合成成分经常是译者臆想出来的，不与相对应词汇单位有直接意义联系。

谐音双关语翻译特有的总体倾向是所译双关语的主导成分表现出语义平衡或者接近于相应的原文词，而合成成分中相对比的语言单位的意义不相等值。翻译方法是寻找能成为双关语成分的全民语言中的两个谐音词或表达方式。其中一个作为主导成分，源语双关语主要成分的语义对应物，另一个作为合成成分，与第一个词谐音，不使用它本身的意义和习惯的语境。

③多义词为基础的双关语的翻译

多义词为基础的双关语有自己的特点。这类双关语的产生在于同一词汇形式可以有不同的意义内容。翻译多义词为基础创造的双关语时，译者不采用个人独创的词语，而是从全民语言的词汇库中寻找现成的言语单位。

文字游戏翻译是一种创作，因此未必能找出万能的再现双关语的方法来，我们的任务不在于提出不变的翻译原则，摆出可能的再现手段(方法)，我们希望确定的只是最一般的规律，是与双关语的形式和翻译途径相关的规律。

结 语

维诺格拉多夫2001年出版的《翻译学导论》是俄罗斯翻译语言学派的一部力作。在《翻译学导论》中维诺格拉多夫秉承了俄罗斯翻译语言学派的观点，对翻译学中的一些基本问题，如翻译的本质、翻译理论的任务、翻译等值、翻译过程模式、翻译文本、翻译的理解和表达等进行了梳理和廓清。其行文简洁，深入浅出，重点突出，便于对翻译学形成总体上的认识。维诺格拉多夫简要回顾了翻译理论在俄罗斯发展的进程，对不同的观点加以扼要地点评，提出自己独到的见解。他认为翻译是社会需求所决定的，把一种语言用口头或笔头文本表达的信息(内容)，借助另外一种语言等值的文本予以传达的过程和结果。其理论核心在于强调翻译的最终目的是要传达原文文本意义信息。

维诺格拉多夫认为词语是语言的基本单位，同时也是翻译过程的出发点，正因如此他在《翻译学导论》中对词语进行了条分缕析地研究。维诺格拉多夫从翻译理论角度将词定义为：词是语言的基本单位，它包含一套传统上固定的信息集成，用以形成思想并传达句子成分构成的报道。基于对词语的这一认识，他运用功能分析的方法，对词的信息作了详尽的划分。他将词的信息分为言语信息和语言信息。语言信息又分两类：超语言学信息和语言学信息。超语言学信息包括：意义信息、情感-表情信息、社会-地域信息、时间信息、背景信息、区分信息。语言学信息包括：纯语法信息、形式信息。言语信息分为联想—形象信息、新造词的情感—表情信息、暗喻信息、功能信息、副语言学信息。对词语各种信息的描写可谓细致入微，合情合理。维诺格拉多夫还把原文和译文中词语的信息量和功能进行对比，从中来确定哪些信息是必须在译文中传达的，哪些是应该放弃的，哪些信息应该有某种程度的改变。所有这一切不仅对界定原文和译文的等值程度、确立常规等值和随机等值是必需的，对于概括和揭示翻译对比规律同样是必不可少的。

从最初巴尔胡达罗夫(Бархударов)提出的词语的言语意义，到科米萨罗夫(Комиссаров)的词语的背景信息，再到如今维诺格拉多夫(Виноградов)的词语的言语信息，每一种划分都有它的现实意义，而言语信息的划分正好符合我们现代的要求，为翻译研究提供了一个新的切入点。

等值问题历来是俄罗斯语言学派所关心的重要话题，可以说这一话题常谈常新，维诺格拉多夫对词汇翻译的等值从形式，功能，方法，信息量等方面进行了淋漓尽致地描写，称得上集翻译词汇等值之大成。

在《翻译学导论》中维诺格拉多夫还对原文和译文中具体词汇层进行了对比研究，如新词、古词、专有名词、特有事物名词、成语、双关语等。这些大都是翻译中难点所在，维诺格拉多夫对其中存在的问题，产生的原因，解决的方法和手段进行了详尽地探讨。其间引用了大量的文学作品翻译实例，从而使认识和理解更为直观，为我们进一步的翻译实践提供新视角和方法。

语言体系是纷繁复杂的，对翻译的影响也是显而易见的，只择其一，不及其他，未免有失偏颇。《翻译学导论》一书注重对词语的探讨尽管有其合理的一面，但忽视了翻译学的其他方面也会使人有些名不符实的感觉。不过瑕不掩瑜，维诺格拉多夫的《翻译学导论》从宏观到微观，从理论层面到实践层面，对翻译学进行了阐释，为翻译学这门学科的理论建设做出了有益的贡献和尝试。

思考题

1. 简述维诺格拉多夫关于翻译的定义和翻译理论研究的任务的观点。
2. 简述维诺格拉多夫关于等值翻译的观点。
3. 维诺格拉多夫是怎样阐述词汇信息的？
4. 维诺格拉多夫是怎样论述词汇等值的？
5. 简述维诺格拉多夫论成语和双关语的翻译。

第十六章　阿列克谢耶娃的翻译理论

伊莲娜·谢尔盖耶芙娜·阿列克谢耶娃(Ирина Сергеевна Алексеева)，语言学副博士，师从俄罗斯著名翻译理论家 A. B. 费道罗夫，她是国立俄罗斯赫尔岑师范大学教授，圣彼得堡高等翻译学院院长，2004 年因在人员培训、教育和科学发展方面做出重大贡献而被俄罗斯教育部授予荣誉证书。目前共出版了 8 部专著、1 部词典和 100 多篇论文。主要著作有《翻译理论基础》(1998)、《译者的专业培训》(2000)、《口译·德语·初学者教程》(2003)、《翻译学导论》(2004)、《笔译·德语》(2006)、《文本和翻译》(2008)等。此外，阿列克谢耶娃还是一名职业译者，翻译了多部德语小说，具有十分丰富的翻译实践经验。

阿列克谢耶娃的翻译思想主要体现在以下几个方面：

1. 翻译的定义

阿列克谢耶娃认为，当用一种语言所创立的文本通过另一种语言来重新表达时，这就是翻译。如果说语言是某种代码，那么翻译就是代码转换，它并不是一个客观自然过程，而是由人类来实现的。人类具有个性和创作能力，正是这两点使得人们在代码转换时从几个或许多个可能的翻译方案中选择出自己的方案。所以有时人们会把这称为翻译过程的启发性特点①，即选择自由。但这种自由不是绝对的，而是受限于语言的可变资源、翻译种类和文本类型。因此，阿列克谢耶娃将翻译定义为“由译者实现的一种语言的文本被可变地重新表达、转换代码成另一种语言的文本的活动，译者根据语言的可变资源、翻译种类、翻译任务、文本类型以及在自我个性的影响下，创造性地选择方案；翻译也是上述行为的结果”②。

翻译最重要的作用是克服功能语言和文化障碍，帮助人们彼此接近、彼此理解，促进各种信息的交换，这种交换就是人类进步的基础。

2. 翻译的种类

关于翻译种类，阿列克谢耶娃认为最重要的是口译和笔译种类之间的划分，其中属于口译的有口头交替翻译(устный последовательный перевод)、同声翻译(синхронный

---

① Цвиллинг М. Я. Эвристический аспект перевода и развитие переводческих навыков// Чтение, перевод, устная речь. Л., 1977. С. 175.

② Алексеева И. С. Введение в переводоведение (6-е изд., стер.). М.: Издательский центр《Академия》, 2012. С. 7.

перевод)、电视文本同传(синхронизация видеотекста)、视译(перевод с листа)、公共翻译(коммунальный перевод)。机器翻译属于笔译的一种，因为最终获得的是书面文本，只不过实现机器翻译的不是译者，而是特殊的计算机程序。

此外，在现代翻译研究中往往认为，翻译文本时如果附带出现了对文本的加工，那么这就不是翻译，而是语言中介。属于语言中介的除了翻译之外，还有“摘要、转述以及其他的适应性改写”①。但是阿列克谢耶娃认为，在一种语言的范畴内文本的确可以加工成另一个文本，但如果此时文本用另一种语言手段重新表达的话，那么可以说这仍然是以某种形式表现出来的翻译。加工涉及信息的组成、提交信息的复杂性、文本的风格，根据这些任务的不同可以区分出翻译时文本加工的种类，共有五类：改写、风格加工、经作者同意的译本和共同创作、选译(выборочный перевод)、摘译(резюмирующий перевод)。

3. 翻译是一种特殊的交际

语言代码是交际的主要手段，在交流的过程中信息通过语言渠道从来源者传达到接受者。通过语言渠道传达信息的基本条件是语言能力(языковая компетентность)，换句话说，来源者和接受者应该掌握同一种语言，否则信息的解码就完全不能进行。但信息完全传达给接受者是不可能的，这与人类的认知特点有关。所接收的信息范围直接取决于接受者在被某一语言编码的信息的内容和形式特征方面的能力水平。这些能力包括职业(主题)能力、年龄能力和情境能力。

双语交际借助于翻译来实现，“在保留内容层不变直到其意义体系相同或相似的程度，且保障交际条件(主题能力、年龄能力和情境能力)的情况下，翻译将一种语言的文本(口头或书面)转变成另一种语言的文本”②。这里的内容层要从最广义上理解，包括所指意义(语义)、语用意义(语用)和语言内意义(句法)，保留的程度依次减少。翻译时信息不是从来源者直接到达接受者，而是通过译者这一中介。如果译者对所翻译的语言不甚了解，或者对自己的母语掌握不足，或者不熟悉翻译技术和道德，都会导致信息封闭，即接受者不能理解。这意味着在讨论翻译、讨论翻译是什么以及多大程度上可能实现时，会遇到两个外部条件：接受者的能力和译者能力，这是实现翻译的必须条件。

4. 翻译等值问题

等值是翻译学的核心问题，可译性则是等值的先决条件。阿列克谢耶娃认为，不可译论和绝对可译论都不足以完全反映语言互译性的真实图景，最有说服力的是科勒尔提

---

① Виноградов В. С. Введение в переводоведение. М., 2001., С. 5.

② Алексеева И. С. Введение в переводоведение (6-е изд., стер.). М.: Издательский центр 《Академия》, 2012. С. 138.

出的相对可译性原则①。

翻译中不变量（инвариант）②十分重要，必须区分意义（значение）和内容（содержание）这两个概念。意义属于语言单位，当语言单位在交际中没有被使用、没有转变为言语单位时，意义存在。内容的概念则同言语单位有关，它是被接受者所理解的信息，并对其产生影响。内容概念还要同文本功能概念区分开来，后者指的是引起交际效果的文本特点，这种特点在原文中蕴含在具体手段中，称之为交际任务。因此，在翻译中应该通过保留内容来表现原文的交际任务并生成这一效果，通过内容所实现的文本功能可以明确言语情境。内容可以分为所指内容、能指内容、解释内容、语言内内容。因此，阿列克谢耶娃将翻译不变量定义为"文本内容和情境上下文的相互关系，在每个具体的文本中都不一样，是文本的交际任务。译者应该在翻译中传达这种相互关系"③。

在现代翻译理论中等值指的是译文文本与原文文本相符。翻译等值的概念包括对最接近原文的翻译结果的认识和对达成这一结果的手段的认识。信息的传达不可能是百分之百的，通过翻译百分之百地再现文本单位也是不可能的。但这并不意味着翻译总体上是不可能的，只是意味着翻译不是与原文绝对相同。因此，"翻译等值规定的是达到最大限度的相似；等值理论是出自译者最大能力的可能性理论"④。关于达到等值的条件，阿列克谢耶娃赞同科勒尔的"五因素说"：

借助于文本传达出的语言外概念内容，以此为目标的所指等值（денотативная эквивалентность）；

通过文本传达出来的由风格、社会方言、地理因素决定的内涵意义，以此为目标的内涵等值（коннотативная эквивалентность）；

文本和语言规范，以此为目标的文本规范等值（текстонормативная эквивалентнотсь）（可以更准确地称作规范规约性等值（нормативно-конвенциональная эквивалентность））；

译文应根据接受者（读者）来"调整"的语用等值（прагматическая эквивалентность）；

文本的某些美学特点、形式特点和独特之处，以此为目标的形式美学等值

① 科勒尔认为，语言（单独挑出来的语言）—思维—现实的感知这组关系相互制约且动态变化。通过语言所形成的界限是用来认识语言、解释现实，它立刻在认识过程中得到体现，发生变化，有所扩充；这些变化同时也在语言（语言的使用）中留下痕迹：语言和相应的语言载体具有创造力（语言创造力）。这种创造力就体现在翻译方法上，通过翻译方法来填补译入语词汇体系中的空白。因此，可译性不仅是相对的，而且总是渐进的：翻译的同时也提高了语言的可译性。（Алексеева И. С. Введение в переводоведение（6-е изд.，стер.）. М.：Издательский центр《Академия》，2012. С. 141）

② 该术语从数学中借用，指的是存在于所有变体中的共同之处。

③ Алексеева И. С. Введение в переводоведение（6-е изд.，стер.）. М.：Издательский центр《Академия》，2012. С. 144

④ Алексеева И. С. Введение в переводоведение（6-е изд.，стер.）. М.：Издательский центр《Академия》，2012. С. 146

(формально-эстетическая эквивалентность)①。

5. 对应理论和转换问题

阿列克谢耶娃认为可以根据三个特点来对原文和译文之间的对应进行划分，这三个特点分别是：首先，所有对应都可以分为语言对应和言语对应，语言对应同语言作为体系的客观规律性有关，言语对应则由语言体系在其具体实现(言语)中的使用来决定；其次，有三种不同的翻译行为方法：译者使用唯一的现成对应，译者从几个方案中进行选择，译者在语言规律性框架内生成自己的对应，使用这三种方式所获得的对应分别是单义等值对应、可变对应和转换；最后，原文片段和译文片段的对应可以借助于不同语言手段，更确切地说，借助于不同的有条件划分的语言层面来实现。因此，考虑到上述因素，可以将对应划分为：

(1)单义等值单位，指的是与语境无关，只有一个对应；

(2)可变对应，指的是由语境决定的词汇对应；

(3)转换，指的是译者没有使用现成的词库自己创造的对应。

翻译中转换有四种基本类型：换位(перестановка)、替代(замена)、增词法(добавление)和减词法(опущение)。替代是最常见的翻译转换类型，又可分为词形替代、言语部分替代、句子成分替代、复合句中的句法替代②和词汇替代③。但是这四种基本类型的划分是相对的，因为转换很少只以一种形式出现，通常是综合转换。因此，反面着笔法、补偿法、描写性翻译这三种多层次的综合转换往往被看做是前者的补充。

6. 翻译的语言文化特征

每种语言在自己的历史中都吸收了风俗特点和民族性格以及历史事实，简言之，所有与集体的民族学和文化有关的特点。这些特点非常重要，人们称为语言的世界图景，是每个民族独有的。这些特点以语言文化成分的形式在不同程度上进入到该语言的任一文本中。当说到民族风俗、习惯、行为特点在文本中的表现时——这些特点并不是单独的词汇，而是影响着文本主题内容，也就是说，当语言文化特点蕴含在情境中，“我们沿用乌拉霍夫和弗罗林的做法，将其称为情境特有现实(ситуативные реалии)”④。不了解情境特有现实就会歪曲对文本的理解，情境特有现实在政论文本和文学文本中最常遇到，许多大众传媒文本也有，通常借助于更大范围的文本片段来传达。政论文本可以在文本内做简短注释，文学文本则做文本外注释。有时语言外成分，比如身势语，也参

① Алексеева И. С. Введение в переводоведение(6-е изд., стер.). М.: Издательский центр《Академия》, 2012. С.146-147

② 复合句中的句法替代可分为四种情形：简单句替代复合句，复合句替代简单句，主从复合句替代并列复合句以及用无连接词句替代主从复合句。

③ 词汇替代中最常见的四种情形是部分改变原始词汇的义素组成、重新分配原始词汇的义素组成、具体化、概括化。

④ Алексеева И. С. Введение в переводоведение (6-е изд., стер.). М.: Издательский центр《Академия》, 2012. С. 180.

与到情境特有现实中。在极其罕见的情况下，即使使用完全的注释也无法实现等值翻译，这通常涉及民族认识，深深地植根于人们的世界观中，影响了人们的基本价值体系和价值等级。

7. 文本翻译学

（1）研究文本的角度

20 世纪 70 年代起，语言学开始关注文本问题，对文本的定义各有不同，但都是把它看做是自古就有的符号，也就是说，在研究文本时参照点发生了变化，不再是文本中包含的音素、词素、词、句子，而是文本作为交际单位可以分解为以章节、段落、句子、词为形式的片段，所有这些片段相对于作为符号的文本来说具有某种不完全性，只有把文本作为整体时才对它们进行研究。阿列克谢耶娃认为，"当把文本作为交际行为单位进行研究时，书面或口头言语的本体论地位问题和二者在组织结构中的第一性问题，甚至包括对划分书面和口头言语的对比象征的研究都居于第二层面，处于第一层面的是相似特征。因为我们感兴趣的是使用口头言语和书面言语的功能交际方面，而这一过程正是通过完整的文本，包括口头和书面文本的翻译来实现。"①口头言语和书面言语之间有三个共同点：存在一个或多个句子；多个句子词语的连贯性；交际功能。所以阿列克谢耶娃在研究文本翻译问题时同时使用口头文本和书面文本。

阿列克谢耶娃将文本范畴分为三大类：

连贯性范畴（категория связности），这是文本的基本范畴之一，可分为形式连贯性（内聚性（когезия））和含义连贯性（衔接性（когерентность））。形式连贯性的工具是各种语言手段，句子间的联系可以用词汇手段来组织，如副词、代副词、连词、指示代词，这在科学文本中常见；文本组成部分之间的连贯性可以用图表来表示（如法律文本），还可以用词汇重复、音素和词素重复、句子的平行结构来实现。含义连贯性则是借助于句子的逻辑结构、在文本中使用隶属于一个语义场的词语以及在词汇上是一个主题统一体等方法来实现。

时间性范畴（категория темпоральности），文本的所有内容都可以归结为某种时间结构，过去时间、现在时间、将来时间和非时间性。文本的时间性首先是借助于动词形式来表现，但并不总是和动词时间形式的语法意义相吻合。此外谓语组成部分也可以构成时间性，时间性范畴的词汇表达手段同时也是言语连贯性的表达手段，具有多功能性。

情态范畴（категория модальности），反映文本内容和行为的相关性，阿列克谢耶娃认同把情态语法范畴看做是语句现实或非现实的反映的观点，并把这一观点引入到文本中，情态在现实和非现实范畴中实现。它的表达方式不仅有动词假定式，还有情态词和语气词，甚至一些词汇手段。

阿列克谢耶娃指出，对文本的语言学划分并没有用于翻译理论中，因为在文本语言

---

① Алексеева И. С. Текст и перевод. Вопросы теории. М., Междунар. отношения, 2008. С. 12.

学框架内建立文本类型学的主要目的是获得不同交际情境下典型的文本生成模式，而翻译理论需要的是能够揭示具体文本翻译原则的文本类型学。几乎在20世纪70年代所有的翻译理论著作中都把交际行为看做是语句的交换，语句指的就是句子，而文本是连续性的句子。20世纪80年代起开始把文本或文本片段也认为是语句，如今文本已被视为交际单位。交际语言学对文本组成的认识也做了修正，划分文本的口头成分和非口头成分，仅仅关注文本表达的口头手段已经失去了意义。

阿列克谢耶娃还对互文性(интертекстуальность)做了研究，互文性指的是该文本同其他文本的相互关系，反映的是文本模仿重复现象。在单语交际范围内，有两个领域中的文本可以使用文本模仿重复机制，一个是实用性文本领域，另一个是文学作品、政论文和广告领域，正是在这一领域中，更确切地说，在文学文本中的模仿重复现象导致了互文性概念的形成。阿列克谢耶娃总结出在单语交际中第二性文本的使用有四种情况：

第一性文本是基础，再现时其在结构和词汇上大部分被保留，但有可能有变化，甚至缩减或扩大；

根据初始模型生成第二性文本时新成分虽占不同比例，但总是出现在由第一性模型预先决定的位置(实用文本)；

新成分的位置和数量并没有被确定(政论文和广告)；

在新文本中第二性文本以单独片段的方式(外在互文性)，或文本规则(内在互文性)的方式出现。

在前两种情况中，文本类型不变，交际任务不变，而在第三四种情况下，文本类型改变，交际任务没有被提前指定。

在双语交际中，翻译过程本身就是生成与原文有关系的第二性文本，在翻译成另一种语言时任何文本不管在原来的单语环境中是第一性还是第二性，相对于自己的原文来说它都是第二性的，它并不总是完全和同义地反映原文，这种差别可以是数量上的，也可以是质量上的。

(2)文本翻译类型

阿列克谢耶娃指出，根据主题对文本进行划分并不能反映翻译在文本层面上的特点，任何科学文本，不管是化学、生物还是心理学，都可以使用同一个策略来翻译，只是术语不同而已，此外翻译界对具体文本的翻译策略的研究还不多，已有的研究大都是以功能修辞为依据，许多文本参数与翻译不相干。“许多文本的等级对我们的目标而言并不需要，因为相对应的文本将按照同一个翻译模式来翻译，因此根据翻译来对文本进行划分是十分有意义的”①。

阿列克谢耶娃提出以下与根据翻译来进行文本划分相关的参数②：

---

① Алексеева И. С. Текст и перевод. Вопросы теории. М., Междунар. отношения, 2008. С. 45.

② 阿列克谢耶娃认为，语言特点并不决定文本类型，同一类型的文本在不同语言中在语音、词汇、语法层上形式符号不同，但在文本层它们是一致的，这对建立文本翻译分类的基础十分重要。

①交际任务。翻译是双语交际过程，它的首要任务是在译文文本中保留原文文本的交际功能。正是交际任务在很大程度上决定了内容成分的特点以及这些成分以某些语言手段来构成，在翻译时它还决定了功能主要部分的组成。功能主要部分的等同传达是保留内容不变量的基础，即翻译等值的基础。

②文本所包含的信息种类。可分为如下四种：

第一，认知性信息，是有关外界的客观信息。认知性信息可以按照其形成的手段识别出来。在所有的语言中，这些手段提供认知性信息的三种要素：客观性、抽象性、密度性。文本中信息的客观性是通过不同层次的语言手段表达的。认知性信息使文本有非时间性(атемпоральность)，这个特点一般是借助于动词的现在时表达的。句法上，客观性借助于正常的词序来保证，正常的词序排除情绪性、符合正常的主述位划分以及明确的主动宾句逻辑模式，句子具有无人称性；词汇上，客观性借助于术语的使用来表达。信息的抽象性在句法层次上通过各种并列、主从联系以及形动词、动词不定式结构达到，句子的逻辑结构拥有完整性，即只使用完整的句子，完全不使用省略句；词汇上，抽象词义构词模式的大量使用使文本具有抽象性，过程倾向于通过名词表达，同时使动词成分失去词义，这使得文本中的名词占多数，即具有名词性风格；此外，字体工具如粗体字、斜体字、字母稀疏排开等也使信息具有逻辑性。密度性是认知信息独有的参数，语言代码线性和纵向长度的压缩使信息具有密度性(压缩性)。提高信息密度性的手段有词汇压缩(如省略语、缩写词、复合缩写词)、标点符号(如括号、冒号等)、图形手段(如图解、进度表、表格、图画、分栏等)以及其他符号体系的组成部分(如代号、公式等)。

第二，操作性信息，本质是指示完成某种行为。这种信息处理的语言手段为各种有推动作用的方法，如动词命令式的所有形式、不定式命令动词、情态动词、动词的假定式等。句法上，操作性信息一般借助于小型和中型的简单完整句表达的。

第三，情感性信息，它的作用是在交际过程中传达情感。这种信息的类型特征在很多方面与认知性信息相反。情感性信息具有主观性、具体性、形象性等特征。在句法上情感性信息的主观性借助于人称主语、主动语态的大量使用，主语人称、词序的多样性，句子的不完整性、单成分句等手段来表达。在词汇上情感性信息的主观性借助于俗语、行话、古词语、新词语等修辞手段来表达。信息的具体性表现在具体时间的使用上。形象性是情感性信息概括的手段，借助成语、隐喻、比喻、转喻等来表达。

第四，审美性信息，在具有情感性信息特征的同时，还专门传达因其形式而产生的感情。审美性信息和情感性信息应分开研究。审美性信息使用的手段多为比喻、押韵、双关语、奇异的修饰语等。

③作者和接受者的性质。受作者的影响，文本可分为两大类：文学文本和非文学文本。作者在创造文本时会考虑到文本是为谁而创作的，是语言的所有载体，是一群人，还是是个体？阿列克谢耶娃认为，“创造文本的目的”这一概念不能和“交际任务”这一概念混为一谈。目的是有意识的意图，只能决定文本类型的选择，并不影响文本的相关特征，正是这些特征在翻译中决定原文文本类型是等值保留还是被其他的文本所取代，因此目的不是影响参数。

④文本的客观可译性程度。可译性程度可以分为以下三种：A. 文本不包含不可译性成分，没有内容和形式之间的冲突。B. 文本包含不可译性成分，对这些成分的描写性翻译使文本扩张，文本中的认知性信息增多。缺乏对应的词语并不意味着信息无法表达，信息可以其他方式表达，比如音译、描写性翻译、文本内外注释等。C. 文本的内容和形式之间的冲突或翻译种类(这里指口头翻译)使文本内容表达得不完整。造成内容和形式冲突的原因是形式的复杂性，每个现象可以单独表达，但要同时表达却十分困难。

综上所述，根据翻译对文本进行分类的主导参数可认定为文本中的信息种类。基于此，所有的文本可分为四种：认知性为主的文本，包括科学、科普、告示、哲学文本、公文、公函、报刊等。可译性程度为A或B；以操作性为主的文本，包括立法、宗教文本、说明书、烹饪法等，可译性程度为A或B；以情感性为主的文本，包括演讲、宣传稿、通俗小说、广告、讣闻等。可译性程度为A、B或C(如广告)；以审美性为主的文本，包括文艺作品、艺术政论作品等。可译性程度为B或C。

在《文本与翻译》一书中，阿列克谢耶娃选取了最常见的24种文本①，按照以上提到的四个参数对其翻译特点进行分析。

(3)文本翻译教学法

阿列克谢耶娃认为，文本的翻译分类法是建立教学笔译和口译的有效模式的基础。因为由专业人士完成的翻译在所有阶段上都是分析行为，翻译策略教学的基础就是文本分析。在翻译时可以将它分为三个阶段，每一阶段有相应的翻译行为宏观策略阶段。第一阶段是译前文本分析，收集关于文本的外部信息，如原文的作者、写作和发表日期等；确定作者、读者和翻译目的；断定哪种信息类型在文本中占多数，断定其他信息成分，决定翻译过程中采用的语言手段及翻译方法；确定原文的交际任务；确定文本的语体和体裁。第二阶段是翻译，译者不断寻找最佳翻译方法，以此来回答应该怎么翻译文本的问题。

第三阶段是分析翻译结果，译后分析是对译文进行的检查和修订，检查翻译策略。

口译文本的翻译分析也分三个阶段：第一阶段，译前分析，收集有关于文本的语言外信息，确定作者、接受者和翻译目的，发现交际任务，进行策略预测；第二阶段翻译；第三阶段分析翻译结果，听力检查发声的言语，这是口译的必要阶段，与笔译译后分析阶段有所不同的是，它发生在翻译的过程中，生成文本的过程中。

结　语

阿列克谢耶娃是一位经验丰富的翻译工作者，多年来一直从事笔译与口译工作，积

① 这24种文本分别是科学和科技文本、科教文本、科普文本、百科全书文本、音乐学文本、艺术学文本、哲学文本、自然人和法人证件、声明、报刊信息文本、立法文本、宗教文本、宣传、说明书、配方(菜谱等)、讣告和悼词、回忆录、演讲、广告、个人信件、公函、文艺性政论(小品文)、文学文本、小说(Алексеева И. С. Текст и перевод. Вопросы теории. М., Междунар. отношения, 2008. С. 74-141)。

极参加各种学术活动，这使得她能将自己的理论研究同翻译实践活动紧密地结合在一起，尤其是她所提出的文本翻译学思想，这是翻译学中新出现的一个研究方向，为翻译理论提供了一个新的视角。阿列克谢耶娃所提出的“四参数”有助于我们对文本进行译前分析，从而选择最佳翻译方法来进行翻译，对翻译实践具有非常现实的指导意义。当前，译学研究已经发展到一定的水平，有更多地资料和前人的理论可以借鉴和运用，阿列克谢耶娃能够从一个新的视角切入是十分可贵的。此外，她对传统的翻译问题如翻译的定义、翻译的种类、等值问题等均有自己独到的见解，但纵观其对翻译问题的论述，未免有浅尝辄止之感，对许多问题没有展开深入的阐述，不过瑕不掩瑜，阿列克谢耶娃可以说是当今俄罗斯翻译理论界的一位重要人物，她根据翻译来对文本进行分类的思想对我们具有很好的借鉴作用。

思考题

1. 阿列克谢耶娃是如何给翻译下定义的？
2. 阿列克谢耶娃是如何论述翻译的等值问题的？
3. 阿列克谢耶娃论翻译对应理论和翻译转换问题。
4. 简述阿列克谢耶娃的文本翻译类型理论。
5. 简述阿列克谢耶娃提出的文本翻译教学法。

第十七章　口译能力及其培养途径①

1. 引言

当今世界，各国人民的交往日益频繁，翻译的作用越来越大，因此从事翻译的人也很多，但是，好的翻译，尤其是能够胜任同声翻译的人员还非常缺乏。在这种情况下，如何培养合格的翻译人才就成了我们高校外语专业的重要任务之一。

一谈到翻译，我们就不能不提翻译标准。翻译标准是翻译实践遵循的准绳，是衡量译文质量的尺度。从古至今对此一直争论不休，众说纷纭，各执一词。古罗马的西塞罗(公元前106—前43年)认为，翻译“不是字当句对，而是保留语言的总体风格和力量”。18世纪末，英国翻译理论家泰特勒(1749—1814年)发扬了西塞罗开创的西方译论，他提出了“翻译的三原则”：第一，译文应完整地再现原作的思想内容；第二，译文的风格、笔调应与原文的性质相同；第三，译文应像原文一样流畅。在我国，也有不少翻译家对翻译标准问题发表过自己的看法，如严复的“信、达、雅”；傅雷的“神似”说；钱钟书的“化境”说；许渊冲提出的“译作与原作竞争”；林语堂的“忠实、通顺和美”的标准等。其中严复提出的“信、达、雅”影响最大，在我国翻译界一直将它作为翻译标准指导许多人的翻译活动。应该说，翻译标准不是绝对的、一成不变的，而是相对的，它随着翻译实践经验的积累和翻译理论的发展而不断得到丰富。

为了达到翻译标准，我们既要反对逐词死译，也要反对随意乱译；既要反对做字面的奴隶，也要反对把翻译变成改写或转述。

口译和笔译虽然同属翻译工作，但两者各有特点。其理论、技巧和要求也各有不同，因此衡量的标准自然也不同。口译最大特点是它的即时性，当场见效。它对措辞很少有时间进行推敲，甚至根本不容推敲。口译的关键在于，译员要善于在短时间内准确地把握住两种语言进行反复转换。然而，怎样才能评判口译的好坏呢？谈到口译标准，自然也就要谈到目的，目的达到了，就是好翻译。举个例来说，一般认为口译最基本的标准是忠实，但是有时忠实并不是好的口译。例如，在商务谈判中，有时谈不拢了，可能出现过激的语言，这个时候译员就起到很重要的作用，就不能过于忠实，否则就会火上添油，因此为了商务谈判的目的来决定采取何种翻译策略是非常重要的。

无论是哪种口译形式，促使双方能够顺利地进行交流，达到期望的目的，这是衡量口译成功与否的标准，我们认为，口译有如下具体标准：

---

① 本文曾刊登在《中国俄语教学》杂志2014年第3期上，作者为胡谷明，考虑到本文对从事俄语口译实践很有帮助，故列入本书中。

准：包括听得准和译得准。指准确地把最基本的，最实质性的内容译出，而不是译出每一个字，每一句话。

顺：指用符合母语习惯的语言结构进行表达，语言通顺，表达流畅。

快：指的是及时，说话者话音一落，译员就要开始把话中的重要信息传达给对方。

口译中有许多现象，有时让我们达到了目的却不符合标准(很多低水平的翻译和商人就是这样)，而以标准为准绳却又难以达到目的。因此，目的和标准谁放在第一位都有充分的理由，应根据不断变化的口译实况来决定谁放第一位的问题。

口译是个动态的过程，在这个过程中随时会出现意想不到的情况，这个时候口译就要紧紧抓住口译的目的，选择合理的翻译策略。这种能力需要长期的实践锻炼才能获得，并不是熟悉语言与翻译知识就能胜任的。

2. 口译能力

概括起来，口译能力包括语言能力、知识能力、应变能力、编辑能力、认真的工作态度和良好的政治修养。如果一个口译译员具备了这些能力，那么在口译实践中就能很好地完成口译任务，达到理想的效果。

(1)语言能力

①精通母语和外语。这是做好口译的基础。我们学外语的人做翻译时，常常感到弄懂了原文的意思，可就是表达不出来，这就说明，我们的母语水平不够，因此我们在学外语的同时，绝对不要放弃中文的学习，多看文学作品，多与人交流。有意识地去练习自己的中文表达能力。例如：

Обязательства, вытекающие из сделки, определяются по месту ее совершения, если иное не предусмотрено законодательством или соглашением сторон. (由交易产生的义务按照交易完成地来确定，除非法律和双方的协定另有规定。)

Переводом называется процесс преобразования речевого произведения на одном языке в речевое произведение на другом языке при сохранении неизменного плана содержания, то есть значения. (Бархударов)(翻译是将一种语言的言语作品在保持内容层面(即意义)不变的情况下转换成另一种语言的言语产品的过程。)

②注意两种语言的习惯性表达方式

翻译过程中切忌望文生义，字对字，句对句地进行翻译，每一种语言都有很多习惯性表达(узус)，这些只能靠我们的平时积累，只能去记忆，没法进行解释。一些在母语中家喻户晓、生动活泼的语言和比喻，到了另一个民族的语言中就很难找到准确对应的词汇，即“文化空缺”。这时，口译人员就必须在逻辑思维中对所有的语言材料进行再次加工创造，以寻求译入语中意义相同的表达方式，以便更好地实现交际目的，否则生搬硬套、词不达意的译法只会令人啼笑皆非。例如，不能将“三个和尚没水喝”直译为Три монаха не имеют воды для питья. 相信，没有中国文化背景知识的外国人怎么也明白不了其中的奥妙，因而只能取其意将其转译成符合俄语表达习惯的 У семи нянек дитя без глазу.

“准确地表达思想为目的，而非顾及语言细节”的口译方式也能解决大段翻译的问题，有些讲话人不顾及翻译的难度，只顾自己讲，而口译的“及时性”又不能允许译员做长时间停顿，这时除了译员有超强记忆或使用速记方法外，要采用突出目的，淡化标准的做法，避免试图译出所有语义信息，而是抓住关键信息进行翻译当然也不能翻译得太少。

(2)知识能力

要做好口译，除了有好的语言能力外，还要求译员具有丰富的知识，因为我们所遇到的翻译是随机的，不固定的，各种类型的翻译材料都有可能遇到。概括起来有以下几方面的知识必须掌握。

①掌握一定的翻译理论知识和必要的翻译方法和技巧

翻译方法和技巧是从长期的翻译实践活动中提炼总结出来的，掌握了它就使得我们从无意识到有意识的翻译，使你的翻译更具科学性，从而提高我们的翻译质量，同时也能使你更好地欣赏别人的译作。例如：我们在学习代词的翻译时讲到，在一定的上下文中可以改变原文第三人称代词的数量，汉语和俄语名词的数有时不相同，因此相应的第三人称代词也会有所不同，翻译时不应照搬原文代词的数，而应根据译入语名词的数予以变更。例如：

Наш народ уверенно идет вперед, он не боится никаких трудностей.（我国人民满怀信心地向前迈进，他们不怕任何困难。）

Широкая дорога открыта перед молодежью. Она имеет все возможности для развития своих способностей.（广阔的道路展开在青年面前，他们有各种机会来发展自己的才能。）

②具有丰富的历史、地理、国情和文化知识

在口译实践中，我们会遇到各种各样的翻译题材和翻译场景，这就要求译员具有广博的知识，这不仅能使你翻译得更好，也能体现译员的素质。我们的脑海里要有一张俄罗斯地图，要知道各主要城市的位置，俄罗斯的河流、湖泊的位置、俄罗斯的一些风俗习惯和礼节、文学知识、艺术知识、政治体制、生活中的一些俚语，甚至包括一些粗俗的语言都应该知道。翻译应有好的方位感，很多领导出国后就全靠你翻译带路。另外，当和外国人闲聊时，如果译员什么都不知道，译员的形象在他心目中就会大打折扣。

③具备翻译的职业道德和翻译礼仪知识

翻译道德包括：

爱岗敬业：当你接受某一公司的邀请担任某一活动的翻译任务时，就要认真进行准备，努力去完成好，否则就不要答应。

诚实守信：做人要诚实、为人要忠厚。在商界做翻译，很多事情老板会交给译员去办，尤其是牵涉到钱的问题时，我们作为翻译应该踏踏实实地去办理，千万不能要小动作。

保守秘密：当今世界竞争非常激烈，所以对企业经营活动的保密非常重要。而在外贸活动中，翻译是自始至终的参与者，掌握公司的很多机密。因此，保密是翻译最重要的一种素质和道德品质。

举止文明：在俄罗斯眼里翻译是受过高等教育的，具有高素质的人才，因此，我们处处都应该注重礼仪礼节、要有礼貌、要讲文明。这些体现在很多细小的事情上，如排队、见面打招呼、不大声说话、不讲脏话等。

虚心学习：人无完人，不懂不要紧，但千万不要装懂，要虚心向大家学习。

只有具备职业道德的人才能够做成大事。因此，作为翻译，随时随地都要培养自己的职业道德。

翻译礼仪包括各个细节。坐要有坐像，站要有站像；随时都要让领导先行(走路、握手、敬酒等)；不要随意讲话，只能翻译领导的话，如果外国人跟译员讲什么要及时翻译给领导听；要有足够的耐心倾听领导的话；不能跟外国人讲有损中国形象的话等。

④作为科技翻译还应具备相应的专业知识。在做某个领域的翻译之前准备一些相关的词汇和术语，然后在翻译过程中向双方的专家请教，有多种渠道获得相关专业知识。

(3)应变能力

应变能力是指译员具备反应迅速，随机应变的能力。我们在翻译中总会遇到一些意料不到的事情，遇到一些难以翻译的东西，这时最忌讳的是，当遇到听不懂或表达不出来的东西就卡壳，停在那儿不说话，这时候就需要随机应变能力，平时准备一些应付此类场合的话语，可以说 Извините, я плохо понимаю смысл сказанного вами, можете ли вы говорить попроще? Или: Точно я не могу перевести, но главное содержание таково. 总之，不能停顿。当然，也不能瞎糊弄人。

(4)编辑能力

是指翻译时兼做编辑，我们在给人做翻译时，可能会碰到不同文化程度、不同讲话风格的人，有的人讲话逻辑性很强，有的人则不然，喜欢啰嗦，翻来覆去都是那几句话，这就要求译员有快速编辑的能力，在听清并理解了讲话人的话后，要能够判断出哪些是他真正要讲的话，哪些是没用的、重复啰嗦的废话，从而对其进行编辑处理。否则，对方还以为是翻译错误。那么，这样做是否有悖于翻译忠实原则呢？否。因为，口语自有口语特点。它不可能像书面语那样严谨，说话人经常会说出一些不完整、不知所云的话。这种情况中国人有，外国人也有。这时，译员就要善于综合，要在不遗漏讲话基本内容前提下，敢于删掉那些废话，使译出的话条理清楚。只有这样才能真正忠于讲话人的精神实质。否则一味追求逐字逐句照译，反而会给人零乱、不忠实的感觉。

至于哪些话要译出，哪些话要删除，这要靠译员各方面综合知识水平去判断。绝不能以编辑为由对讲话人的话大打折扣，伤筋动骨。这不仅仅是翻译水平问题，而且也是翻译职业道德问题。翻译时兼做编辑为的是更好地传达讲话人的精神实质，而不可随意删减、乱译。

(5)工作态度

译员应当具备一丝不苟、严肃认真、高度负责的翻译态度。这是由翻译的职业特点所决定的，尤其是政治翻译和商务翻译，一点小错可以酿成大祸，造成国家和公司的巨大损失，因此我们必须认真对待每一次翻译。翻译是一种服务行业，接受了一项任务就应该好好去完成这项任务。

当受雇于别人做翻译时，要竭尽全力地为人服务，要努力去完成他所交代的每一项工作，只有公司赢利了，老板手里有钱了，才能顺利地得到报酬。我们经常听说，干得认不认真是态度问题，干得好不好是水平问题，有的人水平很高，可就是不认真去做，老是讲条件，这样的人哪里都不会受欢迎。在翻译实践中，有时候老板工作出了问题，与外商发生了矛盾，他可能会责怪翻译，这个时候译员就要气量大一些，不要与他计较，有时候为了与外商和解矛盾，老板要译员主动承担责任，要译员与外商说，这是由于翻译的错而造成他们之间的误会，请他们原谅等，这些工作都应当去做，只要是不违反法律，有利于团结，有利于公司利益的事情，我们都应当努力去完成。

(6)政治修养

这是一个翻译应该具备的基本素质。具体来说，它是指译员应具有一定政治理论修养和思想水平，要有强烈的爱国主义精神。我们无论是在国内还是在国外，只要和外国人打交道，就代表中国，因此我们在外国人面前不要做出有辱中国的言行。

3. 口译能力的培养途径

(1)扎实学好现有课程，打好语言基本功

要树立牢固的专业思想，不要三心二意，什么都想学，什么都学不好，而要干一行爱一行，三百六十行行行出状元。俄国专家 Людмила Павловна Апполонова 曾经说，“任何一个专业只要你钻研进去了，都会很有意思。”这句话十分中肯。兴趣爱好是可以培养的。我们要实事求是地确立好自己的人生目标，这里强调“实事求是地”，就是要根据自己的实际情况来确定目标，而不是去定一个难以达到的目标。一个有目标的人就会朝着自己的目标去努力。有目标还要有顽强的毅力，下功夫去实现自己的目标，实现自己的人生理想。当然也要有好的学习方法，学习外语最好的方法是：课前预习，课堂学习、课后复习，多背、多听、多读、多说。

(2)多听多背一些俄语经典文章

我们知道，由于俄语词形变化多，因此听和说是最难的，作为中国学生学外语光靠上课是远远不够的，我们课后要多花时间练习，多听录音，或在网上听直播，把所学的课文背诵下来，这样日积月累就能达到用俄语自由表达思想的程度。

(3)广泛阅读语言对象国的历史、地理、文学和文化书籍，不断丰富自己的知识

有人说，外语是工具，不是专业，这话不完全对，但也不无道理。如果我们能把外语这个工具用好了，也是非常了不起的事情。外语同样也是专业，我们也可以研究它的语言规律和文学，研究它的国情和文化，研究两种语言的转换规律等，把它作为专业来学习和研究。

(4)组织丰富多彩的课堂教学

为了培养学生口译能力，提高学生口译水平，教师可以设计各种练习形式，如模拟各种口译场景让学生翻译，教师读学生翻译，听录音翻译，看视频翻译，转述短文的主要内容等。这些都能有效地培养学生的口译能力，日积月累，坚持不懈，就会收到成效。

(5)积极参加课外翻译实践活动

每一次翻译实践都可以学到很多东西，获得经验，做多了，自然就会娴熟，包括锻

炼我们的胆量，当然我们要善于去总结翻译实践中的得失。

(6)分情景准备一些常用句型(包括俄语和汉语的)

我们的课本按照日常生活的各种专题，把一些常用句型列出来，这是一种很好的方法，如果我们都将这些记住了，就能很好地从事翻译工作。另外，我们自己可把一些常用的习惯性表达记下来，尤其是一些政治术语，基本上都有自己固定的译法。下面我们举几个在翻译实践中经常碰到的一些句子。例如：

酒逢知己千杯少，话不投机半句多。В хорошей компании можно много выпить, с человеком, не имеющим общего языка, полуслова не хочется говорить.

为朋友两肋插刀。Ради друга я готов на всё. Или: Ради друга я готов на жертву. Для хорошего дружка не жаль серёжка из ушка.

请勿乱扔果皮纸屑，请勿随地吐痰。Не сорить, не плевать!

请勿践踏草地。По газонам не ходить!

如果我们把这些常用句子像记单词一样记下来，在工作中就会起到事半功倍的作用。收集这些句型有两种途径：一是从课本和其他书上寻找这样的一些习惯性表达方式，二是在平时自己经历的翻译实践中总结。每次做完翻译回到家里，你再回忆一下整个过程，哪些是成功的，哪些是自己感到不满意的，好好分析归纳，这样一定会大有收获。

(7)多向俄罗斯专家请教

外教是我们宝贵的财富，要学会充分利用这一财富。平时把问题记下来，把对某一句子的翻译记下来，然后去请教专家。他就会给出一个纯正的俄语表达方式，久而久之你掌握的地道俄语就会很多。

例如：①武汉是一座风光旖旎的山水园林之城。

Ухань — садовый город с красивым пейзажем гор и рек.（自译）

Ухань — это очень зеленый город-парк с красивыми горными и речными пейзажами.（外教译）

② 市域内江河纵横、百湖密布、城水交融，素有“江城”之称和“百湖之市”的美誉，滨江滨湖特色明显。

На территории города реки текут вдоль и поперёк, располагается сотня озёр, городские воды сливаются, известен в народе под названиями《Речного города》и《Города со ста озёрами》. Очень ясна его характерная черта《город на берегах рек и озёр》.（自译）

На территории города реки текут в разных направлениях, находится около сотни озёр. Поэтому Ухань известен в народе под названиями《Речного города》и《Города со ста озёрами》. Важнейшая характерная черта Уханя, то, что это《город на берегах рек и озёр》.（外教译）

③ 以武汉为中心，以1 000公里为半径画圆，可覆盖全国10亿人口和90%的经济总量。

Если возьмём Ухань как центр, 1000 километров как радиус, и нарисуем круг, то этот круг может охватить миллиард населения Китая и 90% общего объёма экономики. (自译)

Если расположить Ухань в центре круга с радиусом в 1000 километров, то в этом круге будет находиться около миллиарда человек и 90% от общего объёма экономики Китая. (外教译)

结语

以上我们分析了六种口译能力和七种培养口译能力的途径，也许，还不能概括全部。不管怎么样，我们认为，最关键的是要求译员具备扎实的双语水平，要求译者具有顽强的毅力和孜孜不倦的刻苦精神，要多背、多听、多说、多参加翻译实践并善于从翻译实践中总结经验。只要能做到这些，就一定能成为一个合格的口译工作者。

思考题

1. 简述关于翻译标准的各种观点，你认为哪一种最好？
2. 与笔译相比，口译的特点是什么？衡量口译的标准是什么？
3. 口译的能力包括哪几个方面？
4. 如何提高口译能力？
5. 你认为口译译员的道德包括哪些？口译的礼仪有哪些？

参考书目

1. Алексеева И. С. Введение в переводоведение. СПб.：Филологический факультет СПбГУ；М.：Издательский центр《Академия》，2004.
2. Алексеева И. С. Введение в переводоведение. Издательский центр《Академия》，2012.
3. Алексеева И. С. Текст и перевод（вопросы теории），Москва，Международные отношения，2008.
4. Аликина Е. В. Введение в теорию и практику устного последовательного перевода. Москва，ООО《Восточная книга》，2010.
5. Алимов В. В. Теория перевода（перевод в сфере профессиональной коммуникации）. Издание пятое，Книжны дом《ЛИБРОКОМ》，2009.
6. Базылев В. Н. Дидактика перевода（Учебное пособие）. М.，Издательство《ФЛИНТА》，2013.
7. Бархударов Л. С. Язык и перевод（Вопросы общей и частной теории перевода）. М.，Издательство《Международные отношения》，1975.
8. Борисова Л. И. Ложные друзья переводчика. Учебное пособие по научно-техническому переводу. М.：Издательство《НВИ–ТЕЗАУРУС》，2005. —212 с.
9. Брандес М. П.，Провоторов В. И. Предпереводческий анализ текста. 3–е издание，стереотип. М.：НВИ–ТЕЗАУРУС，2001. 2003. —224 с.
10. Васильев Л. М. Современная лингвистическая семантика. Москва，Книжный дом《ЛИБРОКОМ》，2009.
11. Виноградов В. С. Перевод（Общие и лексические вопросы）. М.：Издательство《КДУ》，2004.
12. Виноградов В. С. Введение в переводоведение.（Общие и лексические вопросы）. Москва. Издательство ИОСО РАО，2001.
13. Виноградов В. С. Перевод（Романские языки：общие и лексические вопросы）. Москва，Издавтельство《КДУ》，2009.
14. Влахов С. И.，Флорин С. П. Непереводимое в переводе. Издание третье，исправленное и дополненное. Библиотека лингвиста. Москва. Издательство《Р. Валент》，2006. 2009.
15. Гак В. Г. Григорьев Б. Б. Теория и практика перевода（французский язык）. Учебное пособие. Издание девятое. М.：Книжный дом《ЛИБРОКОМ》，2009.

16. Гарбовский Н. К. Теория перевода. Москва. Изд – во Московского университета. 2004.
17. Гарбовский Н. К., Костикова О. И. Курс устного перевода. Учебное пособие. М.: Издательство Московского университета. 2006.
18. Гиви Гачечиладзе.《Художественный перевод и литературные взаимосвязи》, М., Издательство《Советский писатель》, 1980.
19. Гурова Ю. И. Перевод (воссоздание внутренней смысловой программы и единого смысла текста как основа моделирования процесса перевода), Санкт–Петребург, Издательство《Реноме》, 2010 —239 с.
20. Зайцев А. Б. Основы письменного перевода. Москва, Книжный дом《ЛИБРОКОМ》, 2009.
21. Зайцев А. Б. Основы письменного перевода. Издание четвёртое. Москва, Книжный дом《ЛИБРОКОМ》, 2013.
22. Катфорд Дж. К. Лингвистическая теория перевода. Об одном аспекте прикладной лингвистики. Перевод с английского языка. Издание второе. М.: Книжый дом《ЛИБРОКОМ》, 2009. —208 с.
23. Кво Ч. К. Технологии перевода. Учебное пособие для студентов вузов. М.: Издательский центр《Академия》. 2008. —256 с.
24. Клименко А. В. Ремесло перевода. Практический курс. М.: Издательство АСТ, 《Восток—Запад》. 2008. —636 с.
25. Комиссаров В. Н. Лингвистика перевода. Издание третье. М.: Книжный дом《ЛИБРОКОМ》, 2009. —176 с.
26. Комиссаров В. Н. Современное переводоведение. М.: Издательство《ЭТС》, 2004.
27. Комиссаров В. Н. Общая теория перевода. М.:《ЧеРо》, совместно с 《Юрайт》, 2000.
28. Комиссаров В. Н. Современное переводоведение. 2 – е изд., испр. Москва, издательство《Р. Валент》, 2011. — 408 с.
29. Косарева Т. Б. Как научиться переводить юридические документы? (Теория и практика). Учебное пособие. Москва. Книжный дома《ЛИБРОКОМ》, 2009. — 112 с.
30. Крупнов В. Н. Лексикографические аспекты перевода. Москва. Книжный дом 《ЛИБРОКОМ》, 2009. —208 с.
31. Латышев Л. К. Технология перевода. Учебное пособие для студентов лингвистических вузов и факультетов. 3–е издание, стереотип. М.: Издательский центр《Академия》, 2007.
32. Латышев Л. К., Семенов А. Л. Перевод: теория, практика и методика преподавания. М.: Издательский центр《Академия》, 2003.
33. Львовская З. Д. Современные проблемы перевода. Москва. Издательство ЛКИ,

2008. —224 с.

34. Миньяр – Белоручев Р. К. Теория и методы перевода. М., Московский Лицей, 1996.
35. Мирам Г. Э. Переводные картинки. Профессия: переводчик. Киев. Издательство《Ника–Центр》, 2001.
36. Нелюбин Л. Л. Толковый переводоведческий словарь (Шестое издание). Москва. Издательство《Флинта》и Издательство《Наука》, 2009. —320 с.
37. Нелюбин Л. Л. Хухуни Г. Т. Наука о переводе (история и теория с древнейших времен до наших дней). Учебное пособие. 2–е издание. Москва. Издательство《Флинта》《МПСИ》, 2008. —416 с.
38. Одинцов В. В. Стилистика текста. Издание четвертое. Издательство ЛКИ, 2007. —264 с.
39. Пятые федоровские чтения. Университетское переводоведение. Выпуск 5. Филологический факультет Санкт–Петербургского государственного университета. Санкт–Петербург. 2004.
40. Сдобников В. В., Петрова О. В. Теория перевода (учебник для студентов лингвистических вузов и факультетов иностранных языков). (Лингвистика и межукультурная коммуникация: золотая серия) М.: АСТ: Восток—Запад, 2007.
41. Семенов А. Л. Основные положения общей теории перевода. Москва. Издательство Российского университета дружбы народов, 2005. —99 с.
42. Семенов А. Л. Современные информационные технологии и перевод. Учебное пособие для студентов переводческого факультета вузов. М.: Издательский центр《Академия》, 2008. —224 с.
43. Солодуб Ю. П., Альбрехт Ф. Б., Кузнецов А. Ю. Теория и практика художественного перевода. Учебное пособие для студентов лингвистического факультета вузов. М.: Издательский центр《Академия》. 2005. —304 с.
44. Татаринов В. А. Методология научного перевода: К основаниям теории конвертации. М.: Московский Лицей. 2007. —384 с.
45. Топер П. М. Перевод в системе сравнительного литературоведения. Издание второе. Москва. Издательство《Наследие》, 2001.
46. Тюленев С. В. Теория перевода. Москва. Издательство《Гардарики》, 2004.
47. Утробина А. А. Теория перевода (Конспект лекций). Москва, Приор – издат, 2010.
48. Федоров А. В. Основы общей теории перевода (Лингвистические вопросы), Издательство《ФИЛОЛОГИЯ–ТРИ》, М., 2002.
49. Хайруллин В. И. Перевод и фреймы, Москва, Книжный дом《ЛИБРОКОМ》, 2009.
50. Чернов Г. В. Теория и практика синхронного перевода. Издание второе. Москва.

Издательство ЛКИ, 2007.
51. Черняховская Л. А. Перевод и смысловая структура. Изд－во《Международные отношения》, Москва, 1976.
52. Чуковский Корней. Высокое искусство (Принципы художественного перевода). СПб., Издательство Авалонъ, 2011.
53. Швейцер А. Д. Теория перевода (статус, проблемы, аспекты). Издание третье. М.: Книжный дом《ЛИБРОКОМ》, 2012.
54. Шевчук В. Н. Электронные ресурсы переводчика. М., Либрайт, 2010. — 136 с.
55. Ширяев А. Ф. Синхронный перевод. Деятельность синхронного переводчика и методика преподавания синхронного перевода[М]. М.: Воениздат, 1979.
56. Ремхе И. Н. Переводческий процесс в аспекте когнитивного моделирования. Москва, Издательство《ФЛИНТА》, Издательство《Наука》, 2015.
57. 谭载喜．翻译学．武汉：湖北教育出版社，2000.
58. 谭载喜．新编奈达论翻译．北京：中国对外翻译出版公司，1999.
59. 蔡毅，段京华．苏联翻译理论．武汉：湖北教育出版社，2000.
60. 廖七一．当代英国翻译理论．武汉：湖北教育出版社，2001.
61. 郭建中．当代美国翻译理论．武汉：湖北教育出版社，2000.
62. 胡谷明．汉俄翻译教程(学生用书)．上海：上海外语教育出版社，2010.
63. 朱达秋，徐曼琳，华莉．实战俄语口译．北京：外语教学与研究出版社，2008.
64. 吴克礼：苏俄翻译理论评述．上海：上海外语教育出版社，2006.
65. 许钧．当代法国翻译理论．武汉：湖北教育出版社，2001.
66. 许钧．翻译论．武汉：湖北教育出版社，2003.